Erfassung von Problemlösefähigkeit

Christel Dirksmeier

Erfassung von Problemlösefähigkeit

Konstruktion und erste Validierung
eines Diagnostischen Inventars

Waxmann Münster/New York

CIP-Titelaufnahme der Deutschen Bibliothek

Dirksmeier, Christel:
Erfassung von Problemlösefähigkeit: Konstruktion und
erste Validierung eines Diagnostischen Inventars / von
Christel Dirksmeier. - Münster; New York: Waxmann,
1991
  (Internationale Hochschulschriften)
  Zugl.: Münster, Univ., Diss., 1990
  ISBN 3-89325-077-8

D 6

ISSN 0932-4763
Internationale Hochschulschriften
ISBN 3-89325-077-8
© Waxmann Verlag GmbH, Münster/New York, 1991
Postfach 8603, 4400 Münster, F.R.G.
Waxmann Publishing Co.
P.O.Box 1318, New York, NY 10028, U.S.A.

Internationale Hochschulschriften
Die Reihe für sehr gute und ausgezeichnete Dissertationen

Umschlaggestaltung: Ursula Stern

Printed in Germany

Inhaltsverzeichnis

0.   Vorwort   1

1.   Grundlagen des Problemlösens   5

1.0   Vorbemerkungen   5

1.1   Problemlösen aus denkpsychologischer Sicht   6
1.1.1 Theoretische Grundlagen   6
1.1.2 Empirischer Forschungsstand und Ergebnisse   10
1.1.3 Resümee und weiteres Vorgehen   18

1.2   Problemlösen aus klinisch-psychologischer Sicht   19
1.2.1 Theoretische Grundlagen   19
1.2.2 Empirische Ergebnisse zum therapeutischen
      Problemlösen   29
1.2.3 Resümee und weiteres Vorgehen   33

2.   Erfassung von Problemlösefähigkeit   40

2.0   Vorbemerkungen   40

2.1   Anforderungen an Verfahren zur Erfassung von Problem-
      lösefähigkeit   41
2.1.1 Ökonomie   41

2.1.2	Interne Validität	43
2.1.3	Externe Validität	44
2.2	Darstellung und Bewertung vorhandener Verfahren zur Erfassung von Problemlösefähigkeit	45
2.2.1	Problemlösefragebogen (PLF)	45
2.2.1.1	Darstellung	45
2.2.1.2	Bewertung	52
2.2.2	Der Kompetenzfragebogen (KF)	54
2.2.2.1	Darstellung	54
2.2.2.2	Bewertung	59
2.2.3	Means-ends-problem-solving procedure (MEPS)	60
2.2.3.1	Darstellung	60
2.2.3.2	Bewertung	65
2.2.4	Diagnostisches Inventar zur Erfassung der Problemlösefähigkeit bei depressiven Studenten (DIPDS)	67
2.2.4.1	Darstellung	67
2.2.4.2	Bewertung	71
2.3	Resümee und weiteres Vorgehen	72
3.	**Entstehung einer Testvorform und die Voruntersuchung**	**74**
3.0	Vorbemerkungen	74
3.1	Der Aufbau des Diagnostischen Inventars zur Erfassung von Problemlösefähigkeit	76
3.1.1	Die Items	77
3.1.2	Die Situationen	80
3.2	Voruntersuchung	84
3.2.1	Stichprobe	84

3.2.2	Itemanalyse	86
3.2.2.1	Item-Teil	86
3.2.2.2	Situations -Teil	90
3.3	Resümee und weiteres Vorgehen	92
4.	**Revision**	**95**
4.1	Neuformulierung der Konstruktion	95
4.1.1	Problemfelder	97
4.1.2	Kurzbeschreibungen und Hilfsfragen	98
4.1.3	Spezifischer Problemlöseprozeß	100
4.2	Itemkonstruktion	103
4.2.1	Itemgenerierung	103
4.2.1.1	Items aus dem DIP	104
4.2.1.2	Items des PLF	107
4.2.1.3	Items aus dem KF	111
4.2.1.4	Items mit intuitiver Indikatorfunktion	112
4.2.2	Itemreduktion	114
4.2.3	Itemauswahl	115
5.	**Analyse der revidierten Form des DIP und die Testendform**	**118**
5.1	Beschreibung der Analyse-Stichprobe	118
5.2	Itemanalyse	119
5.2.1	Itemmittelwerte und Standardabweichungen	120
5.2.2	Trennschärfe	123
5.2.3	Itemzugehörigkeit zu den 4 Phasen des DIP	124
5.2.3.1	Problemanalyse	126

5.2.3.2   Zielanalyse   128

5.2.3.3   Mittelanalyse   129

5.2.3.4   Handlungsdurchführung/Evaluation   131

5.2.4   Endform des DIP   132

6.   **Gütekriterien des Tests**   **135**

6.1   Reliabilität   135

6.1.1   Interne Konsistenz   135

6.1.2   Retest-Reliabilität   137

6.2   Validität   138

6.2.1   Zusammenhänge zwischen den Skalen   140

6.2.2   Kriterienvalidierung unter Verwendung von Tests   144

6.2.2.1   Exkurs   146

6.2.2.2   Interne kriterienbezogene Validität   149

6.2.2.3   Faktorielle Validität   153

6.2.3   Weitere Validitätshinweise   156

6.2.3.1   Ausmaß der Problemlösefähigkeit bei psychisch
           beeinträchtigten Personen   156

6.2.3.2   Sensitivität des DIP gegenüber Änderungen in
           der Problemlösefähigkeit   158

6.2.3.3   Geschlecht und Alter   159

6.3   Zusammenfasssung der Ergebnisse   163

7.   **Zusammenfassung**   **167**

7.1   Voraussetzungen und Zielsetzung   167

7.2	Das Diagnostische Inventar zur Erfassung von Problemlösefähigkeit (DIP)	170
7.2.1	Entwicklung	170
7.2.2	Empirische Überprüfung	173
7.2.3	Bewertung	176
7.3	Ausblick	179
	Literatur	**185**
	Summary	**201**
	Anhang	**I-LXXIV**

0. Vorwort

Die Auseinandersetzung mit komplexem Problemlösen und Problemlösefähigkeit nimmt seit Beginn der 70er Jahre sowohl in der Denkpsychologie als
auch in der Klinischen Psychologie einen hohen Stellenwert ein (vgl. für die
Denkpsychologie vor allem Dörner; für die Klinische Psychologie D'Zurilla
& Goldfried, und deren Nachfolger).

In der Denkpsychologie besteht das Hauptforschungsinteresse darin, das
Verhalten von Probanden bei der Lösung komplexer Probleme zu beobachten
und daraus Informationen über die zugrundeliegende kognitive Struktur
abzuleiten. Es wird versucht nachzuweisen, daß es eine für alle Individuen
analoge Struktur gibt, die den Prozeß beim Problemlösen charakterisieren
kann. Material bei diesen Experimenten sind hauptsächlich computergestützte
Systeme, die ein komplexes Problem simulieren (vgl. z.B. Lohhausen), das der
jeweilige Proband bearbeiten soll. Durch das Material bedingt, handelt es sich
meistens um realitätsfremde, d.h. den einzelnen Probanden nicht betreffende
Situationen, wie z.B. bei dem Projekt "Lohhausen", wo es die Aufgabe des
Probanden ist, Bürgermeister einer Stadt zu sein. Probleme, die ein
Individuum in seinem täglichen Leben ("Alltagsprobleme") vorfindet,
insbesondere Schwierigkeiten im sozialen Bereich, sind bislang kaum berücksichtigt worden. Diese Probleme aber zeichnen sich durch unüberschaubare
Realitätsbereiche und ihren synthetischen und dialektischen Charakter als
besonders komplex aus.

Im Bereich der Klinischen Psychologie ist die Annahme einer beträchtlichen
Übereinstimmung beim Problemlösevorgehen verschiedener Individuen in
unzählige Trainingsprogramme umgesetzt worden, die

1

besonders im Rahmen der Kognitiven Therapie und der Kognitiven Verhaltenstherapie Anwendung finden. Desweiteren existieren Versuche, den Problemlöseprozeß als ein Stukturierungsprinzip für verschiedene Therapieformen bzw. -richtungen anzusehen. Im Rahmen der vorliegenden Arbeit soll die Umsetzung des Problemlösens in therapeutische Interventionen im Vordergrund stehen.

Ziel der Trainingsprogramme ist es immer, die Problemlösefähigkeit einzelner Individuen im Umgang mit "ihren" Problemen zu verbessern. Es handelt sich also im Gegensatz zur Denkpsychologie um komplexe Probleme, die im täglichen Leben des Individuums entstehen. Viele Autoren gehen in ihrem Störungsverständnis davon aus, daß "abnormes Verhalten" besser als ein uneffektives Verhalten im Umgang mit den alltäglichen Lebensanforderungen gekennzeichnet werden kann. Dieses uneffektive Verhalten führt dann in seiner negativen Konsequenz zu Angst, Depression usw. und zur Schaffung von sekundären Problemen. Aufgrund dieser Überlegungen können Trainings, die die Verbesserung der individuellen Problemlösefähigkeit zum Ziel haben, als sinnvolle therapeutische Interventionen angesehen werden.

Obwohl empirische Befunde über die Effektivität der verschiedenen Problemlösetrainings aus der Praxis kaum vorliegen, wird sie in Fachkreisen nicht angezweifelt, was in der Anwendung der Trainings in den unterschiedlichsten therapeutischen Kontexten zum Ausdruck kommt. Ursache der fehlenden empirischen Absicherung könnte sein, daß es im Bereich der Klinischen Psychologie häufig vernachlässigt wird, den Nutzen therapeutischer Interventionen nachzuweisen bzw. grundsätzlich die Frage nach der Indikation der jeweiligen therapeutischen Intervention zu stellen. Für den Bereich der Problemlösetrainings kommt zudem erschwerend hinzu, daß sich geeignete Meßinstrumente, die sich an den theoretischen Grundlagen der Problemlösetheorie orientieren und als ein valides Maß für die individuelle Problemlösefähigkeit gelten können, bislang im Entwicklungsstadium befinden bzw. in der therapeutischen Praxis aus Ökonomiegründen nicht einsetzbar sind. Dieser Umstand führte zu dem Thema der vorliegenden Arbeit.

Ziel der Arbeit soll es sein, ein Diagnostisches Inventar zur Erfassung von Problemlösefähigkeit zu entwickeln, mit dessen Hilfe das Konstrukt "Problemlösefähigkeit" bezogen auf "Alltagsprobleme" - in Abgrenzung zur Denkpsychologie - möglichst umfassend abgebildet werden kann. Die Entwicklung soll sich nach den theoretischen Grundlagen der Denkpsychologie und deren Umsetzung in der Klinischen Psychologie richten. Dabei sollen die klassischen Gütekriterien Reliabilität und Validität berücksichtigt werden und ein vertretbares Maß erreichen. Das Inventar soll in der Diagnostik und zur Evaluation psychotherapeutischer Arbeit eingesetzt werden können.

Zum Inhalt der vorliegenden Arbeit:

Zunächst werden für die Konstruktion des Diagnostischen Inventars notwendige theoretische Grundlagen und empirische Ergebnisse des Problemlösens aus denkpsychologischer und klinisch-psychologischer Sicht dargestellt.

In Kap. 2 wird die Erfassung von Problemlösefähigkeit diskutiert. Ausgangspunkt ist die Operationalisierung des Konstrukts "Problemlösefähigkeit", die Auseinandersetzung mit teststatistischen Anforderungen und ein daraus resultierender Anforderungskatalog für ein Meßinstrument zur Erfassung von Problemlösefähigkeit. Im Anschluß daran werden vorhandene Verfahren zur Erfassung von Problemlösefähigkeit dargestellt und hinsichtlich der entwickelten Anforderungen bewertet.

In Kap. 3 wird die Entstehung einer Testvorform beschrieben und erste Untersuchungsergebnisse mit dieser Vorform protokolliert.

In Kap. 4 werden die zuvor aufgedeckten Mängel der Vorform des Inventars aufgegriffen und in Konstruktionsänderungen umgesetzt. Die neuen

3

Konstruktionsüberlegungen dienen dann zur Entwicklung des Diagnostischen Inventars zur Erfassung von Problemlösefähigkeit (DIP), dessen teststatistische Analyse in Kap. 5 beschrieben wird.

Die Ergebnisse zu den Gütekriterien des Verfahrens werden in Kap. 6 dargestellt und diskutiert. In Kap. 7 werden die Inhalte der Arbeit kurz zusammengefaßt und eine Bewertung des konstruierten Verfahrens hinsichtlich der in Kap. 2 entwickelten Kriterien vorgenommen. Zusätzlich werden offengebliebene Fragen und Anregungen diskutiert.

Die vorliegende Arbeit konnte nur durch die Unterstützung einer Reihe von Personen entstehen, bei denen ich mich an dieser Stelle herzlich bedanken möchte.

Besonders danke ich Herrn Prof. Dr. Hanko Bommert, der mir durch seine Hinweise und Anregungen während der Zeit der Erstellung dieser Arbeit sehr geholfen hat. Bei Herrn Dipl.-Psych. Stefan Maas, Frau Dipl.-Psych. Friederike Haßmann und Herrn Dipl.-Psych. Rüdiger Wilmer bedanke ich mich für die Überlassung der von ihnen erhobenen Daten. Für die Unterstützung bei der Erhebung der Klinikdaten habe ich Herrn Dr. Hinrich Bents herzlich zu danken.

Zu besonderem Dank bin ich auch all jenen Personen verpflichtet, die sich im Rahmen der von mir durchgeführten Untersuchungen als Probanden zur Verfügung gestellt haben.

1. Grundlagen des Problemlösens

1.0 Vorbemerkungen

Für die Konstruktion eines Diagnostischen Inventars zur Erfassung von Problemlösefähigkeit ist es zunächst notwendig eine theoretische Grundlage zu schaffen, die als begründete Basis für die Konstruktion gelten kann. Da die Problemlöseforschung wie bereits angesprochen eine bis in die 50er Jahre zurückgehende Geschichte hat, ist es leicht nachzuvollziehen, daß sich die Definitionen für **Probleme, Problemlösefähigkeit, Problemlöseprozeß** und sich damit auch das Verständnis, was eine mögliche Verbesserung von Problemlösefähigkeit sein kann, einerseits in der Blickrichtung wie auch andererseits in der Komplexität gewandelt haben.

Im folgenden soll nun ein kurzer Überblick über die verschiedenen Sichtweisen im Bereich der Denkpsychologie, die einen Einfluß auf die Konzeption des klinischen Problemlöseverständnisses gehabt haben, aufgezeigt werden.

Daran anschließend sollen die bisherigen Erkenntnisse im Bereich der klinischen Psychologie und deren Umsetzungen dargestellt werden, wobei der empirische Forschungsstand Berücksichtigung finden soll.

1.1 Problemlösen aus denkpsychologischer Sicht

1.1.1 Theoretische Grundlagen

Erklärtes Ziel der Problemlöseforschung im Bereich der Denkpsychologie ist der Entwurf einer allgemeinen, systematischen Theorie der menschlichen Geistestätigkeit beim Lösen von Problemen. (vgl. Dörner, 1976, S. 6)

Bereits 1958 formulierten Newell, Shaw & Simon fünf Kriterien, die eine Theorie des Problemlösens erfüllen sollte: 1. Welche Prognosen über die Leistung eines Problemlösers (bei spezifischen Aufgaben) möglich sind; 2. Wie man sich die Abfolge eines Problemlöseprozesses vorzustellen hat; 3. Welche Begleiterscheinungen beim Problemlösen auftauchen (z.b. spontane Einsicht) und ob diese vorhersagbar sind; 4. Inwiefern sich innere und äußere Veränderungen des problemlösenden Individuums auf dessen Problemlöse-Leistung auswirken und 5. Erklären können, wie Problemlöse-Fähigkeiten erworben werden.

Dazu ist es notwendig, genau zu klären, was ein Problem ist und welche verschiedenartigen Formen von Problemen es gibt, um dann mit dem Wissen über mögliche Anforderungen an einen Problemlöser ein Modell des Problemlösens entwickeln zu können.
Duncker (1935) definierte ein Problem folgendermaßen:

> *Ein "Problem" entsteht z.b. dann, wenn ein Lebewesen ein Ziel hat und nicht "weiß", wie es dieses Ziel erreichen soll. Wo immer der gegebene Zustand sich nicht durch bloßes Handeln (Ausführen selbstverständlicher Operationen) in den erstrebten Zustand überführen läßt, wird das Denken auf den Plan gerufen. (Duncker, 1935, S. 1)*

Die Betonung lag auf nicht zur Verfügung stehenden Mitteln, die das Individuum zu einer Problemlösung benötigte.

6

In Übereinstimmung mit anderen Autoren (bspw. Klix, 1971) befand Dörner, ein Individuum stehe dann einem Problem gegenüber,

wenn es sich in einem inneren und äußeren Zustand befindet, den es aus irgendwelchen Gründen nicht für wünschenswert hält, aber im Moment nicht über die Mittel verfügt, um den unerwünschten Zustand in den erwünschten Zielzustand zu überführen. (Dörner, 1976, S. 10)

Ergänzend zu Duncker wurde somit die Beschaffenheit der unerwünschten Ausgangslage berücksichtigt und ein Problem wird im wesentlichen durch 3 Komponenten gekennzeichnet:

1. durch einen unerwünschten Anfangszustand
2. durch einen erwünschten Zielzustand
3. durch eine Barriere, die die Transformationen vom Anfangszustand in den Endzustand im Moment verhindert.

Aufbauend auf der Unterschiedlichkeit der Barrieren schlägt Dörner als Klassifikationsmodell drei Arten von Problemen vor, deren unterschiedlichen Anforderungen ein Problemlöser gerecht werden muß.

Der einfachste Fall für den Problemlöser ist demnach ein Problem mit sogen. **Interpolationsbarriere**, bei denen sowohl der Anfangs- und Zielzustand als auch die Operatoren bekannt sind. Die Problemlösung liegt in der Bildung einer Kombination oder Folge aus einer Reihe von Operatoren. Probleme dieser Art können allein mit Hilfe der **epistemischen Struktur** (in Anlehnung an Piagets Assimilationsprozeß) gelöst werden, d.h. es werden bekannte Schemata angewendet, die dann zu einer Problemlösung führen.

Im Gegensatz dazu stehen Probleme mit sogen. **Synthesebarriere**, bei denen zwar der Anfangs- und Zielzustand bekannt, die zur Problemlösung wichtigen Operatoren jedoch nicht bekannt sind und nur durch die Überwindung gelernter Einstellungen und Denkgewohnheiten gefunden werden können; und Probleme mit einer sogen. **dialektischen Barriere**, die dadurch gekennzeichnet sind, daß "allenfalls bestimmte Kriterien für den Zielzustand bekannt sind; oft aber solche nicht einmal formuliert werden können" (Dörner, 1976, S. 13). Die Lösung solcher Probleme wird dadurch gefunden, daß ein Entwurf auf äußere und innere Widersprüche überprüft und entsprechend verändert wird. Typisch für Probleme dieser Art sind Komparativkriterien, z.b. eine neu einzurichtende Wohnung soll schöner werden als die alte. Dabei bleibt unklar, um wieviel schöner und hinsichtlich welcher Kriterien schöner (Dörner, S. 13).

Die Lösung von Problemen mit Synthesebarrieren bzw. mit dialektischen Barrieren benötigt die Anwendung von Konstruktionsverfahren zur Herstellung der unbekannten Transformationen, die in ihrer Gesamtheit als **heuristische Struktur** bezeichnet werden. Die heuristische Struktur entspricht Piagets Verständnis des Akkomodationsprinzips, somit müssen für eine Problemlösung neue Schemata konstruiert werden, wenn die vorhandenen Schemata nicht ausreichen.

Dörner betont, daß bei Problemen mehrere Barrieren gleichzeitig vorhanden sein können, die dann systematisch vom Problemlöser aufgearbeitet werden müssen.

Zusätzlich zu den von Dörner gewählten drei Kategorien von Problemtypen existieren dichotome Klassifikationsvorschläge. Diese sollen nur kurz genannt werden, da in allen Fällen eine Überführung in die beschriebenen Formen gewährleistet ist. So differenzieren Mc Carthy (1956), Klein (1971) und Quekelberghe (1979) zwischen gut definierten und schlecht definierten Problemen, bzw. zwischen geschlossenen und offenen Problemen.

Eine Entscheidungsaufgabe ist wohl-definiert, wenn an Hand der Aufgabenstellung auf methodische Weise (Def. 1.1) entschieden werden kann, wann eine vorgeschlagene Alternative als Lösung zu akzeptieren ist. (Klein, 1971, S. 35)

Dörner schlägt vor nicht von einer dichotomen Einteilung, sondern von einer Skala mit den Polen "gut definiert" und "schlecht definiert" auszugehen, auf

8

der die Probleme mit Interpolationsbarrieren, Synthesebarrieren und dialektischen Barrieren angeordnet werden können.

Neben den Problemspezifikationen legt Dörner wert auf die Feststellung, daß der Realitätsbereich, dem das jeweilige Problem angehört, bei einer Problemlösung von entscheidender Wichtigkeit ist. Realitätsbereiche können näher bestimmt werden durch die Eigenschaften der Sachverhalte und der Operatoren des Bereichs. Bei der Lösung eines Problems muß mit Hilfe verschiedener Operatoren der vorhandene Anfangszustand, d.h. der zu Beginn vorgefundene Sachverhalt, verändert werden und in den gewünschten Sachverhalt (Zielzustand) transformiert werden. Dörner (1976, S. 15ff) führt aus, daß Sachverhalte verschiedener Realitätsbereiche durch die Dimensionen **Komplexität, Dynamik, Vernetztheit, Transparenz und Grad des Vorhandenseins freier Komponenten** voneinander unterschieden werden können. Auch die Operatoren können Eigenschaften haben, die bei einer Problemlösung berücksichtigt werden sollten. Wichtig sind vor allem **Wirkungsbreite, Reversibilität, Größe des Anwendungsbereiches, Wirkungssicherheit und materielle und zeitliche "Kosten" des Operators.**

Für den Lösungsprozeß in komplexen Systemen schlägt Dörner (1989) folgenden Ablauf vor:

Zielausarbeitung

- *Auffinden von Zielen in Form von Komparativen (eine Situation soll schöner werden)*
- *Konkretisierung der Ziele und Teilzielbildung*

Modellbildung und Informationssammlung

- *Zeitfristen für die Informationsaufnahme*
- *Abbruchkriterien für die Informationsaufnahme*
- *Strukturwissen über die "Wirklichkeit"*
- *Aufbau eines Modells der "Wirklichkeit"*

Prognose und Extrapolation
- *Wie sah die Situation, die verändert werden soll, in der Vergangenheit aus?*
- *Wie entwickelt sich die Situation weiter?*
- *Was läßt sich über die Zukunft der Situation sagen?*

Planung und Aktionen; Entscheidung und Durchführung der Aktivitäten
- *Planung von Maßnahmen*
- *Entscheidung zwischen Maßnahmen*
- *Ausführung der Maßnahme*

Effektkontrolle und Revision der Handlungsstrategie
- *Selbstkontrolle: Tritt das Erwartete ein?*
- *Beharrlichkeit und Nachhaltigkeit*
- *Entscheidung über weiteres Vorgehen*

Diese Phasen sind durch Rückkoppelungsschleifen verbunden. Aus jeder Phase des Lösungsprozesses läßt sich in eine frühere Phase zurückspringen, um den Lösungsprozeß erneut zu durchlaufen.

Auf eine ausführliche Darstellung der Theorie Dörners wird an dieser Stelle verzichtet, da dies bereits in einer Vielzahl von Arbeiten zum Problemlösen geschehen ist (vgl. z.B. Fiedler, 1981; Kämmerer, 1983; Hussy, 1984; Kempkens-Sadeghi & Kürten, 1986).

1.1.2 Empirischer Forschungsstand und Ergebnisse

Basierend auf dem von Dörner erstellten Modell wurden eine Reihe von Untersuchungsanordnungen konstruiert, die den Gang und die Güte menschlicher Problemlöseprozesse unter Berücksichtigung der verschiedenen Problemtypen und Realitätsbereiche zu beschreiben versuchten. Hauptkriterium dabei war es, realitätsnahe Probleme, d.h. den Probanden bekannte Situationen zu schaffen. Aus diesem Grund wurden Probleme mit intransparenten Anforderungen höherer Komplexität konstruiert, die sich deutlich von Aufgaben, z.B. in Intelligenztests[1] abgrenzen lassen.

In allen Fällen handelt es sich um die Simulation komplexer Probleme mittels computergestützter Systeme, die der jeweilige Proband bearbeiten soll. Zur Verdeutlichung sollen zwei Systeme unterschiedlicher Komplexität kurz erläutert werden. Eine Gesamtübersicht über die im deutschsprachigen Raum verwendeten Simulationsprogramme findet sich bei Funke (1986, S. 11 -19).

LOHHAUSEN (Dörner, Kreuzig, Reither & Stäudel 1983):

Hierbei handelt es sich um ein computergestütztes Gemeinwesen, das von einer Versuchsperson für die Dauer von 10 Jahren in der Funktion eines Bürgermeisters übernommen und geleitet werden soll. An dem System sind ca. 1200 sich wechselseitig beeinflussende Variablen beteiligt wie z.b. ökonomische (Kapitalbestand, Produktion, Lagerbestand), finanzpolitische (Steuersätze), psychologische (Zufriedenheit mit der Arbeitsplatzsituation, Zufriedenheit mit der öffentlichen Versorgung), demographische (Einwohnerzahl, Geburts-und Sterberaten) usw.. Zusätzlich besitzt das System Eigendynamik, d.h. der Zustand verändert sich auch dann, wenn keine Eingriffe seitens des Probanden vorgenommen werden. Mit der Instruktion "Ihre Aufgabe ist es, für das Wohlergehen der Stadt in der näheren und ferneren Zukunft zu sorgen" wird dem Probanden zudem eine unpräzise Zieldefinition als Lösungsziel vorgegeben.

In Untersuchungen von Dörner (1979), Kreuzig (1979) und Reither (1979) mit diesem System bestand die Zielsetzung darin, zum einen über die kognitive Struktur und ihre Veränderung und zum anderen über den biographischen und persönlichen Hhintergrund der kognitiven Struktur Auskünfte zu bekommen.

---

[1] Bei Intelligenztestaufgaben sind maximal vier bis fünf Variablen zu analysieren, zwischen denen keine intransparenten Beziehungen bestehen, die von den Probanden erkannt werden müssen (vgl. z.B. APM von Raven).

Zu diesem Zweck wurden die Vpn nach ihren Leistungen in 10 Simulations-jahren in ausgewählten Variablen, den Kernvariablen, (8 Sitzungen a' 2 Stunden) in zwei Extremgruppen, eine Plusgruppe mit guten Vpn und eine Minusgruppe mit schlechten Vpn aufgeteilt. "Eine Vp wurde in die Plus- bzw. Minusgruppe nur dann aufgenommen, wenn die subjektive Vl-Beurteilung mit dem positiven bzw. negativen Endzustand einer Kernvariable des Systems 'Lohhausen' übereinstimmte" (Dörner, 1979, S. 188). Zusätzlich wurden die Selbsteinschätzungen der Vpn in Bezug auf ihren Erfolg bei dem Umgang mit dem System, die sich in den beiden Extremgruppen signifikant unterscheiden, berücksichtigt.

Es zeigte sich, daß die Vpn beider Gruppen bei der Problemlösung grob nach gleichen Schemata vorgingen: "sie prüfen, welche Problemvariablen uner-wünschte Zustände aufweisen, hierarchisieren die anstehenden Probleme, analysieren die möglichen Ursachen der Probleme, treffen Entscheidungen und wenden sich dem nächsten Problem zu" (Dörner, 1979, S. 190). In Einzelaspekten trat jedoch ein sehr unterschiedliches Verhalten auf: 1. Die Vpn der Minusgruppe wechseln häufiger das Thema, d.h. sie verweilen wesentlich kürzer bei einem Thema als die Vpn der Plusgruppe; 2. Die Anzahl der thematischen Reversionen, d.h. die Wiederaufnahme bereits behandelter Themata ist in der Minusgruppe signifikant höher als in der Plusgruppe; Dörner führt diese Aspekte auf die unterschiedliche Ausprägung der Analysekomplexität in den beiden Gruppen, d.h. auf die Breite und Tiefe bei der Untersuchung der kausalen Vernetzung einer Problemvariable, zurück. Als mögliche Erklärungsmodelle für die Differenzen in der Analyse-komplexität mußten thematische Vorerfahrungen, Intelligenz und Motivation zurückgewiesen werden. Als Ursache für die Unterschiede nennt Dörner die Fähigkeit zu Analogieschlüssen und das Verfügen über eine größere Anzahl abstrakter Schemata (Dörner, 1979, S. 191 - 195).

Diese Ergebnisse konnten von Kreuzig (1979, S. 198 - 209) in bezug auf biographische Daten und Persönlichkeitsvariablen bestätigt werden. Weder Alter, Geschlecht, Vorerfahrung und intellektuelle Fähigkeiten scheinen einen

12

Einfluß auf die Problemlösegüte zu haben. Er zeichnet folgende Skizze von einem erfolgreichen Problemlöser: Der erfolgreiche Problemlöser geht eher sachlich als intuitiv vor, hat weniger die Tendenz auszuweichen, berücksichtigt die Dynamik des Systems adäquater, handelt mehr nach Zielen, bildet adäquatere Schwerpunkte und zeigt eine geringere Resignationstendenz (Kreuzig, 1979, S. 207).

MORO (Dörner & Stäudel, 1984; Kühle & Badke 1984, 1986):

Es wird an den Probanden die Anforderung gestellt, die Aufgaben eines "Entwicklungshelfers" zu übernehmen, der für 20 Jahre im Obervoltagebiet am Südrand der Sahara tätig ist. Ziel ist es, die Lebensbedingungen eines Nomadenstammes zu verbessern. "Aufgrund der Verfügung über ein Startkapital hatten die Vpn die Möglichkeit, für eine bessere Ernährung, medizinische Versorgung usw. der Einwohner zu sorgen, deren Lebensstandard sich am Existenzminimum bewegte. Die Entscheidungen wurden dem Computer eingegeben, der die Auswirkungen berechnete; die jeweiligen Werte konnten dann von den Vpn zu Beginn jedes Jahres erfragt werden" (Kühle & Badke, 1986, S. 14). MORO ist somit weniger komplex als LOHHAUSEN und verfügt über eine relative Eigenstabilität.

In Untersuchungen von Kühle & Badke (1984 u. 1986) mit diesem System wurden die Vpn nach den 20 Simulationsjahren in drei Gruppen aufgrund ihrer Leistungen bei bestimmten Kernvariablen aufgeteilt: 1. Gruppe E (Erfolg): Vpn (N=8), die keine Katastrophen, in der von Kühle & Badke vorgegebenen Art produzierten; 2. Gruppe K (Katastrophe): Vpn (N=9), die Hungerkatastrophen erzeugten und 3. Gruppe M (Mittelgruppe): Vpn (N=3), die keine Hungerkatastrophen jedoch katastrophenähnliche Zustände erzeugten. In der Auswertung wurden nur die beiden Extremgruppen E und K miteinander verglichen.

Die Ergebnisse bezüglich der Entscheidungen und Fragen können wie folgt zusammengefaßt werden: 1. In der Anzahl der Entscheidungen ergab sich kein signifikanter Unterschied zwischen den Extremgruppen. 2. Auch die Anzahl der Bereiche, in denen Entscheidungen getroffen wurden, weist keine signifikanten Unterschiede auf. 3. Signifikant unterschiedlich war die Anzahl der gleichbleibenden Entscheidungen über die Zeit (Stabilität der Entscheidungen). Als mögliche Ursache dafür wurden bei den "guten" Vpn flexiblere Handlungsweisen und den jeweiligen Situationen entsprechende sofortige Reaktionen vermutet, was zu unterschiedlichen Entscheidungen führte. Wohingegen "schlechte" Vpn länger abwarteten bzw. die problematische Situation noch gar nicht erkannten. 4. Ebenfalls signifikant höher lag der "Innovationsindex" bei den Vpn der E-Gruppe, d.h. sie fällten "neue" und somit zusätzliche Entscheidungen, z.B. in anderen Bereichen als die Vpn der K-Gruppe. 5. Die Vpn der E-Gruppe fragten signifikant mehr als die der K-Gruppe, benutzten dabei aber ein ähnliches Fragenspektrum.

In Bezug auf verschiedene Persönlichkeitsmerkmale und deren Zusammenhang zwischen "guten" und "schlechten" Vpn ergab sich folgendes Bild: 1. Die Extremgruppen unterscheiden sich nicht signifikant bezüglich Testintelligenz (mittels CFT 3; Weiss, 1971) und Selbstsicherheit (mittels U-Fragebogen; Ullrich de Muynck & Ullrich, 1977). 2. Die K-Vpn erwiesen sich signifikant weniger "heuristisch kompetent" und "emotional stabil" (mittels Kompetenzfragebogen; Stäudel, 1981). 3. Ebenfalls signifikante Differenzen fanden sich für die Subskalen "Steuerbarkeit der Aktivierung konvergenten und divergenten Denkens" und der "Resistenz gegen Überangebot an Umweltreizen" des FKP (Kreuzig, 1981). 4. Die Differenz zwischen der E- und K-Gruppe bezüglich der Selbstbeurteilungen über ihre emotionale Befindlichkeit, ihr Interesse am Problem und ihrer Einschätzung, das Problem lösen zu können, die die Vpn vor und nach dem Experiment zu treffen hatten, bestätigen die Zuordnung zu den Extremgruppen mittels der von Kühle & Badke verwandten Kriterien.

Die Ergebnisse der beiden dargestellten Untersuchungen zeigen, daß alle Vpn beim Umgang mit komplexen Problemen ähnlich vorgehen, was für eine ähnliche Organisation der kognitiven Struktur beim Problemlösen spricht. In Einzelaspekten, d.h. in der Differenziertheit der kognitiven Struktur und somit in der Problemlöseleistung konnten jedoch deutliche Unterschiede festgestellt werden.

Erfolgreiche Pbn gliederten z.B. das vorgegebene Ziel in mehr und sinnvollere Teilziele auf, die sie nacheinander abarbeiten. Sie stellten häufiger Hypothesen über sinnvolle Veränderungen auf und ergriffen mehr und sinnvollere Maßnahmen, wobei diese Maßnahmen sorgfältiger geplant wurden und besser den Erfordernissen der Situation entsprachen. Dabei führten sie in stärkerem Maße Neben- und Fernwirkungsanalysen durch und kontrollierten häufiger, ob die angestrebten Effekte ihrer Maßnahmen auch eingetroffen waren. (Hesse, Spies & Lüer, 1983, S. 402f)

Die gefundenen Differenzen können nicht mittels unterschiedlicher intellektueller Fähigkeiten erklärt werden. Der enge Zusammenhang zu Persönlichkeitsmerkmalen läßt eher die Verantwortlichkeit für die deutlichen Unterschiede in der Problemlöseleistung in einer unterschiedlichen Ausprägung von Persönlichkeitsmerkmalen bei den Probanden vermuten. Neber (1987) weist daraufhin, daß

1. Probleme nicht affektiv neutral sind
2. die Fertigkeiten für die Lösung fehlen
3. der Problemlöser häufig nicht motiviert ist
4. das Problemlösen auf dem Hintergrund der Persönlichkeit des Problemlösers geschieht.

Weitere Hinweise hierfür finden sich u.a. bei Heuser (1976), Kreuzig (1981), Putz-Osterloh (1981, 1983b), Putz-Osterloh & Lüer (1981), Stäudel (1982).

So faßt Hussy (1985) die zentralen Ergebnisse dieser Art Untersuchungen auch wie folgt zusammen:

- *die Fähigkeit, komplexe Probleme zu lösen ist aus kognitiven Variablen, wie sie in Intelligenz- und Kreativitätstests erfaßt werden, nicht prädizierbar;*
- *dagegen besitzen Variablen aus dem Persönlichkeitsbereich, wie Selbstsicherheit und Extravertiertheit, durchaus prädiktive Valenz: Die Korrelationen liegen bei r = .50 bzw. r = .30. (Hussy, 1985, S. 59)*

Hussy (1984a, b) schlägt deshalb vor, bei der Betrachtung von Problemlöseleistungen nicht nur den Einfluß von Problemmerkmalen, sondern auch den der Personenmerkmale zu berücksichtigen. Beide Merkmalsgruppen werden als Determinanten der Problemschwierigkeit betrachtet (vgl. Abb. 1 - 1).

Entgegengesetzte Ergebnisse, die einen Zusammenhang zu intellektuellen Fähigkeiten aufweisen (vgl. Funke, 1983, 1984), scheinen eher aufgrund eines anderen methodischen Vorgehens, insbesondere in Bezug auf eine unterschiedliche Ausprägung in Komplexität, Dynamik und Transparenz der verwandten Systeme, zustande gekommen zu sein (vgl. hierzu auch Kreuzig, 1981; Putz-Osterloh, 1983a). Ein Zusammenhang zwischen Problemen mit transparenten Anforderungen geringer Komplexität und Testintelligenz wird nicht bestritten (Putz-Osterloh & Lüer, 1981; Putz-Osterloh, 1983a; Hörmann & Thomas, 1989).

Unbestritten bleibt jedoch die Tatsache, daß wie von Funke (1983) demonstriert, es schwierig ist, ein Maß für die Leistung der Vpn zu finden, das zuverlässig ist und wirklich die Problemlösefähigkeit erfaßt. Durch den Zwang eine überschaubare Gruppe von Variablen (Kernvariablen) als Gütemaß abzuleiten, erhöht sich die Gefahr einer nicht ausreichend repräsentativen und damit nicht validen Auswahl.

16

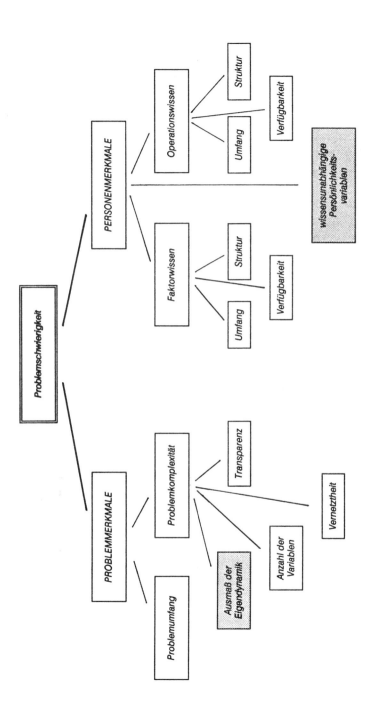

Abb. 1 - 1: Rahmenkonzeption zum Begriff der Problemschwierigkeit (nach Hussy, 1984a, S. 124; ergänzt nach Hussy, 1984, S. 227 -234)

1.1.3 Resümee und weiteres Vorgehen

Die bisherigen Betrachtungen sprechen dafür, von einer ähnlichen kognitiven Struktur aller Individuen und damit einer ähnlichen Vorgehensweise beim Umgang mit komplexen Problemen auszugehen. Die trotzdem festzustellenden unterschiedlichen Problemlöseleistungen können einerseits durch Differenzen in Einzelaspekten der kognitiven Struktur, wie der Fähigkeit zu Analogieschlüssen, der Anzahl abstrakter Schemata usw., bedingt sein, andererseits durch eine unterschiedliche Ausprägung von Personenmerkmalen, wie z.b. Selbstsicherheit, emotionale Stabilität etc.. Geht man von diesen Vorannahmen aus, so ist die Erwartung einer Erhöhung der Problemlöseleistungen mittels Trainings gerade dieser Aspekte naheliegend.

Im nächsten Abschnitt wird gezeigt werden, daß sich insbesondere im Bereich der Klinischen Psychologie die Erkenntnisse der Denkpsychologie zunutze gemacht worden sind, um die Problemlösefähigkeit von Klienten im Umgang mit ihren persönlichen Schwierigkeiten zu verbessern. Zur Verbesserung der rein kognitiven Aspekte existieren eine Reihe von Trainingsprogrammen im Bereich der Denkpsychologie (vgl. z.B. Juengst, 1977; Hesse, 1979; Dörner et al., 1983).

Dazu muß jedoch angemerkt werden, daß die Art der Probleme, die in Computersimulationen auftreten, sich in mehreren Aspekten von den Problemen eines Individuums im alltäglichen Leben wesentlich unterscheiden. Es ist nicht ausreichend, hauptsächlich auf die Komplexität und die Dynamik eines Problems zu achten. Auch die Einschätzung, daß nicht primär kognitive sondern etwa auch soziale Anforderungen, sowie die Fähigkeit einer gleichzeitigen Bearbeitung unterschiedlicher Teilprobleme notwendig sein müssen (vgl. Kreuzig, 1981, S. 295), schaffen noch keine vergleichbaren zu denen in Beruf, in sozialen und familiären Systemen auftretenden Situationen. Zum einen handelt es sich um realitätsfremde, d.h. dem einzelnen Probanden unbekannte Situationen, mit denen er in seiner Umwelt nicht konfrontiert ist und die somit auch nicht eine vergleichbare emotionale Belastung wie bei

18

den tatsächlich anstehenden Problemen aufweisen. Zum anderen reagiert auch ein instabiles computersimuliertes System immer nach bestimmten Gesetzmäßigkeiten, von denen in interaktionellen Situationen nicht notwendigerweise ausgegangen werden kann, bedenkt man z.b. Gemütsschwankungen, externe Einflüsse u.ä..

Dieser Gedanke spricht in Bezug auf die Thematik dieser Arbeit für eine weitere Betrachtung unter klinisch-psychologischer Sicht. Zur Erfassung kognitiver Strukturen und deren Ausprägung scheinen die dargestellten Untersuchungsdesigns ausreichend zu sein.

1.2 Problemlösen aus klinisch-psychologischer Sicht

1.2.1 Theoretische Grundlagen

Eine erste Auseinandersetzung mit dem Problemlöseansatz in der Klinischen Psychologie wurde von D'Zurilla & Goldfried (1971) mit der Vorstellung einer neuen Methode zur Verhaltensmodifikation geleistet, die bis heute ihren wegweisenden Charakter behalten hat (vgl. D'Zurilla & Goldfried, 1973; Goldfried & Goldfried, 1975; Goldfried & Davison, 1976; Goldfried, 1980). Als Therapieziele gelten die Erweiterung eines potentiellen effektiven Verhaltenspielraums und die Sensibilisierung für die "beste Lösung" beim Klienten.

Die Überlegungen basieren auf der Annahme, daß ein großer Teil der "abweichenden Verhaltensweisen" oder "emotionalen Störungen" darauf zurückzuführen ist, daß jemand "unfähig ist, gewisse situative Probleme in seinem Leben zu lösen und seine inadäquaten Lösungsversuche unerwünschte

Effekte haben wie Angst, Depression und die Schaffung neuer Probleme" (vgl. D'Zurilla & Goldfried, 1971, S. 107). Diese Sichtweise wird geteilt und wieder aufgegriffen von Hoffmann (1978).

Den Begriff **Problem** verwenden D'Zurilla & Goldfried "in Bezug auf eine spezifische Situation oder eine Reihe von Situationen, auf die ein Individuum unter Berücksichtigung seiner Lebensbedingungen reagieren muß" (s.o., 1971, S. 107). Sobald ein Individuum nicht sofort (unmittelbar) in der Lage ist, eine "effektive" Antwort zu finden, handelt es sich um eine **problematische Situation**[2]. Um eine einheitliche Terminologie zu benutzen, wird im folgenden der Begriff **Problem** immer dann verwandt, wenn Defizite irgendwelcher Art eine Problemlösung verhindern. Dies bedeutet, daß die Differenzierung von "Problem" und "problematischer Situation" im weiteren vernachlässigt und generell von Problemen gesprochen wird.

Die Probleme, die im Bereich der Klinischen Psychologie auftreten, lassen sich analog zur Denkpsychologie anhand ihrer Barrieren charakterisieren. In der Regel sind die Probleme "ill-defined" (Dörner, 1976) und haben somit entweder synthetische bzw. dialektische Barrieren oder es handelt sich um Probleme mit gleichzeitig mehreren Barrieren. Dies bedeutet, daß entweder die zu einer Problemlösung notwendigen Operatoren = Mittel nicht bekannt sind oder, daß zu Beginn einer Problemlösung zunächst eine klare Definition des Anfangs- und des erwünschten Zielzustandes gefunden werden muß. Dies wird besonders dann der Fall sein, wenn ein unbestimmtes unzufriedenes Gefühl der Ausgang einer Problemlösungssuche ist. Zudem wird es sich um Probleme mit hoher Komplexität handeln. Insbesondere Schwierigkeiten in sozialen Situationen führen zu einem hohen Grad von Intransparenz, Vernetztheit und Instabilität.

---

[2] Dieser Zustand entspricht der Definition eines Problems im Bereich der Denkpsychologie.

So stellten Kanfer & Busemeyer (1982) fest, daß

1. die Ziele nicht über die Zeit konstant bleiben und
2. der Nutzwert möglicher Heuristiken nicht festgelegt ist.

Guerney & Stollak (1965) entwickelten das Konzept der "problems in living", welches die soziale Bedingtheit psychischer Störungen betont und für die vorher beschriebenen Probleme im klinischen Kontext einen theoretischen Bezugsrahmen darstellen kann. Sie stellten u.a. fest:

1. Alle Menschen haben intra- und interpersonale Probleme.
2. Solche Probleme sind dynamisch und veränderlich und demgemäß besteht eine permanente Notwendigkeit zur Problemlösung.
3. Es gibt keine Trennungslinie zwischen normalem und neurotischem Verhalten.
4. Wenn jemand als neurotisch klassifiziert wird, dann heißt das lediglich, daß er Probleme schlechter oder ineffektiver löst als die Mehrheit der Bezugsgruppe.
5. Es kann für das Verständnis des therapeutischen Prozesses nützlich sein, die "naiven" Problemlösungsversuche der Menschen zu erkunden.
6. Psychotherapie ist nur **eine** Bedingung, die die Lösung von Lebensproblemen erleichtern kann. (vgl. Kämmerer, 1987)

Zusammenfassend läßt sich festhalten, daß psychische Probleme den wohl kompliziertesten Fall von Problemen innerhalb der Psychologie des Problemlösens darstellen, insofern sie nahezu alle möglichen Komplikationen beinhalten, die von der Problemlösetheorie genannt werden. (Kämmerer, 1987, S. 299)

D'Zurilla & Goldfried (1971) explizierten ähnlich zu dem Lösungsprozeß in der Denkpsychologie fünf aufeinander aufbauende Schritte, die zu einer Problemlösung notwendig und für die besondere Merkmale der zu lösenden Probleme angemessen sind:

21

1. Allgemeine Orientierung

   - *Das Individuum soll akzeptieren, daß Probleme im Leben normal sind.*
   - *Problematische Situationen sollen bei Eintreten erkannt werden.*
   - *Impulsives Handeln oder 'Nichtstun' soll verhindert werden.*

2. Problemdefinition und Formulierung

   - *Alle Aspekte der problematischen Situation sollen herausgefunden werden und in einfachere, konkretere übersetzt werden.*
   - *Trennung von relevanten und irrelevanten Aspekten*

3. Bildung von Alternativen

   - *In einem 'brainstorming' sollen mögliche Handlungsalternativen erarbeitet werden, wobei Kritik zunächst ausgeschlossen und Quantität erwünscht ist.*

4. Formulierung von Entscheidungen

   - *Das Individuum soll aus den erarbeiteten Alternativen die besten und realistischen auswählen, wobei die Konsequenzen (kurz- bzw. langfristig) berücksichtigt werden sollen.*

5. Verifikation

   - *Schrittweise Umsetzung der ausgewählten Lösungsmöglichkeit und abschließende Bewertung.*

Die beschriebenen Schritte dienen als Grundlage für das therapeutische Vorgehen und sollen in der unmittelbaren Interaktion zwischen Therapeut und Klient eingesetzt werden. Es wird betont, daß der vorliegende Prozeß nicht als <u>starrer</u> Ablauf angesehen werden darf.

Indem wir die Stufen des Problemlöseprozesses spezifizieren, implizieren wir nicht, daß dies die "exakte" Art und Weise des Problemlösens ist oder sein sollte, die im realen Leben ausgeführt wird. Eine Person kann sich vor und zurück bewegen, von einer Stufe zur anderen. - Bei komplexen Problemen kann man gleichzeitig mehrere Unterprobleme bearbeiten, jedes auf einer anderen Stufe der Entwicklung. (Goldfried & Davison, 1976, S. 188 ff)

Eine zweite Forschergruppe um Spivack et al. (1976), die sich etwa zur gleichen Zeit mit der Anwendung des Problemlösens auf die therapeutische Praxis beschäftigte, legte den Schwerpunkt auf die Verbesserung interpersoneller Problemlösefertigkeiten, die einen wesentlichen Einfluß auf das

Sozialverhalten von Kindern und (wie in späteren Untersuchungen gezeigt) auch von Erwachsenen haben (vgl. Kämmerer, 1983, S. 17).

Sie entwickelten fünf "interpersonal cognitive-problem-solving-skills", die sie als situationsabhängig bezeichneten und die nicht immer alle zu einer Problemlösung notwendig sind. Im einzelnen handelte es sich um folgende Fertigkeiten:

1. Sensibilität für Probleme in zwischenmenschlichen Situationen
2. Finden von mehreren Problemlösungsmöglichkeiten
3. Sequentieller Gebrauch von Mitteln, die zur Lösung notwendig sind
4. Betrachtung möglicher Konsequenzen, die das eigene soziale Handeln auf die eigene Person wie auch auf andere Menschen haben kann
5. Betrachtung und Berücksichtigung der sozialen Interpendenz von Fühlen und Handeln

Diese interpersonalen kognitiven Fähigkeiten werden in einem Training, welches für Erwachsene aus 19 Einheiten besteht, trainiert.

Bei einem Vergleich der beiden Ansätze wird häufig darauf hingewiesen, daß es sich bei D'Zurilla & Goldfried um intrapersonale und bei Spivack et al. um interpersonelle Problemlösefähigkeit handelt (vgl. u.a. Kämmerer, 1983). Bei einer genaueren Betrachtung fällt jedoch ein sehr unterschiedliches Abstraktionsniveau in der Darstellung der einzelnen Aspekte zum Problemlösen auf. Es wäre eine Integration beider Ansätze derart denkbar, daß die Ausführungen von D'Zurilla & Goldfried als Beschreibung eines Problemlöseprozesses (ähnlich dem Vorgehen in der Denkpsychologie) mit den zu einer erfolgreichen Problemlösung erforderlichen Schritten angesehen wird. Die von Spivack et al. beschriebenen Fertigkeiten sollten als dazu notwendige Fähigkeiten in einzelnen Teilbereichen des Prozesses betrachtet werden. Levenson und Neuringer (1971) sprechen auch von einer allgemeinen Problemlösefähigkeit, die vom Problemlöser verlangt wird, und die durch intra- und interpersonelle Aspekte bestimmt wird. Wie später noch gezeigt werden wird, werden in klinischen Problemlösetrainings beide Aspekte berücksichtigt.

Ein weiterer Unterschied, der sich bis heute in Darstellungen zum Problemlösen fortsetzt, kann deutlich gemacht werden. Während D'Zurilla & Goldfried ihre Ausführungen als ein **Rahmenkonzept für den Therapieprozeß** verstehen, welches dem **Therapeuten** hilfreiche Verhaltensweisen für die Durchführung und Strukturierung der Therapie liefert, können die Ausführungen von Spivack et al. als ein **Trainingsprogramm** für den **Klienten** mit dem Ziel der Verbesserung der interpersonellen Problemlösefertigkeiten angesehen werden.

> *Zum einen wird Problemlösen als Rahmenkonzept für den Therapieprozeß genutzt, indem die einzelnen Schritte immer wieder zur Reflexion und Kontrolle des jeweiligen Standortes innerhalb des gesamten Therapiegeschehens eingesetzt werden. Diese Reflexion ist vor allem eine des Therapeuten, der auf der konkreten Behandlungsebene u.U. ganz andere als Problemlöse-Methoden einsetzt.*
> *Zusätzlich wird Problemlösen aber auch als direkte Interventionstrategie verwendet, die bei der Lösung der Klientenprobleme helfen soll - .... . Diese letztgenannte Verwendungsart, ich nenne sie konkret-praktische, geschah überwiegend in Gruppen und unter Rückgriff auf mehr oder weniger standardisierte Trainingsprogramme. (Kämmerer, 1983, S. 109)*

Überzeichnend ausgedrückt, handelt es sich zum einen in erster Linie um **Therapeutenwissen**, d.h. problemlösungsbezogene Aktivitäten bleiben für den Klienten intransparent. Zum anderen kann von zu vermittelndem **Klientenwissen** gesprochen werden, wobei es erklärtes Ziel ist, dem Klienten den Problemlöseprozeß transparent zu machen.

Den D'Zurilla & Goldfried und Spivack et al. folgenden Arbeiten zum Problemlösen wird eine Dichotomisierung Transparenz vs. Intransparenz nicht mehr gerecht, hier ist es sinnvoller von einem Kontinuum **Ausprägung der Transparenz** zu sprechen. In engem Zusammenhang mit der Transparenz therapeutischen Vorgehens für den Klienten steht die Konkretheit mit der die Interventionen für den Therapeuten ausgeführt werden. Häufig geht bei intransparenten Problemlöseansätzen nicht hervor, was im Detail zwischen Therapeut und Klient geschieht.

In der folgenden Abbildung (Abb. 1 - 2) soll ohne Anspruch auf Vollständigkeit der Versuch gemacht werden, einige wichtige Problemlöseansätze im Bereich der Kognitiven Verhaltenstherapie hinsichtlich ihres Grundverständnisses "Rahmenkonzept für den Therapieprozeß" vs. "direkte Interventionsstrategie" einzuordnen. Dabei muß betont werden, daß die vorgenommene Dichotomisierung rein theoretischer Natur ist, in der Realität sind die Grenzen fließend.

Abb. 1 - 2: Rahmenkonzept für den Therapieprozeß ─────── Direkte Interventionsstrategie

D'Zurilla & Goldfried (1971)

Problem Solving and Behavior Modification

Das Problemlösetraining lehnt sich eng an die fünf traditionellen Problemlöse-Schritte an, mit denen dann therapeutisch gearbeitet wird. Es wird darauf hingewiesen, daß sie in der Therapie-Praxis selten nur streng voneinander zu trennen sind, da sie sich vielfach überlappen und miteinander interagieren. (vgl. D'Zurilla & Goldfried, S. 112)

Grawe et al. (1980)

Interaktionelles Problemlösevorgehen

"Insofern verstehen wir das Problemlösevorgehen in erster Linie als Entscheidungsgrundlage für die Planung seiner (Therapeut, Anmerk. d. Verf.) Intervention" (Grawe et al., 1980, S. 25)

Bartling et al. (1980)

Problemanalyse im therapeutischen Prozeß

"Die problemrelevanten Informationen können mit Hilfe des Leitfadens strukturiert, analysiert und die gefundenen Erkenntnisse für den gemeinsamen Problemlösungsprozeß verwertet werden. ... kann zum anderen benutzt werden als Orientierungshilfe für das Vorgehen in den Therapiesitzungen" (Bartling et al., 1980, S. 17)

Spivack et al. (1976)

The Problem-Solving Approach to Adjustment

Die einzelnen Schritte, neunzehn sind vorgesehen, sind voneinander abgrenzbare Einheiten, die nacheinander durchlaufen werden und dem Klienten in Form eines Skripts vor Beginn der Therapie zur Verfügung gestellt werden. (Kämmerer, 1983, S. 111)

Fiedler (1981)

Psychotherapieziel: Selbstbehandlung

"Insgesamt sollen die durch Psychotherapie zu vermittelnden Problemlösungsstrategien den Patienten befähigen, den für eine Selbstbehandlung erforderlichen kognitiven und sozialen Problemlösungsprozeß insgesamt zu strukturieren, zu gestalten und erfolgreich zu Ende zu führen" (Fiedler, 1981, S. 49)

Kämmerer (1983)

Die therapeutische Strategie "Problemlösen"

"..., sollte er dem Klienten die Problemlösestruktur nochmals transparent(er) machen und ihn somit ermutigen, diese auch auf zu lösende Probleme außerhalb der Therapie anzuwenden.

Das Interesse am Problemlöseansatz auch außerhalb der im weiten Sinne verhaltenstherapeutischen Richtungen hat sich in den letzten Jahren verstärkt. So existieren Versuche, die konzeptuelle Erklärungskraft des Problemlösens auch auf Therapieformen der "humanistischen Psychologie" anzuwenden bzw. die implizite Anwendung in diesen Therapieformen nachzuweisen: Gesprächs-psychotherapie (vgl. z.b. Wexler, 1974; Martin, 1975; Zielke, 1979; Espe, 1980; Eckert, 1984); Kognitive Therapie (Mahoney, 1976, 1977; Meichen-baum, 1979; König, 1979; Seiler 1979); Counseln (Heppner, 1978). Diese Versuche sind nicht unumstritten - eine Zusammenfassung der Kritik findet sich bei Jaeggi (1979) - und sollen nur der Vollständigkeit halber erwähnt werden.

Im weiteren Verlauf der Arbeit wird besonderes Gewicht auf konkret-praktische Interventionsstrategien verwandt werden, d.h. auf Verfahren, die die Transparenz des Problemlöseprozesses für den Klienten (Klientenwissen) ansteuern, da dort in Anlehnung an den Einsatz denkpsychologischer Trainingsprogramme und deren Kritik (vgl. Kap. 1.1.3, S.18 f) eine Verbesse-rung der Problemlösefähigkeit im Umgang mit Alltagsproblemen explizites Therapieziel ist.

Bevor auf die empirischen Ergebnisse zum Klinischen Problemlösen eingegangen wird, soll ein Trainingsprogramm zusammenfassend dargestellt werden, um die Einbeziehung der Klienten in ein solches Programm zu verdeutlichen. Ausgewählt wurde zu diesem Zweck, das 6-Stufen-Modell von Kämmerer (1983), welches sowohl auf D'Zurilla & Goldfried (1971) als auch auf Spivack et al. (1976) zurückgreift.

Der Prozeß wird als "Richtschnur" verstanden, an der man sich orientieren kann, aber nicht "muß".

1	**Problembewußtsein wecken** = *Allgemeine Orientierung über Probleme, die sie mit sich selbst oder im Kontakt mit anderen Menschen haben, und die sie verändern wollen.* *Wie erkenne ich problematische Situationen?* *Beobachtung von Gedanken, Gefühlsreaktionen und körperlichen Reaktionen*
2	**Benennung und Beschreibung des Problems** = *Genaue Beschreibung einer Situation, in der sich das geschilderte Problem besonders deutlich zeigt und am ehesten einer Veränderung bedarf.* *Es ist wichtig, das ausgewählte Problem so genau als möglich zu beschreiben.*
3	**Sammlung von Alternativen** = *Das Überlegen von neuen, befriedigenden Zielsetzungen, die eine Lösung des Konflikts bedeuten und das Finden von Verhaltensweisen, die diese Lösung herbeiführen.* *Finden Sie Ziele, die Ihnen vorschweben.* *Überlegen Sie sich Wege, wie Sie die Ziele erreichen können.*
4	**Entscheidung treffen** = *Auswahl und Entscheidung für eine der Lösungsmöglichkeiten und für eine Vorgehensweise, die zum Ziel führt.* *Welche Folgen, welche Konsequenzen wird jedes Ziel mit sich bringen?* *Welche Folgen, welche Konsequenzen wird jeder Weg mit sich bringen?*
5	**Verwirklichung der Entscheidung** = *Durchführung der neuen Handlungsweise*
6	**Bewertung der Entscheidung** = *Überprüfung, ob die neue Handlungsweise tatsächlich zur angestrebten Lösung führt.*

Abb. 1 - 3: Problemlösetraining nach Kämmerer (1983, S. 127 - 144)

Die Klienten werden mittels Fragen und Anregungen zu den einzelnen Schritten des Problemlöseprozesses geführt. Um eine Generalisierung auf weitere Probleme zu gewährleisten, wird den Klienten zu Beginn des

Trainings, ein Problemlöse-Leitfaden ausgehändigt, der die Grundlage für die gesamte therapeutische Intervention darstellt. Der Leitfaden dokumentiert ausführlich die oben beschriebenen Schritte und erläutert sie anhand von Beispielen.

1.2.2 Empirische Ergebnisse zum therapeutischen Problemlösen

Bei Betrachtung der vorhandenen Forschungsliteratur lassen sich grob drei Bereiche mit unterschiedlichem Forschungsschwerpunkt feststellen. Zum einen wird die Problemlösefähigkeit bei bestimmten Personengruppen und/oder Störungsbereichen geprüft. Dazu wird entweder eine mögliche Veränderung der Problemlösefähigkeit nach einem Problemlöse-Training zu erfassen versucht oder es werden Vergleiche zu einer 'Normalpopulation' gezogen. Der zweite Bereich umfaßt Untersuchungen, die die empirische Überprüfung der Bedeutung einzelner Teilaspekte der Problemlösesequenz zum Ziel haben. Der letzte Forschungsschwerpunkt beschäftigt sich mit dem Vergleich und der Kombination von Problemlösen und anderen therapeutischen Verfahren.

Die weitaus meisten Untersuchungen liegen für den ersten Bereich vor. Besonders hervorzuheben sind dabei die Arbeiten, die im 'Hahnemann Medical College und Hospital' in Philadelphia von Platt et al. und Coche'et al. durchgeführt worden sind. Dort wurde besonders häufig die Problemlösefähigkeit von psychiatrisch hospitalisierten Patienten untersucht. Alle Untersuchungen zeigten, daß psychiatrische Patienten im Vergleich zu einer Nicht-Patientengruppe starke Defizite im Problemlöse-Verhalten aufweisen. Psychiatrisch hospitalisierte Patienten sind demnach kaum in der Lage, sich in hypothetische Problemsituationen hineinzuversetzen und Lösungen zu generieren (Platt & Spivack, 1972a); ferner fehlen die kognitiven Fertigkeiten für ein erfolgreiches interpersonelles Problemlösen (Platt et al., 1974). Im Vergleich zu Nicht-Patienten können psychiatrisch hospitalisierte Patienten weniger Mittel zum Erreichen eines Zielzustandes generieren. Sie unterscheiden sich jedoch nicht hinsichtlich der Fähigkeit, die Effektivität einer bereits gefundenen Lösung zu beurteilen (Platt & Spivack, 1974, Platt et al., 1975).

Weitere Ergebnisse über Defizite in der Problemlösefähigkeit liegen vor für Schizophrene (Kukla, 1981; Von Vlardt et al., 1983), für jugendliche Heroinabhängige (Platt et al. 1973), für Patienten mit Schlafmittelabusus (Appel & Kaestner, 1979), für Depressive (Dobson & Dobson, 1981), für Alkoholiker (Alter, 1979; Larson & Heppner, 1989) und für Kinder mit Hirnfunktionsstörungen (Fritz, 1985; Fritz & Funke, 1988). Insgesamt zeigt sich in den o.g. Studien, daß psychische Beeinträchtigungen mit Defiziten in der Problemlösefähigkeit einhergehen. So beurteilen Bedell et al. (1980) die Fähigkeit zum Problemlösen als eine grundlegende Fertigkeit zur Bewältigung psychischer Probleme.

Die therapeutische Wirksamkeit von Strategien, die auf eine Verbesserung der Problemlösefähigkeit abzielen, konnte in empirischen Untersuchungen belegt werden. So fanden Coche' et al. (Coche', 1977; Coche' & Douglas, 1977; Coche' & Flick, 1975) bei Psychiatriepatienten nach einem Problemlöse-Training nicht nur das Anwachsen der Problemlösefähigkeit, sondern auch einen Gewinn an Selbstbewußtsein, Impulskontrolle, Selbstvertrauen in sozialen Situationen und Leistungsbereitschaft. Ähnliche Ergebnisse liegen auch bei Edelstein et al. (1980) vor, die mit hospitalisierten Patienten ein Problemlösetraining für institutionsbezogene Verhaltensweisen (z.B. Eßverhalten, Medikamenteneinnahme etc.) durchführten und eine Generalisierung positiven Problemlöseverhaltens auch auf andere als die trainierten Situationen beobachten konnten. Lewandowski et al. (1986) konnten bei schizophrenen Patienten nach einem Problemlösetraining eine Erleichterung der subjektiven Auseinandersetzung mit der Tatsache 'schizophren' erkrankt zu sein, feststellen. Dieses beurteilten sie als einen wichtigen Indikator für eine wirksame Rückfallprophylaxe. Auch bei depressiven Personen waren Verbesserungen im Problemlösen durch ein gezieltes Training möglich (Hussian & Lawrence, 1981). Nach einem Problemlöse-Training konnte

Intagliata (1978) eine Verbesserung der interpersonellen Problemlösefähigkeit bei Alkoholikern beobachten. Gleichzeitig hatte das Training positive Effekte auf die soziale Kompetenz innerhalb der behandelten Gruppe (ähnliche Ergebnisse lassen sich bei Platt & Spivack, 1972b; Mitchell et al., 1981 finden). Über Zusammenhänge von 'negativem' Stress, Hoffnungslosigkeit und schlechtem Problemlöseverhalten berichteten Bonner & Rich (1988). Ähnlich konnte Nezu (1985) einen Zusammenhang von guten bzw. schlechten Problemlösern und der Fähigkeit im Umgang mit psychischen Erschöpfungszuständen nachweisen.

Ausführlich wurde bei Kindern und Jugendlichen die Problemlösefähigkeit diagnostiziert und es konnte wie bei Erwachsenen ein Anwachsen der Problemlöse-Kompetenzen nach systematischen Trainings festgestellt werden (zusammenfassend Urbain & Kendall, 1980; zusammenfassend für die Arbeitsgruppe des 'Hahnemann Medical Centers' Shure & Spivack, 1981). Verhaltensauffällige Kinder (Beveridge & Goh, 1987) und suizidal gefährdete Jugendliche (Levenson & Neuringer, 1971) weisen analog zu psychisch beeinträchtigten Erwachsenen reduzierte Fähigkeiten in der Generierung relevanter Mittel zur Zielerreichung auf.

Desweiteren existieren Trainingsprogramme für jugendliche und erwachsene Strafgefangene (Michelitsch-Traeger, 1980; Krott, 1985; Silwedel, 1981), die signifikante Ergebnisse einer Erhöhung der Problemlösefähigkeiten lieferten.

Im Rahmen der Therapie von Familien wurde ebenfalls die Strategie des Problemlösens verwendet. So entwickelten Blechman et al. (1976a, 1976b) das sog. 'Family Contract Game', welches Familien in die Systematik des Problemlösens einführen soll und dessen Durchführung zu einem Anwachsen aufgaben- bzw. sachorientierten Interaktionsverhaltens während des Spiels führt. In eine ähnliche Richtung weisen die Arbeiten von Kifer et al. (1974), Alexander & Parsons (1973) und Parsons & Alexander (1973), die den Anteil negativer Interaktionsinhalte zwischen prädeliquenten Jugendlichen und ihren Eltern mittels eines Trainings verringern konnten. Den Zusammenhang von guter und schlechter Problemlösefähigkeit bei Eltern mit Kindern, die unter Phenylketonurie leiden, und guter und schlechter Diätkontrolle konnten Fehrenbach & Petersen (1989) nachweisen.

Untersuchungen von Jacobsen (1977, 1978, 1979) und Camper et al. (1988) beschäftigen sich mit dem Aufbau positiven Interaktionsverhaltens mit Hilfe von Problemlöse-Trainings in gestörten Partnerbeziehungen. Es zeigte sich ein signifikanter Erfolg der behandelten Gruppe gegenüber einer nicht-behandelten Gruppe. Vincent et al. (1975) konnten Partnerbeziehungen dahingehend charakterisieren, daß in gestörten Partnerschaften ein signifikant höherer Anteil negativer Problemlöseinteraktionen auftritt. Ähnliche Ergebnisse finden sich bei Spörkel et al. (1983).

Die o.g. Untersuchungen belegen, daß vor allem Personen mit psychischen Beeinträchtigungen Defizite im Problemlösen aufweisen; es handelt sich dabei sowohl um quantitative als auch um qualitative Mängel. Zum einen sind sie weniger in der Lage eine geeignete Anzahl von Mitteln zur Erreichung eines Zielzustandes zu entwickeln, zum anderen sind die gefundenen Mittel häufig unzureichend und inadäquat. Damit einhergehend findet sich eine verringerte kognitive Antizipationskraft, die sich nachteilig auf die Vorhersage von Handlungskonsequenzen auswirkt. Zugleich kann festgestellt werden, daß ein systematisches Problemlösetraining diesen Mängeln entgegenwirkt und zu einer Verbesserung der Problemlöseleistung auch in einer 'Normalpopulation' (vgl. Kämmerer, 1983; Geue, 1985) führt. In einigen Fällen kam es auch zu einer Erhöhung der sozialen Kompetenz, der Selbstsicherheit etc. .

Für den zweiten Forschungsschwerpunkt, der empirischen Überprüfung einzelner Teilaspekte, liegen nur sehr wenige Ergebnisse vor. Verwiesen sei hier auf Nezu & D'Zurilla (1979, 1981a, 1981b) und D'Zurilla & Nezu (1980), welche aufzeigen konnten, daß

1. eine Schwerpunktlegung auf eine genaue und adäquate Problemdefinition und -operationalisierung zu einem Anstieg positiver Lösungsmöglichkeiten führt (1981a)

2. zur Generierung alternativer Mittel zur Erreichung des Zielzustandes die Regel des 'brainstorming' die wichtigste Möglichkeit ist (1980, 1981b)

3. ein gezielter Aufbau von relevanten Entscheidungskriterien für die Auswahl von relevanten Zielen/Mitteln zu einer Erhöhung der Quantität und der Qualität generierter Lösungsmöglichkeiten führt (1979).

Auch im dritten Bereich, der sich mit dem Vergleich und der Kombination von Problemlösen mit anderen therapeutischen Strategien beschäftigt, liegen wenige aber ermutigende Ergebnisse vor. So konnten Mendonca & Siess (1976) eine deutlich bessere Wirksamkeit der Kombination von Angst-Training und Problemlösen bei Sprechunsicherheit im Vergleich zum Einsatz der Einzelverfahren nachweisen. Im Rahmen familientherapeutischer Forschung konnte gezeigt werden, daß Familien nach einer Problemlösetherapie besser im Lösen der interfamiliären Konflikte sind als Familien, die an einer sog. Einsichtstherapie teilgenommen hatten, wenngleich diese nach der Therapie zufriedener waren (Slipp & Kressel, 1978; Gatz et al., 1978).

1.2.3 Resümee und weiteres Vorgehen

Die Ergebnisse der o.g. Untersuchungen lassen Problemlösen und den Einsatz von Problemlöse-Trainings durchweg als sinnvoll erscheinen. Eine klare zusammenfassende Aussage über die empirischen Ergebnisse wird jedoch durch das teilweise sehr unterschiedliche Verständnis von Problemlösen und einer fehlenden Übereinstimmung der Methoden in den verwendeten Trainings erschwert.

Bisweilen wird auch nur sehr unspezifisch 'Problemlösen' trainiert, vielmehr steht dies als Sammelbegriff für eine Vielzahl therapeutisch relevanter Techniken wie Rollenspiele, Sensibilisierung für Verstärkungsbedingungen, assertive Maßnahmen etc. (Kämmerer, 1983, S. 29)

Das Verständnis dessen, was ein Problem ist, wird sowohl von den Autoren im Bereich der Denkpsychologie als auch von denen, die Problemlösen im Klinischen Kontext untersuchen, geteilt. Es wird immer wieder Bezug genommen auf die von Dörner (1976) festgelegte Definition (vgl. S. 7), wobei es sich bei den hauptsächlich anzutreffenden Problemen im Bereich der Klinischen Psychologie um Probleme mit synthetischen bzw. dialektischen Barrieren oder um solche mit mehreren gleichzeitigen Barrieren handelt. Die Gliederung des Problemlöseprozesses in bestimmte, aufeinander aufbauende Schritte und das damit einhergehende Verständnis, wie ein Individuum zu einer gelungenen Problemlösung gelangt, wird aufbauend auf denkpsychologischen Grundlagen (vgl. u.a. Newell & Simon, 1972; Lüer, 1973; Putz-Osterloh, 1974; Dörner, 1976, 1989) auch für das therapeutische Problemlösen übernommen.

Jedoch unterscheidet sich die Aufteilung des Problemlöseprozesses bei den einzelnen Autoren zum einen in der Anzahl der zu einer Lösung notwendigen Schritte bzw. Phasen und zum anderen in der Benennung der Fähigkeiten, die ein Individuum zu einer erfolgreichen Problemlösung lernen bzw. besitzen muß. Zwar kommt Kämmerer (1987) zu dem Schluß, daß therapeutisches Problemlösen in den verschiedenen Forschungskonzepten mehr in der Anzahl der postulierten Schritte als in deren Inhalten variiert, jedoch ist bislang ungeklärt, welche Bedeutung diesen Schritten selbst zukommt. Folgende Grundannahmen über die Bedeutung können in der Literatur gefunden werden:

1. Für eine erfolgreiche Problemlösung ist die konsequente Bearbeitung der postulierten Schritte des Problemlöseansatzes notwendig und hinreichend.

    So gehen D'Zurilla & Goldfried (1971) dezidiert davon aus, daß es das sukzessive Durcharbeiten einzelner Stufen - nämlich der Problemlöseschritte - ist, das zur (kognitiven) Lösung menschlicher Probleme beitragen kann. Sie stellen keine Überlegungen darüber an, inwiefern die von ihnen postulierte Problemlösefähigkeit bereits im Individuum vorhanden ist bzw. sein sollte. In diesem Sinne verstehen sie die fünf Schritte des Problemlösens als wirkliche therapeutische Intervention (Kämmerer, 1987, S. 295)

Das Verständnis von D'Zurilla & Goldfried legt nahe, daß es für die einzelnen Schritte unterschiedliche Fähigkeiten geben muß, und daß eine erfolgreiche Problemlösung nur Ergebnis einer konsequenten Durcharbeitung aller Schritte sein kann.

2. Für eine erfolgreiche Problemlösung werden "Grundfähigkeiten" benötigt, die in allen Schritten angewandt werden müssen.

Spivack et al. (1976) gehen von den individuellen Gegebenheiten aus und postulieren das Vorhandensein der "interpersonal cognitive problem-solving-skills", um Probleme lösen zu können. Ziel ihrer therapeutischen Interventionen ist die Verbesserung dieser Problemlösekompetenzen, wobei sie sich nicht sehr eng am Stufen- bzw. Schrittmodell des Problemlöseansatzes orientieren.

Dies könnte bedeuten, daß die Aufteilung des Problemlöseprozesses in Schritte lediglich heuristischen Charakter hat, um z.B. ein Suchraster für mögliche Fehlerquellen bei nicht erfolgreichen Problemlösungen zur Hand zu haben, zum stringenten und für die Probanden nachvollziehbaren Aufbau von Trainingsprogrammen etc. .

Es besteht somit ein unterschiedliches Verständnis davon, welche einzelnen Fähigkeiten ein Individuum besitzen bzw. lernen muß, um ein erfolgreicher Problemlöser zu sein. Dies wirkt sich entscheidend auf die Konzeption der Trainingsprogramme und die damit verbundenen therapeutischen Interventionen aus (vgl. auch Kap. 1.2.1).

Da eine Reihe von Autoren sich bei der Entwicklung therapeutischer Trainingsprogramme zwar an den Schritten des Problemlöseprozesses orientieren, jedoch die von Spivack et al. (1976) postulierten Grundfähigkeiten mitberücksichtigen, liegt die Vermutung nahe, daß die Bedeutung der einzelnen Schritte auf die Überlegung (2) beschränkt bleibt. Eine grundsätzliche Klärung bleibt jedoch aus (vgl. u.a. Kämmerer, 1983; Fiedler, 1981). Es wird lediglich der Versuch gemacht, die Effektivität des jeweiligen Problemlösetrainings, d.h. die Verbesserung der Problemlösefähigkeit der Probanden durch das Training, grundsätzlich nachzuweisen. Zur Erfassung der Problemlösefähigkeit werden bei der Effektivitätsprüfung dann häufig Verfahren herangezogen, die zum einen zwar hinsichtlich teststatistischer Anforderungen überprüft wurden, die aber nur Aussagen über Einzelaspekte der Problemlösefähigkeit, wie z.B. die Fähigkeit zur Mittel-Ziel-Analyse, zulassen. Zum anderen handelt es sich um selbst entwickelte Rating-Skalen oder Kodierungssysteme, deren Testgüte fraglich ist.

Betrachtet man die in den einzelnen empirischen Untersuchungen herangezogenen Erhebungsinstrumente zur Erfassung von Problemlösefähigkeit (vgl. Abb. 1 - 4) so wird deutlich, daß es sich bei den am häufigsten verwandten Verfahren, zum einen um das von Heppner et al. (1982) entwickelte Personal Problem-Solving Inventory (PSI) und zum anderen um das von Platt, Spivack & Bloom (1975) entwickelte Means-Ends-Problem-Solving (MEPS)[3] handelt, die sich eng an die Theorien von D'Zurilla & Goldfried (1971) bzw. von Spivack et al. (1976) anlehnen. Ansonsten werden Rating-Skalen bzw. Kodierungssysteme, denen zum Teil auch ein anderes Verständnis von Problemlösen zugrundeliegt bzw. die lediglich für bestimmte Bereiche anwendbar sind, für die nachträgliche Auswertung von Audio-/Videoaufnahmen oder von Beobachtungen genutzt. Einige wenige Autoren nutzen Testverfahren (vgl. Gatz et al., 1978; Hussian & Lawrence, 1981), die ursprünglich mit einer anderen Zielsetzung konstruiert worden waren, und ziehen nachträglich Schlüsse über Zusammenhänge zum Problemlösen.

---

[3] Für den deutschen Sprachraum liegen unterschiedliche Versionen des MEPS vor, bei denen es sich zum einen um Übersetzungen (Kemmler & Borgart, 1982; Lewandowski et al., 1986) und zum anderen um eine veränderte Version (Kämmerer, 1983) handelt (vgl. Kap. 2.2).

Autoren	Erhebungsinstrument(e)
Platt & Spivack, 1972a	Rating-Skala Mittel
Platt & Spivack, 1972b	Rating-Skala Mittel
Platt et al., 1973	Rating-Skala Mittel
Platt et al., 1974	MEPS
Platt & Spivack, 1974, 1975	MEPS
Appel & Kaestner, 1979	MEPS
Alter, 1979	MEPS (dt. Version)
Coche', 1977	MEPS
Coche' & Douglas, 1977	MEPS
Coche' & Flick, 1975	MEPS
Intagliata, 1978	MEPS
Beveridge & Goh, 1987	MEPS
Krott, 1985	MEPS (dt. Version)
Silwedel, 1981	MEPS (dt. Version)
Kämmerer, 1983	MEPS (dt. Version)
Lewandowski et al., 1986	MEPS (dt. Version)
Kukla, 1981	Analogieaufgaben
Vlardt et al., 1983	Analogieaufgaben
Larson & Heppner, 1989	PSI
Bonner & Rich, 1988	PSI
Nezu, 1985	PSI
Fritz, 1985	Problemlöseaufgaben
Fritz & Funke, 1988	Computersimulation
Bedell et al., 1980	selbstentwickelte Fragebögen
Edelstein et al., 1980	selbstentwickelter Fragebogen
Geue, 1985	Befindlichkeitsskalen
Hussian & Lawrence, 1981	Depressionsskala (Beck, 1961), Selbst- einschätzungsskala
Gatz et al., 1978	verschiedene Testverfahren
Blechman et al., 1976a	HOPS' Marital Interaction Coding System (MICS) (Hops et al., 1971; vgl. auch Manns et al., 1987)
Blechman et al., 1976b	Kodierungssystem MICS
Jacobsen, 1977, 1978, 1979	Kodierungssystem MICS
Camper et al., 1988	Kodierungssystem MICS
Kifer et al., 1974,	Beobachtung von Rollenspielen
Spörkel et al., 1983	Beobachtung von Rollenspielen
Mendonca & Siess, 1976	Beobachtung von Rollenspielen

Abb. 1 - 4: Erhebungsinstrumente

Autoren	Erhebungsinstrument(e)
Alexander & Parsons, 1973	Rating
Parsons & Alexander, 1973	Rating
Fehrenbach & Petersen, 1989	Rating
Nezu & D'Zurilla, 1979, 1981a/b	Rating
D'Zurilla & Nezu, 1980	Rating
Dobson & Dobson, 1981	Rating
Vincent et al., 1975	Rating

Abb. 1 - 4: Erhebungsinstrumente

Das MEPS, welches sich auf die Mittel-Ziel-Analyse beschränkt, und das PSI müssen als Verfahren zur Erfassung von Problemlösefähigkeit mit Vorsicht betrachtet werden. Trotz zufriedenstellender Überprüfung teststatistischer Parameter werden z.B. ihre Validität angezweifelt. Doerfler et al. (1984) konnten keine Unterschiede zwischen depressiven und nicht-depressiven Personen bezüglich der Problemlösefähigkeit mittels des MEPS feststellen und führen dies auf die mangelnde externe Validität des Verfahrens zurück. Der PSI möchte die selbsteingeschätzte Problemlösefähigkeit erfassen und beschreibt nicht den tatsächlichen Problemlöseprozeß (vgl. hierzu auch Röhrle, 1987). Es werden vielmehr Problemlösehaltungen und -stile im Sinne von Meta-Kognitionen erhoben, so daß dieses Inventar nicht zur Diagnostik tatsächlicher Problemlöseleistungen und zur Effektivitätsüberprüfung von Problemlöse-Trainings geeignet erscheint. Unterstrichen wird dies durch die ermittelten Faktoren des Inventars "Selbstvertrauen in die eigene Problemlösefähigkeit", "Annäherungs-Vermeidungsstil" und "persönliche Kontrolle" (vgl. Baker & Roberts, 1989).

Die im deutschsprachigen Raum existierenden Erhebungsinstrumente zur Erfassung von Problemlösefähigkeit befinden sich im Entwicklungsstadium und sind bislang kaum empirisch genutzt worden.

Der Einsatz unterschiedlichster Verfahren zur Erfassung von Problemlösefähigkeit ist wesentlich mit dafür verantwortlich, warum wie anfangs festgestellt, eine zusammenfassende Aussage zum therapeutischen Problemlösen nicht möglich ist.

Für die aufgeführten Erhebungsinstrumente kann zudem festgestellt werden, daß ihre Anwendung auf die empirische Forschung beschränkt bleibt. Obwohl Problemlösetrainings inzwischen fester Bestandteil sowohl im klinisch-psychiatrischen Kontext als auch in der individualpsychotherapeutischen Arbeit sind, fehlen für den Einsatz im praktisch-klinischen Bereich, wie der Diagnostik individueller Problemlösefähigkeit und der Evaluation psychotherapeutischer Arbeit, entsprechende Hinweise. Es liegt die Vermutung nahe, daß dies nicht nur auf die grundsätzliche mangelnde empirische Überprüfung therapeutischer Effektivität im Bereich der Klinischen Psychologie zurückzuführen ist, sondern im Hinblick auf den Einsatz in der Diagnostik auch auf das Nicht-Vorhandensein geeigneter Erhebungsinstrumente.

Im folgenden Kapitel sollen zunächst die Anforderungen an Verfahren zur Erfassung von Problemlösefähigkeit formuliert werden, die notwendigerweise für einen sinnvollen Einsatz in Forschung und Praxis erfüllt sein sollten. Daran anschließend werden die deutschsprachigen[4] Erhebungsinstrumente zur Erfassung von Problemlösefähigkeit dargestellt und hinsichtlich der zuvor entwickelten Anforderungen bewertet. Die Betonung deutschsprachiger Verfahren hat den Grund, daß es bei einer möglichen Adaptation eines fremdsprachigen Erhebungsinstrumentes nicht allein mit der Übersetzung der jeweiligen Items getan ist. Vielmehr muß erneut untersucht werden, ob der durch die Items abgebildete Verhaltensraum übertragbar auf andere Populationen ist. Dies ist besonders dann zu fordern, wenn es sich wie bei dem MEPS um Problemgeschichten als Items handelt. Desweiteren sollten die in der betrachteten Stichprobe gefundenen Parameter auch für eine deutschsprachige Stichprobe zutreffen.

---

[4] Wenn es sich dabei um Übersetzungen aus dem Englischen handelt, werden die Originale mit in die Betrachtungen eingeschlossen.

2. Erfassung von Problemlösefähigkeit

2.0 Vorbemerkungen

Die im deutschsprachigen Raum zur Verfügung stehenden Erhebungsverfahren zur Erfassung von Problemlösefähigkeit lassen sich bezüglich Durchführung und Auswertung in zwei Gruppen einteilen: zum einen handelt es sich um Verfahren, in denen Items, deren Inhalt sich auf verschiedene Aspekte des Problemlösungsprozesses beziehen, von den Probanden auf einer Likert-Skala eingeschätzt werden (vgl. Problemlösefragebogen (PLF), Holling et al., 1980; Kompetenzfragebogen (KF), Stäudel, 1986). Der zweiten Kategorie gehören Verfahren an, die mittels Kurzgeschichten mit problematischen Inhalten, den Probanden zur Fortführung der vorgegebenen Problemfälle anleiten. Die Art und Weise der Fortführung wird dann durch Rater hinsichtlich relevanter vorgegebener Kriterien bewertet (vgl. Means-endsproblem-solving, Kämmerer, 1983; Diagnostisches Inventar zur Erfassung der Problemlösefähigkeit bei depressiven Studenten, Falkenstein et al., 1983).

Bevor diese Verfahren dargestellt und hinsichtlich ihrer Anwendungsmöglichkeiten bewertet werden, soll ein Anforderungskatalog aufgestellt werden, dessen Kriterien von einem Verfahren zur Erfassung von Problemlösefähigkeit erfüllt werden sollte, damit die mittels des Verfahrens gewonnenen Informationen über die Problemlösefähigkeit eines Probanden inhaltlich und statistisch gerechtfertigt werden können.

Dabei sollen einerseits die genannten Gruppen von Verfahren und andererseits die Bedingungen im praktisch-klinischen Bereich berücksichtigt werden, um eine sinnvolle Beurteilung zu ermöglichen.

2.1 Anforderungen an Verfahren zur Erfassung von Problemlösefähigkeit

Verfahren zur Erfassung von Problemlösefähigkeit müßten im Bereich der Klinischen Psychologie vor allem zur Diagnostik und zu Effektivitätsuntersuchungen einsetzbar sein. Das bedeutet, daß Aussagen über die individuelle Problemlösefähigkeit eines Probanden möglich sein müssen und desweiteren, daß das Verfahren sensitiv gegenüber Veränderungen im Verhalten des Probanden z.B. nach einer Therapie oder einem Training reagiert.

Um dies zu gewährleisten, müssen eine Reihe inhaltlicher und formaler Kriterien erfüllt sein, die sich sinnvoll den Bereichen Ökonomie, interner und externer Validität zuordnen lassen. In den Bereich der Ökonomie fallen dabei die stichprobenunabhänigigen und die Testkosten betreffenden Aspekte. Kriterien, die die Beurteilung der teststatistischen Ergebnisse erlauben, werden unter interner Validität zusammengefaßt. Die externe Validität bezieht sich auf Ergebnisse der Konstruktvalidität.

2.1.1 Ökonomie

Von besonderem Interesse ist der Referenzrahmen eines Verfahrens, welcher sich auf den theoretischen Bezugsrahmen bezieht. Als Grundlage sollte der gesamte Problemlöseprozeß von D'Zurilla und Goldfried (1971) mit den

Phasen "Allgemeine Orientierung", "Problemdefinition und Formulierung", "Bildung von Alternativen", "Formulierung von Entscheidungen" und "Verifikation" dienen. Zusätzlich sollten interpersonelle Aspekte wie die "Betrachtung möglicher Konsequenzen für die eigene Person wie auch für andere Menschen" und "Betrachtung der sozialen Interdependenz von Fühlen und Handeln" Berücksichtigung finden.

Ein Verfahren sollte somit Informationen über die folgenden Phasen und ihre Teilaspekte geben und Beziehungen zwischen den Phasen herstellen können:

---

1. **Allgemeine Orientierung**
   Einstellungshaltung gegenüber Lebensschwierigkeiten
   Akzeptanz problematischer Situationen
   Emotionale Befindlichkeit
   Betrachtung der sozialen Interdependenz von Fühlen und Handeln

2. **Problemdefinition und Formulierung (Problemanalyse)**
   Analyse und Formulierung der problematischen Situation
   Ursachenbestimmung
   Bedingungen für die Aufrechterhaltung
   Berücksichtigung bisheriger Erfahrungen

3. **Zielanalyse**
   Zielbestimmung
   Berücksichtigung möglicher Konsequenzen

4. **Mittelanalyse**
   Erzeugung von Handlungsalternativen
   Bewertung der Alternativen unter Berücksichtigung der möglichen Konsequenzen

5. **Handlungsdurchführung und Evaluation**
   Umsetzung der gewählten Lösungen
   Analyse und Bewertung des Problemlöseergebnisses

Abb. 2 - 1: Grundlage für Verfahren zur Erfassung von Problemlösefähigkeit

Dabei sollte sichergestellt sein, daß die Items bzw. Problemvorgaben in den Verfahren solche Probleminhalte charakterisieren, mit denen sich ein Proband in seiner Realität konfrontiert sieht. Dabei handelt es sich vor allem

42

Betrachtung der vorhandenen Anzahl von Faktoren in Relation zur Itemzahl und die Varianz, die durch die Faktoren erklärt wird.

2.1.3 Externe Validität

In diesem Bereich sollen die Relevanz und die Differenziertheit der herangezogenen Kriterien zur Validitätsbestimmung betrachtet werden. Grundlage sollen hier Validitätskriterien sein, die vorliegende empirische Forschungsergebnisse hinsichtlich verschiedener Persönlichkeits- und Gruppenmerkmale (vgl. Kap. 1.2.2) berücksichtigen und über eine entsprechende Testgüte verfügen.

Es sollten möglichst unterschiedliche Validitätsprüfungen vorgenommen werden, u.a. sollte vor allem auf den Nachweis der angesprochenen Änderungssensitivität eines Verfahrens geachtet werden. Die Ergebnisse der Validitätsuntersuchungen sollten auf ein angemessen valides Instrument schließen lassen.

2.2 Darstellung und Bewertung vorhandener Verfahren zur Erfassung von Problemlösefähigkeit

2.2.1 Problemlösefragebogen (PLF)

2.2.1.1 Darstellung

Der 1980 von Holling, Liepmann, König, Otto und Schmidt entwickelte Problemlösefragebogen (PLF) hat den Anspruch, problemlösungsrelevante Verhaltensmerkmale zu erfassen, um die Zweckmäßigkeit und Effektivität des Problemlöseansatzes in der Psychotherapie überprüfen zu können (vgl. König et al., 1980, S. 232).

Insgesamt wurden in Anlehnung an den Problemlöseprozeß von D'Zurilla & Goldfried (1971) und Goldfried & Goldfried (1975) 152 Aussagen, denen intuitiv Indikatorfunktion für die zentralen Prozesse und deren Bedingungsvariablen beim Problemlösen zugebilligt wurde, konzipiert.

> *Sie (die Items, Anmerk. d. Verf.) sollen zu einem mehr oder weniger logisch-rationale kognitive Operationen in den Phasen der Problemanalyse, Alternativentwicklung, Entscheidungsfindung und Ergebnisevaluierung beschreiben, zum anderen allgemeine Einstellungen gegenüber Problemen und motivational-emotionale Begleitumstände bei der Problemwahrnehmung und -bearbeitung erfassen. (König, et al., 1980, S. 232)*

Nach einem Expertenrating wurden die verbleibenden 109 Items 195 Versuchspersonen in einer Voruntersuchung vorgelegt. Nach Berechnung der Trennschärfe und einer faktorenanalytischen Untersuchung verblieben 45 Items (+ die ersten beiden Items zum "warming-up"). Der Fragebogen besteht somit aus 47 Aussagen, die von den Probanden auf einer 5-stufigen

Skala eingeschätzt werden. Die Skala reicht von "trifft nie zu" (1) bis "trifft meistens zu" (5).

z.B.

	trifft nie zu	trifft immer zu
Ich habe neue tolle Einfälle	1—2—3—4—5	
Ich sage mir, wer überall Probleme sieht, ist krank	1—2—3—4—5	

Zur Auswertung wurden die Wertigkeiten der angekreuzten Antworten zur Rohwertbestimmung addiert, wobei 8 Items umgepolt werden müssen.

Im Rahmen einer breit angelegten empirischen Studie wurde der PLF 219 Probanden (fast ausschließlich Studenten im Alter von 20 bis 22 Jahren) innerhalb einer Testbatterie bestehend aus Testverfahren zum Leistungs-, Temperaments- und Interessenbereich durchgeführt.

Die Mittelwerte der Items variieren zwischen 2.20 (Item 9) und 4.10 (Item 13), die Standardabweichungen der Items bewegen sich zwischen .63 (Item 14) und 1.22 (Item 28). Die Testautoren bezeichnen diese Werte als sehr zufriedenstellend, verweisen jedoch auf die homogene Stichprobe und erwarten von einer heterogenen Stichprobe größere Streuungen, die zu einer Verbesserung der übrigen Testgütekriterien führen dürfte.

Bei der Faktorenanalyse konnten 6 Faktoren gefunden werden, die zusammen eine Varianz von 38,93% aufklären. Die Autoren orientierten sich bei der Zuordnung der Items zu den Faktoren nicht nur an der Ladungshöhe, sondern auch an den Inhalten.

Die nach der Faktorenanalyse ermittelten Dimensionen wurden von Holling et al. (1980) wie folgt benannt:

PER   Problemerleben[5]

Der positive Pol ist gekennzeichnet durch Mutlosigkeit, fehlenden Überblick und Schwierigkeiten beim Problemlösen. Der negative Pol zeichnet sich durch Optimismus und der Einschätzung, Problemen, gewachsen zu sein, aus.

PVE   Problemverleugnung

Diese Dimension ist durch passive Verhaltenstendenzen bei der Problemwahrnehmung und -bearbeitung gekennzeichnet.

PLI   Lösungsinitiative

Der positive Pol ist gekennzeichnet durch Entscheidungsverzögerung, Entscheidungsübertragung an Dritte und zögernde Entscheidungsfreudigkeit. Der negative Pol bringt schnelles, sicheres Handeln zum Ausdruck; auftauchende Schwierigkeiten werden unmittelbar bearbeitet.

PBE   Problembearbeitung

Diese Dimension beschreibt das Ausmaß an Problemstrukturierung, die Suche nach Lösungshinweisen, Änderungsmöglichkeiten und die Ausdauer beim Problemlösen, genau so wie die Reflexion alternativer Lösungsstrategien.

NUP   Neigung zu unkonventionellen Problemlösungen

Die Neigung zu kreativen Problemlösungsaspekten, d.h. ausgefallene Antworten, Ideen und Alternativen kommt hier zum Ausdruck.

NKP   Neigung zu konventionellen Problemlösungen

Das Festhalten an erprobten, bewährten und erfolgreichen Lösungen steht im Vordergrund. Strategien anderer Personen werden bevorzugt (vgl. Holling et al., 1980 S. 246ff.).

---

[5]   Aufgrund der Umpolungen einzelner Items müssen bei der weiteren Betrachtung die Skalen PBE und NUP in Richtung einer positiven Problemlösestrategie, die Skalen PER, PVE und PLI in Richtung einer negativen Strategie seitens des Probanden interpretiert werden. Für die Skala NKP wird nicht deutlich, inwieweit die Autoren diese Fähigkeiten für eine Problemlösung im positiven Sinne für notwendig halten.

Betrachtet man die inhaltliche Benennung der einzelnen Dimensionen und besonders die nach dem Inhalt den Faktoren zugeordneten Items, so sind diese Entscheidungen nicht immer nachvollziehbar. Das Item "Die besten Ideen kommen mir, wenn ich meinen Gedanken freien Lauf lasse" wird dem Faktor NUP (Ladung r = .34) zugeordnet, obwohl die Ladung dieses Items für eine Zuordnung zum Faktor PLI (r = .50) spricht. Ein inhaltlicher Zusammenhang kann nicht nachvollzogen werden, da es sich bei dieser Aussage um eine grundsätzliche Strategie, dem 'brainstorming' (vgl. Mahoney, 1976; D'Zurilla & Nezu, 1980; Nezu & D'Zurilla, 1981b), zur Generierung möglicher Mittel handelt. Das Item "Bei Schwierigkeiten handle ich sicher und schnell" wird trotz der höheren Ladung auf dem Faktor PLI (r = .62) und der eindeutigen inhaltlichen Zugehörigkeit zu diesem Faktor - "Der negative Pol bringt schnelles, sicheres Handeln zum Ausdruck" (Holling et al., 1980, S. 246) - dem Faktor PER (r = -.49) zugeordnet.

Die sechs Dimensionen wurden von den Autoren wie folgt im Prozeßmodell von D'Zurilla & Goldfried (1971) lokalisiert:

PLF-Dimensionen	D'ZURILLA & GOLDFRIED
(1) Problemerleben (2) Problemverleugnung	[1] Allgemeine Orientierung, Problem- wahrnehmung und Einstellung gegenüber Problemen
(3) Lösungsinitiative	[4]
(4) Problembearbeitung	[2] Problemanalyse, Problem und Ziel- definition [4] Entscheidungsfindung [5] Verifikation
(5) Neigung zu unkonventionellen Lösungen (6) Neigung zu konventionellen Lösungen	[3] Entwicklung von Lösungsalternativen

Abb. 2 - 2: Zuordnung der PLF-Dimensionen zu dem Problemlöseprozeß von D'Zurilla und Goldfried (König et al., S. 233)

Die Darstellung macht deutlich, daß zum einen einzelne Aspekte des Problemlöseprozesses (vgl. [1] und [3]) durch mehrere Dimensionen des PLF repräsentiert werden, zum anderen nur eine PLF-Dimension verschiedenen Aspekten (vgl. [2] und [5]) zugeordnet wurde. Der Schwerpunkt der PLF-Dimensionen liegt demnach auf der "Allgemeinen Orientierung" und der "Entwicklung von Lösungsalternativen". Die Fähigkeit eines Probandens in den Phasen der Problem- und Zielanalyse, Entscheidungsfindung und

Verifikation kann nicht voneinander unabhängig mittels des PLF beurteilt werden.

Die Trennschärfekoeffizienten wurden als Korrelationen zwischen den einzelnen Items und den Summenscores der o.g. Dimensionen berechnet. Die Werte streuen zwischen .17 und .76, wobei die niedrigsten Trennschärfeindizes für die Skala NUP gefunden wurden. Die trennschärfsten Items (überwiegend > .50) fanden sich bei der Skala PER. Auch bei der Reliabilitätsbestimmung (Cronbachs Alpha) wurde der niedrigste Wert für die Skala NUP und der höchste für die Skala PER berechnet. Die Werte liegen zwischen .57 und .88 und können nur bedingt als zufriedenstellend bezeichnet werden.

Zur Erfassung der externen Konstruktvalidität wurden die Zusammenhänge zwischen den PLF-Skalen und verschiedenen Dimensionen der Persönlichkeitsbereiche "Intelligenz und Kreativität", "Temperament", "Interesse" und "Selbsteinschätzungen" hinsichtlich verschiedener zentraler Persönlichkeits- und Leistungsmerkmale ermittelt. Erfaßt wurde der Leistungsbereich mittels "einem umfassenden Set von Intelligenzaufgaben, der als repräsentativ für diesen psychologischen Forschungsbereich gelten kann" (Holling et al., 1980, S. 251). Der Temperamentsbereich wurde mittels des FPI (Fahrenberg et al., 1973), der Interessenbereich mittels des DIT (Todt, 1967) erfaßt. Zusätzlich wurden 34 vorgegebene Eigenschaftsdimensionen zur Selbsteinschätzung vorgelegt. Da die Daten zu den einzelnen Persönlichkeitsbereichen jeweils getrennt voneinander faktorisiert wurden, entsprechen die Benennungen der zur Validitätsberechnung herangezogenen Skalen zum Teil nicht den Skalenbenennungen der Ursprungsverfahren.

Wesentliche signifikante Zusammenhänge (> r = .30) ergaben sich bis auf eine Ausnahme lediglich zwischen den Skalen Problemerleben (PER) / Lösungsinitiative (PLI) und dem Temperamentsbereich bzw. den Selbsteinschätzungen[6]. Für die Skala PER konnten für die Dimensionen "Grundstim-mung", "Gehemmtheit" und "Entscheidungsfreudigkeit" des Temperamentsbe-reiches mit r = .64, = .55 bzw. = -.67 ausgesprochen hohe Korrelationen im Sinne der theoretisch postulierten gefunden werden. Zusätzlich ergaben sich enge Zusammenhänge mit den Dimensionen "Geselligkeit" (r = -.41) und "Neigung zu psychosomatischen Reaktionen" (r = .35), die von den Autoren jedoch nicht interpretiert werden. Auch die für den Bereich der Selbstein-schätzungen gefundenen Korrelationen von r = .53 und r = . 38 zwischen der Skala PER und den Dimensionen "Soziale Aktivität" und "Autonomie" werden nicht weiter berücksichtigt. Für die Skala PLI wurden Zusammenhänge zwischen den Dimensionen "Geselligkeit" (r = -.45), "Gehemmtheit" (r = .44), "Entscheidungsfreudigkeit" (r = -.64) und "Autonomie" (r = -.41) erwartet und auch bestätigt. Die zusätzlich gefundenen engen Zusammenhänge zwischen der Skala PLI und den Dimensionen "Soziale Aktivität" (r = .51) und "Grundstimmung" (r = .39) erachten die Autoren für sinnvoll und plausibel.

Für die Skala PBE konnte lediglich ein Zusammenhang mit der Dimension "Autonomie" (r = .36) gefunden werden und nicht wie erwartet, enge Zusammenhänge zu den Dimensionen "Einfallsreichtum", "Originalität", "Verarbeitung komplexer verbaler und nichtverbaler Informationen" des Fähigkeitsbereiches.

Für die Skala NUP wurden positive Korrelationen zu den Dimensionen "Einfallsreichtum", "Originalität" des Fähigkeitsbereiches, desweiteren zu den Dimensionen "Kunst" (Interessen) und zur "künstlerischen Aktivität" (Selbsteinschätzung) erwartet. Diese konnten in keiner Weise bestätigt werden.

---

[6] Die Testautoren diskutieren und interpretieren jedoch auch signifikante Korrelationen mit numerischen Werten unter r = .30.

Auch für die Skala NKP wurden im Vergleich zur Skala NUP "reziproke korrelative Beziehungen mit den Fähigkeitsdimensionen "Einfallsreichtum" und "Originalität" sowie zur Selbsteinschätzungsdimension "künstlerische Aktivität" (König, et al., 1980, S. 237) vermutet und konnten nicht bestätigt werden. Zusammenfassend läßt sich somit feststellen, daß für den Fähigkeits- und den Interessenbereich keine engen Zusammenhänge (max. r = .28) nachgewiesen wurden. Die weitaus meisten Korrelationen variieren zwischen r = .00 und r = .10.

2.2.1.2 Bewertung

Der PLF ist ein ökonomisches Verfahren.

Die Durchführungs- und Auswertungszeit des PLF kann als zufriedenstellend bezeichnet werden. Die Durchführung des PLF dürfte nach Schätzung (vgl. KF, S. 55) nicht mehr als 30 min. in Anspruch nehmen. Auch für die Auswertung wird trotz der Umpolung von 8 Items und der Berechnung der Rohwerte für 5 Skalen nicht mehr als 10 min. Zeit benötigt, die bei Bereitstellung einer Schablone noch zu verkürzen ist. Das Verfahren wurde in Anlehnung an D'Zurilla und Goldfried (1971) konzipiert, mit dem Ziel den gesamten Problemlöseprozeß zu erfassen. Die Items sind verständlich und eindeutig formuliert.

Der PLF genügt nur in Teilen den Anforderungen der Internen Validität

Die Schwierigkeitsindizes können als zufriedenstellend betrachtet werden. Die Trennschärfekoeffizienten, die als Korrelation der Items mit den dazugehörigen Skalen berechnet wurden, lassen jedoch für einzelne Items auf eine schlechte Differenzierung zwischen den Probanden schließen. Auch die Ergebnisse der Faktorenanalyse (6 Faktoren, 38,93% Varianzaufklärung) genügen nicht teststatistischen Anforderungen. Zum einen ist die Zuordnung der Items zu den einzelnen Faktoren, wie bereits diskutiert, fragwürdig, zum anderen gibt die ermittelte Struktur nicht den postulierten Gesamtprozeß des Problemlösens wieder.

Die Interne Konsistenz liegt lediglich für die Skalen "Problemerleben" (.88), "Problemlösungsinitiative" (.78) und "Problembearbeitung" (.71) im Rahmen üblicher teststatistischer Anforderungen. Die Skalen "Neigung zu unkonventionellen Lösungen"(NUP), "Neigung zu konventionellen Lösungen" (NKP) und "Problemverleugnung" (PVE) bedürfen auch im Hinblick auf die Trennschärfe einer weiteren Bearbeitung. Angaben über die Retest-Reliabilität des Verfahrens liegen nicht vor.

Der PLF genügt nicht den Anforderungen der Externen Validität.

Die durchgeführten Untersuchungen beschränken sich auf die Berechnung der internen kriteriumsorientierten Validität. Die herangezogenen Verfahren (FPI, DIT, Set von Intelligenzaufgaben) können bezüglich ihrer Testgüte als zufriedenstellend bezeichnet werden. Für die Selbsteinschätzungsskalen liegen keine Angaben vor.

Für die Auswahl des Interessenbereiches fehlen jedoch entsprechende Hinweise in der einschlägigen Literatur, die auf Zusammenhänge zur Problemlösefähigkeit verweisen. Die Ergebnisse in diesem Bereich zeigen ebenfalls, daß es sich nicht um ein geeignetes Validitätskriterium zu handeln scheint.

Die übrigen Ergebnisse untermauern die bereits im Rahmen der Internen Validität aufgestellten Forderung nach Verbesserung der Skalen NUP, NKP und PVE, für die auch hier keine zufriedenstellenden Ergebnisse gefunden werden konnten.

Insgesamt muß die externe Validität des PLF angezweifelt werden, da zum einen die Differenziertheit der Kriterien und zum anderen die Güte der Validitätsberechnungen nicht zufriedenstellend ist.

2.2.2 Der Kompetenzfragebogen (KF)

2.2.2.1 Darstellung

Der Kompetenzfragebogen wurde nicht im klinisch-psychologischen Zusammenhang entwickelt, sondern basiert auf den Ergebnissen zum komplexen Problemlösen (vgl. Kap. 1.1) im denkpsychologischen Kontext. Die dort relevanten Prämissen dienen jedoch, wie zuvor gezeigt, häufig als Grundlage für klinisch-psychologische Modelle. Aus diesem Grund soll der Kompetenzfragebogen ebenfalls für einen möglichen Einsatz im praktisch-klinischen Bereich geprüft werden.

Der Kompetenzfragebogen will die heuristische Kompetenz mittels subjektiver Selbsteinschätzungen als auch über ihre Auswirkungen auf Erleben und Verhalten erfassen.

Dies bedeutet, daß sich die Probanden zum einen direkt selbst einschätzen müssen, inwieweit sie sich in der Lage glauben, neuartige Situationen bewältigen zu können. Zum anderen werden die Auswirkungen hoher oder geringer heuristischer Kompetenz auf Verhalten und Erleben in problematischen Situationen erfaßt, um so mittelbare Hinweise auf die Kompetenz zu erhalten. (Stäudel, 1986, S. 5)

Zur Erfassung der Auswirkungen der heuristischen Kompetenz, wurden die Fragen nach Verhalten und Erleben durch einen situationsspezifischen Einleitungssatz ("Wenn ich ein wichtiges Problem lösen muß bzw. in einer schwierigen Situation stehe, ...) auf Problemsituationen bezogen.

Basierend auf den theoretischen Annahmen umfaßt der KF die fünf folgenden Skalen:

1. die Skala "heuristische Kompetenz" zur Erfassung der subjektiven Einschätzung der eigenen Fähigkeit, neuartige Situationen bewältigen zu können.

2. die Skala "emotionale Belastung" zur Erfassung des Ausmaßes von belastenden Emotionen, die während der Auseinandersetzung mit Problemsituationen erfahren werden.

3. *als erste Verhaltensskala die Skala 'Problemadäquates Verhalten', die ein planvolles, zielgerichtetes, durch Selbstreflexion und Metaprozesse gesteuertes Verhalten erfaßt mit all den Merkmalen, die sich in Untersuchungen als problemadäquat erwiesen.*

4. *als zweite Verhaltensskala die Skala 'Regression', die Flucht- und Vermeidungsverhalten in Problemsituationen in ihren drei Aspekten Wechsel des Realitätsbereiches, 'horizontaler' und 'vertikaler' Flucht erfaßt.*

5. *als dritte Verhaltensskala die Skala 'Resignation', die das Ausmaß der resignativen, aufgebenden Tendenzen erfaßt. (Stäudel, 1986, S. 6)*

Es wurde erwartet, daß die Skalen hoch miteinander korrelieren, wobei die "heuristische Kompetenz" in positiver Beziehung zu "problemadäquatem Verhalten" und in negativer Beziehung zu "belastenden Emotionen", "Regression" und "Resignation" steht. Die "belastenden Emotionen" korrelieren positiv mit "Regression" und "Resignation" und negativ mit "problemadäquatem Verhalten", welches selbst in negativer Beziehung zu den Skalen "Regression" und "Resignation" steht.

Für jede der Skalen wurden entsprechende Items (insgesamt 69 Items + 4 Dummy-Items) entwickelt: Der Skala "heuristische Kompetenz" wurden 9 Items, der Skala "belastende Emotionen" 15 Items, der Skala "problemadäquates Verhalten" 20 Items, der Skala "Regression" 15 Items und der Skala "Resignation" 9 Items zugeordnet. Die ersten 9 Items sind situationsunabhängig formuliert, die restlichen Items beziehen sich auf den o.g. situationsspezifischen Einleitungssatz. Der Proband hat die Aufgabe, die Items auf einer 7-stufigen Skala von "stimmt gar nicht" (1) bis "stimmt vollkommen" (7) einzuschätzen. Die Durchführungszeit wird mit etwa 30 Minuten angegeben.

z.B.

	stimmt gar nicht	stimmt vollkommen

Neuartige Aufgaben, von denen ich noch gar nicht so genau weiß, wie sie zu bewältigen sind, nehme ich gerne in Angriff.   1---2---3---4---5---6---7

*Wenn ich ein wichtiges Problem lösen muß bzw. in einer schwierigen Situation stehe
(z.B. bei beruflichen Problemen, Prüfungen, Entscheidungen wie etwa Berufswahl,
schwierigen inhaltlichen Aufgaben usw.)*

	stimmt gar nicht	*stimmt vollkommen*

*beschäftige ich mich am liebsten mit Dingen,
bei denen ich mich genau auskenne.*   *1—2—3—4—5—6—7*

Für die Auswertung wird pro Skala der Summenwert über alle Items gebildet, wobei 9 Items, die invers formuliert sind, zunächst umgepolt werden. Die Skalen des KF wurden in der beschriebenen Form an 225 Studenten überprüft (Durchschnittsalter 22,5 Jahre, Streuung 4,22 Jahre).

Tab. 2 - 1 gibt die Statistischen Kennwerte und die Reliabilitäten (standardisiertes Alpha) für die einzelnen Skalen wieder. Für die einzelnen Items liegen keine Ergebnisse vor, auch die theoretisch vorgenommene Zuordnung der Items zu den Skalen wurde nicht empirisch geprüft.

Skala	*Item- anzahl*	*MW*	*SW*	*Reliabilität*
heuristische Kompetenz	9	43.2	8.2	.84
belastende Emotionen	15	54.0	16.3	.91
Problemadäquat. Verh.	20	97.8	17.7	.92
Regression	15	57.4	17.0	.91
Resignation	9	25.1	9.9	.89

Tab. 2 - 1: Statistische Kennwerte und Reliabilitäten der Skalen des KF
(Stäudel, 1986, S.8)

Die Interkorrelationen der Skalen entsprechen in hohem Maße den Erwartungen. Die Koeffizienten variieren zwischen r = -.54 und r = -.71 für erwartete negative Zusammenhänge und zwischen r = .66 und r = .75 für positive Zusammenhänge.

Bei einer Überprüfung auf Gruppenunterschiede konnte ein deutlicher Geschlechtseffekt nachgewiesen werden. Demnach schätzen Frauen sich signifikant als weniger kompetent und als emotional belasteter ein als Männer. Dies steht nach Ansicht der Autorin im Einklang mit Ergebnissen der Leistungsmotivations- und Frauenforschung, wo häufig ein Geschlechtseffekt hinsichtlich des Vertrauens in die eigene Leistungsfähigkeit gefunden wurde.

Die weiteren Ergebnisse beziehen sich nicht auf die beschriebene Form des KF, sondern auf eine Vorläuferversion (KFII) und eine Kurzversion des KF (KFK). Der KFII stimmt bis auf wenige Ausnahmen (5 Items weniger) mit den Skalen "heuristische Kompetenz" (HEUKOM) und "belastende Emotionen" (EMOTIONEN) des KF überein. Für die Kurzversion gingen ebenfalls die Skalen HEUKOM und EMOTIONEN des KF in die Untersuchungen ein. Da beide Instrumente bezüglich ihrer statistischen Kennwerte und Reliabilitäten sehr ähnlich sind, verzichtet die Autorin bei der Darstellung der Ergebnisse auf eine Differenzierung zwischen den verschiedenen Versionen. Im folgenden sollen nur die Ergebnisse dargestellt werden, die für eine Beurteilung des Verfahrens im praktisch-klinischen Kontext von Interesse sind. Untersuchungen, die sich auf denkpsychologische Aspekte beziehen, sollen an dieser Stelle vernachlässigt werden. Der interessierte Leser wird hier auf Stäudel (1986) verwiesen.

Als Einzelergebnisse konnten ermittelt werden:

1. Die Pbn einer Militärakademie (N = 30), die eine spezielle Auswahl im Hinblick auf ihre Führungs- und Problemlösefähigkeiten darstellen und auch in besonderer Weise trainiert wurden, beschreiben sich als signifikant heuristisch kompetenter und emotional weniger belastet als die Vergleichsgruppe von Studenten (N = 526). Eine nicht selegierte

klinische Population (N = 20) beschreibt sich als signifikant weniger heuristisch kompetent und insbesondere als emotional belasteter als die Vergleichsgruppe.

2. In einer Untersuchung (N = 54) konnten signifikante Korrelationen zu den Skalen "Problemerleben" und "konservative Lösungen" des Problemlösefragebogens (Holling et al., 1980; vgl. Kap. 2.2.1.1) nachgewiesen werden. Zwischen der Skala "Problemerleben" und HEUKOM besteht erwartungsgemäß eine negative Beziehung (r = -.62), zur EMOTION entsprechend eine positive Beziehung (r = .54). Wesentlich schwächer ist die Beziehung zwischen HEUKOM und der Skala "Problembearbeitung" (r = .26; p = .05). Der Zusammenhang zwischen EMOTION und der Skala "konservative Lösungen" wird mit r = -.38 angegeben und dahingehend interpretiert, daß Versuchspersonen, die sich als emotional belastet beschreiben, eher zu konservativen und erprobten Problemlösungen neigen. Dies entspricht zwar der aufgrund theoretischer Überlegungen zu treffenden Vermutungen über den Zusammenhang, widerspricht jedoch der gefundenen negativen Korrelation. Richtig müßte es heißen: Versuchspersonen, die sich als emotional belastet beschreiben, neigen eher nicht zu konservativen und erprobten Problemlösungen.

3. In Bezug auf Prüfungsängstlichkeit, deren stabile Neigung mit dem TAID (Hodapp, Laux & Spielberger, 1982) und deren Trait-Charakter mit dem STAI (Laux et al., 1981) erfaßt wurde, konnten folgende signifikante Zusammenhänge festgestellt werden. So neigen Versuchspersonen, die sich als heuristisch kompetent erleben, auch zu geringerer Aufgeregtheit (r = -.41) und weniger Besorgnis (r = -.29). Dementsprechend sehen sich Versuchspersonen, die sich als emotional belasteter beschreiben, als aufgeregter (r = .59) und besorgter (r = .43). Die Zusammenhänge konnten für die State-Form im STAI bestätigt werden.

4. Auf der Basis zweier Untersuchungen (N = 20 bzw. N = 31) wurden Zusammenhänge zwischen dem KFII und den Persönlichkeitsfragebögen FPI (Fahrenberg, Selg & Hampel, 1973) und EPI (Eggert, 1974) untersucht. Die Höhe der durchgängig signifikanten Korrelationen variiert jeweils gemäß den theoretischen Erwartungen zwischen HEUKOM und den Dimensionen des FPI/EPI zwischen r = .38 und r = .81, zwischen EMOTION und den Dimensionen des FPI/EPI zwischen r = . 41 und r = .80. Demnach zeigen Personen, die sich als kompetenter einschätzen, ein allgemein stabileres Persönlichkeitsbild, sind gelassener, geselliger, extravertierter und weniger neurotisch. Umgekehrtes gilt für die Skala EMOTION des KFII.

2.2.2.2 Bewertung

<u>Der KF ist ein ökonomisches Verfahren.</u>

Die Durchführungszeit wird mit ca. 30 min. angeben. Die zur Auswertung benötigte Zeit dürfte ähnlich wie beim PLF nicht mehr als 10 min. (neun Umpolungen von Items, fünf Subskalen) betragen.

Dem Verfahren liegt nicht der Problemlöseprozeß von D'Zurilla und Goldfried (1971) zugrunde. Dennoch läßt die Beschreibung der einzelnen Skalen einen engen Zusammenhang vermuten. Die Items sind auch hier verständlich und eindeutig formuliert.

<u>Der KF genügt nicht den Anforderungen der Internen Validität.</u>

Es liegen keine Schwierigkeitsindizes und Trennschärfekoeffizienten für die einzelnen Items vor und auch die theoretisch angenommene Struktur des Verfahrens wurde nicht überprüft.

Die Angaben zur Internen Konsistenz variieren für die einzelnen Skalen zwischen .84 und .92 und sind somit sehr zufriedenstellend. Angaben zur Retest-Reliabilität liegen nicht vor.

Der KF genügt nicht den Anforderungen der Externen Validität.

Die im Rahmen der Externen Validität aufgeführten Ergebnisse zeichnen sich durch hohe Differenziertheit der Validitätskriterien (PLF, Gruppenunterschiede, STAI/TAID, FPI/EPI) aus. Obwohl diese sich auf die Vorläuferversion (KFII), die sich lediglich aus den Skalen "Heuristische Kompetenz" und "belastende Emotionen" zusammensetzt, lassen diese auch für den KF auf zufriedenstellende Ergebnisse hoffen. Da aber vor allem die drei Verhaltensskalen eine Abdeckung des Problemlöseprozesses gewährleisten müßten, sollten auch diese anvisierten Ergebnisse vorliegen, um mittels ausreichender Informationen zu einer abschließenden Bewertung über die Externe Validität des KF zu gelangen. In diesem Stadium ist deshalb die Externe Validität nicht zufriedenstellend.

2.2.3 Means-ends-problem-solving procedure (MEPS)

2.2.3.1 Darstellung

Wie in Kap. 1.2.2 dargestellt, erfolgte eine empirische Überprüfung des Problemlöseansatzes vor allem durch die 'Philadelphia-Gruppe' (Spivack, Platt, Shure etc.). Zur Erfassung der von ihnen postulierten interpersonellen Problemlösefertigkeiten (vgl. S. 23) entwickelten sie das Means-ends-problem-solving procedure (MEPS) (Platt, Spivack & Bloom, 1975) mit Hilfe dessen die Fähigkeit erhoben werden soll, für verschiedene soziale Problemsituationen relevante Lösungsmittel zu entwickeln. Das MEPS ist das bisher bedeutendste Verfahren zur Erfassung interpersoneller Problemlösefähigkeit und liegt in unterschiedlichen Versionen vor (vgl. zur Übersicht Butler & Meichenbaum, 1981). So unterscheiden Platt und Spivack (1975) zwischen einem "sozialen", der mehr auf interaktionelles Verhalten ausgerichtet ist, und

60

einem "emotionalen" MEPS, dessen Inhalt sich mehr auf intrapsychische, affektive Probleme bezieht.

Das MEPS umfaßt zehn fiktive Geschichten, die eine Problemsituation und eine entsprechende Lösung beschreiben. Aufgabe der Probanden ist die Generierung von Mittel, die zu der beschriebenen Lösung führen. Das Geschlecht des Protagonisten in der Geschichte entspricht dabei jeweils dem Geschlecht des Probanden.

z.B.

H. liebt seine Freundin sehr, aber sie haben häufig Auseinandersetzungen. Eines Tages verläßt sie ihn. H. möchte die Dinge zum Guten ändern. Die Geschichte endet damit, daß zwischen ihnen alles wieder in Ordnung ist. Beginnen Sie Ihre Geschichte an der Stelle, wo seine Freundin ihn nach einem Streit verläßt. (zit. nach Kämmerer, 1983, S. 148; übersetzt vom Autor)

Die von den Probanden vervollständigten Lösungen werden nach der Zahl der relevanten Mittel, der irrelevanten Mittel, solcher, die nicht als Mittel gelten können und nach der Zahl nicht abgegebener Antworten ausgewertet. Errechnet werden kann daraus ein Relevanzkoeffizient, der sich aus dem Verhältnis relevanter Mittel zu allen übrigen Kategorien ergibt.

Da es sich beim MEPS lediglich um die Erfassung des Mittel-Ziel-Denkens handelt, wurden von Spivack und Platt (1977) weitere Verfahren zur Erfassung anderer Aspekte des Problemlöseprozesses vorgeschlagen (vgl. hierzu Kämmerer, 1983, S. 151 ff.).

Für den deutschsprachigen Bereich liegen Varianten bzw. Übersetzungen des MEPS von Kämmerer (1983) und von Lewandowski, Fiedler und Buchkremer (1983) bzw. von Kemmler und Borgart (1982) vor. Kemmler und Borgart legten eine Übersetzung des MEPS vor, die in Design und Auswertung dem von Spivack et al. (1975) entspricht. Von Lewandowski et al. wurde das MEPS dahingehend modifiziert, daß sie den Probanden zu jedem Meßzeitpunkt drei Problemsituationen vorgaben, die in Analogie zu den MEPS-Geschichten konstruiert wurden. Die Ergebnisse wurde anhand von zwölf

Auswertungskriterien begutachtet und fließen in einem Gesamtscore zusammen. Da sich die von Kämmerer (1983) entwickelte Variante des MEPS (im folgenden MEPS-K) nicht wesentlich hinsichtlich Design und Auswertung von der Originalform abweicht, jedoch Kritik (vgl. Kämmerer, 1983, S. 157 f) an der ursprünglichen Fassung des MEPS mitberücksichtigt, soll diese hier ausführlicher dargestellt werden.

Das MEPS-K umfaßt zwölf Problemsituationen zur Erfassung der Mittelperspektive. Den Probanden werden die Situationen, in denen nur noch der Anfangszustand bekannt ist, mit der Aufgabe vorgelegt, mögliche Wege aufzuzeichnen, die zu dem angestrebten Ziel führen können.

z.B.

Tiger-Emmi/Ganoven-Emil war in argen Geldnöten. Als sie/er bei einem ihrer Streifzüge durch die Stadt im Schaufenster eines alten Juweliergeschäftes einen wunderschönen Diamanten sieht, beschließt sie/er, diesen zu stehlen. Hehler-Bruno würde sicherlich einiges dafür zahlen. Krampfhaft überlegt sie/er, wie der Diebstahl zu bewerkstelligen sei.

Aufgabe ist es also, sich in die Person in der Geschichte hineinzuversetzen und an ihrer Stelle Mittel zur Lösung zu entwickeln.

Die Ergebnisse wurden von zwei Ratern (der Autorin und einer Person, die sorgfältig eingeführt worden war) bewertet. Bewertungsgrundlage waren folgende Kriterien:

Absolute Anzahl der genannten Mittel (AM)

AM wird für jedes Mittel einer Geschichte vergeben, das den Probanden in die Lage versetzt, zum angestrebten Ziel zu kommen. (Kämmerer, 1983, S. 174)

Individuelle/soziale Mittel (IM, SM)

IM wird ... vergeben, wenn die angegebenen Mittel ausschließlich Verhaltensweisen an die betreffende Hauptperson darstellen, ohne daß damit die Mithilfe/Mitwirkung anderer Personen explizit verbunden ist. ...
SM wird ... vergeben, wenn die Durchführung dieser Handlungsweise die Mithilfe, Mitwirkung, im weitesten Sinne die Teilnahme anderer Menschen notwendig macht, um den angestrebten Sollzustand zu erreichen. (Kämmerer, 1983, S. 175)

Kurzfristige/langfristige Mittel (KM, LM)

KM wird ... vergeben, wenn von der Versuchsperson Aussagen darüber gemacht werden, ob ein Mittel sofort bzw. unmittelbar einsetzbar ist. ... Als Richtwert ist ein Zeitraum von 0 bis 10 Wochen ... anzusetzen. ...
LM wird ... vergeben, wenn das Mittel erst nach längerer Zeit eingesetzt werden kann bzw. einen längeren Zeitraum in Anspruch nimmt. Als Richtwert ist ein Zeitraum von 10 Wochen und mehr anzusehen. (Kämmerer, 1983, S. 175 - 176)

Konkretheit der Mittel (KonM)

KonM wird ... vergeben, wenn die Mittelangabe als konkrete Handlungsanweisung an das betreffende Individuum formuliert ist. (Kämmerer, 1983, S. 175)

Hierarchisierung von Mitteln (HM)

HM wird ... vergeben, wenn von der Versuchsperson angegeben wird, in welcher Rang-/Reihenfolge die einzelnen Mittel zur Zielerreichung anzugehen sind. (Kämmerer, 1983, S. 175)

Entsprechend zum MEPS-K wurde analog der EPS (abgeleitet von endsproblem-solving) und der KON entwickelt, um eine vollständige Erfassung des Problemlöseprozesses zu gewährleisten. Im EPS soll mit Hilfe von ebenfalls 12 Situationsbeschreibungen, in denen die anzustrebenden Ziele offen waren, das Zielwissen der Probanden erfaßt werden. Der KON sollte darüber Auskunft geben, inwieweit der Proband in der Lage ist, die möglichen Konsequenzen einer Situation bzw. einer Handlung vorwegzunehmen. Dies geschah wiederum in 12 Situationen, die zwei mögliche Entscheidungen offen ließen. Da beide Instrumente ein ähnliches Design und ähnliche Auswertungskriterien wie der MEPS-K haben, wird nicht näher darauf eingegangen. Der interessierte Leser wird auf Kämmerer (1983, S. 158 ff.) verwiesen.

Die Auswertungsobjektivität (übereinstimmende Bewertung von zwei Auswertern) wird von Platt et al. (1975) je nach Stichprobe mit .77 und .94 angegeben. Kemmler und Borgart fanden bei verschiedenen Stichproben (u.a. Alkoholikern, Strafgefangenen, Studenten) Übereinstimmungen zwischen 81 und 89 Prozent, weisen aber in diesem Zusammenhang daraufhin, daß die Auswerter sich vorher über die Auslegung der Auswertekriterien des MEPS-Manuals (Platt & Spivack, 1975) verständigt hatten. Bei einer Auswertung nur nach den vorgegebenen Kriterien werden erheblich differenzierte Werte erwartet. Bei Kämmerer liegen die Werte je nach Kategorie zwischen -.03 und .94 und sind lediglich für die Kategorien "absolute Anzahl der Mittel", "individuelle/soziale Mittel" und "langfristige Mittel" signifikant. Diese Differenzen hängen möglicherweise mit der fehlenden Zielsetzung in den Problemsituationen des MEPS-K bei Kämmerer (1983) zusammen, weil die dadurch entstandene größere Variation im Ausgang und in der Ausführung der Geschichten, eine eindeutige Festlegung auf die entwickelten Kategorien erschwert.

Als Werte für die Innere Konsistenz werden von Platt et al. (1975) r = .80 (N = 66) bzw. r = .84 (N = 72) angegeben. Die Split-Half-Reliabilität liegt bei psychiatrischen Patienten (N = 66 bzw. N = 72) zwischen r = .82 und r = .84 (Platt et al., 1975). Kemmler und Borgart geben einen Wert von r = .46 bei 60 Studenten an. Dieser wesentlich niedrigere Wert im Vergleich zu den amerikanischen Ergebnissen wird mit der vermuteten geringeren Homogenität des Verfahrens in der deutschen Übersetzung in Verbindung gebracht. Die Retest-Reliabilität variiert je nach Zeitraum (zwei, fünf bis acht Monate) zwischen r = .43 und r = .64 (N = 11 bzw. N = 47; Platt et al., 1975). Kämmerer (1983) macht keine Angaben über die Zuverlässigkeit des von ihr modifizierten Verfahrens.

Im folgenden wird aus ökonomischen und inhaltlichen Gründen nur auf Ergebnisse zur Validität der deutschsprachigen Verfahren eingegangen. Der an den empirischen Ergebnissen des MEPS (Platt et al., 1975) interessierte Leser wird auf Kap. 1.2.2 verwiesen.

In der Studie von Kemmler und Borgart (1982) zeigten sich signifikante Differenzen zwischen männlichen Alkoholikern (N = 35), einer Gruppe 'normaler' Patienten (N = 28) und männlichen Strafgefangenen (N = 37). Demnach generieren Alkoholiker weniger relevante Mittel pro Geschichte und weisen einen geringeren Relevanzkoeffizienten auf als eine 'normale' Patientenpopulation und als männliche Strafgefangene. Ein Vorher-Nachher-

Vergleich konnte bei einer Gruppe männlicher Strafgefangener (N = 10) signifikant bessere Werte für die Anzahl der relevanten Mittel und dem Relevanzkoeffizienten nach einem Problemlösetraining nachweisen.

In einer Untersuchung (N = 40) von Kämmerer (1983) konnte gezeigt werden, daß sich die Anzahl der gefundenen Mittel und Konsequenzen nach einem Problemlösetraining signifikant erhöht. Kämmerer (1983) stellt die Anzahl der gefundenen Mittel und Konsequenzen jedoch nicht allein mittels des MEPS-K fest, sondern verwendet alle von ihr entwickelten Verfahren, die eine Aussage über die Anzahl der gefundenen Mittel und Konsequenzen zuläßt. Aus diesem Grund wird an dieser Stelle auf eine detaillierte Darstellung verzichtet, da die Ergebnisse nicht nur auf den MEPS-K bezogen interpretiert werden können.

2.2.3.2 Bewertung

Im folgenden wird lediglich der MEPS in der deutschen Übersetzung von Kemmler und Borgart (1982) und die veränderte Version des MEPS (MEPS-K) von Kämmerer (1983) zur Bewertung herangezogen.

MEPS und MEPS-K sind keine ökonomischen Verfahren.

Die Durchführungszeit des MEPS wird auf ca. 60 min., die des MEPS-K hingegen auf ca. 90 min. geschätzt, da der Proband im MEPS-K 2 Geschichten mehr lösen muß und für die Bearbeitung keine Zielvorgaben vorhanden sind. Die Auswertungszeit für beide Verfahren läßt sich nicht festlegen, dürfte aber um ein vielfaches höher liegen als bei PLF und KF. Die Kategorisierung anhand der vorgegebenen Kriterien erfordert Vorbereitung und Routine seitens der Rater, wobei mindestens immer zwei Rater für die Auswertung zur Verfügung stehen sollten. Bei Hinzunahme der von Kämmerer (1983)

65

zusätzlich entwickelten Verfahren zur Abdeckung des Problemlöseprozesses würde die benötigte Durchführungs- und Auswertungszeit einen Einsatz im praktisch-klinischen Bereich nahezu unmöglich machen.

Die Inhalte der Geschichten lassen vermuten, daß eine Identifikation der Probanden mit den Protagonisten nicht immer möglich ist. Außerdem beschränken sie sich auf Probleme, die als Interpolationsprobleme zu bezeichnen sind und lassen damit dialektische Probleme (z.b. Anfangs- und Zielzustand unklar) außer acht.

Berücksichtigt man zusätzlich die Tatsache, daß der Referenzrahmen beider Verfahren sich auf die Mittel-Ziel-Analyse beschränkt und die übrigen Aspekte wie Problemanalyse, Evaluation usw. vernachlässigt werden, können beide Verfahren nicht als ökonomisch bezeichnet werden.

MEPS und MEPS-K genügen nicht den Anforderungen der Internen Validität

Es liegen keine Schwierigkeitsindizes und Trennschärfekoeffizienten für die einzelnen Kategorisierungen in Bezug auf die Problemvorgaben vor. Die theoretisch angenommene Übereinstimmung des Inhalts in den Geschichten wurde nicht überprüft. Die Inter-Rater-Korrelationen sind lediglich für den MEPS zufriedenstellend. Die Interne Konsistenz des MEPS ist mit .46 teststatistisch nicht zufriedenstellend. Angaben zur Retest-Reliabilität liegen weder für den MEPS noch für den MEPS-K vor, für welchen auch auf die Berechnung einer Internen Konsistenz verzichtet wurde.

MEPS und MEPS-K genügen nicht den Anforderungen der Externen Validität

Kemmler & Borgart (1982) konnten mittels Gruppenunterschieden und Untersuchungen zur Änderungssensitivität die Validität des MEPS nachweisen. Kämmerer konnte ebenfalls die Änderungssensitivität des MEPS-K bestätigen.

Die Zahl der Probanden in den Stichproben ist jedoch zu klein, um eine generelle Aussage treffen zu können. Es fehlen Untersuchungen zur internen und externen kriteriumsorientierten Validität.

2.2.4 Diagnostisches Inventar zur Erfassung der Problemlösefähigkeit bei depressiven Studenten (DIPDS)

2.2.4.1 Darstellung

Das 1983 von Falkenstein, Kolb und Stubenvoll entwickelte Inventar soll dem Therapeuten einen ersten Überblick über das Problemlöseverhalten im Umgang mit alltäglichen Problemsituationen erlauben, und weiterhin zur Feststellung von Therapieeffekten auf dieser Ebene (Vorher-Nachher-Messungen) einsetzbar sein (vgl. Falkenstein et al., 1983, S. 13).

Da es sich um eine situationsspezifische Erfassung handeln sollte, wurde die Zielpopulation auf depressive und nicht-depressive Studenten eingegrenzt.

> ..., da eine Zusammenstellung von Problemsituationen, die sowohl konkret dargestellt als auch hinreichend relevant für die Zielgruppe sind, bezogen auf eine sehr inhomogene Population, kaum möglich erscheint. (Falkenstein et al., 1983, S. 14)

Zunächst wurden 110 Studenten gebeten, ihre persönlichen Probleme in den Bereichen 'Studium', 'Freunde/Bekannte', 'Eltern/Familie' und 'Partnerschaft' zu nennen und diese dann hinsichtlich der Relevanz zu bewerten. Nach der Selektion redundanter Darstellungen wurden daraufhin acht Situationsbeschreibungen für das Inventar festgelegt. Es handelt sich dabei um interpersonelle Problemsituationen, wobei drei dem Oberbereich 'Partnerschaft', jeweils zwei den Bereichen 'Studium' bzw. 'Freunde/Bekannte' und eine dem Bereich 'Eltern/Familie' entstammten.

z.B.

Du besuchst gerade Deine Eltern und aus Eurem Gespräch ergibt sich eine politische Diskussion. Deine Eltern vertreten eine ganz andere Position als Du und zeigen wenig Verständnis für Deine Argumente. Das Gespräch gerät bald auf eine emotionale Ebene und es kommt zum Streit.

Aufgabe der Probanden ist es:

1. Einschätzen der acht Situationen bezüglich ihrer Relevanz für den Versuchsteilnehmer
2. Zu jeder Situation soll die persönliche Lösungsstrategie verfaßt werden.
3. Einschätzen der Lösungsstrategien bezüglich des zu erwartenden Erfolgs und der damit verbundenen Zufriedenheit
4. Entwicklung alternativer Lösungsstrategien im Sinne eines Brainstormings.

Zur Auswertung entwickelten die Autorinnen in einer zweiten Voruntersuchung (N = 10 Studenten) ein Kategoriensystem zur Auswertung der inhaltlichen Antworten. Die Probanden sollten zu diesem Zweck für jede Situation bei freier Antwortmöglichkeit Lösungen generieren, die Situationen auf ihre Relevanz abschätzen und Angaben über den benötigten Zeitaufwand machen, der mit durchschnittlich einer Stunde angegeben wurde. Auf der Grundlage allgemeiner Problemlösungsmodelle wurden folgende Kategorien entwickelt:

1. Nicht-Konzeptualisierung des Problems
2. Konzeptualisierung des Problems als unproblematisch
3. Flucht aus der Problemsituation
4. Vermeidung der Problemsituation
5. Keine Problemlösungen

6. Versuche zur genaueren Problemdefinition
7. lediglich Teillösungen für bestimmte Aspekte des Problems
8. Problemabschwächungen
9. Problemlösungen durch andere Personen
10. Kompromißlösungen
11. Problemwahrnehmung ohne Generierung von Lösungsmöglichkeiten

Ausgezählt werden die Häufigkeiten der einzelnen Kategorien in den Antworten zu den Aufgaben 2, 3 und 4 der Instruktion. Die Relevanzeinschätzung (Pkt. 1) dient lediglich der Überprüfung, ob die jeweilige ausgewählte Problemsituation für den Probanden charakteristisch ist.

Die Kategorien wurden den Phasen des Problemlöseprozesses von D'Zurilla & Goldfried (1971) zugeordnet und in einem Entscheidungsbaum dargestellt, wobei die einzelnen Kategorien unter den Phasen aufgeführt werden.

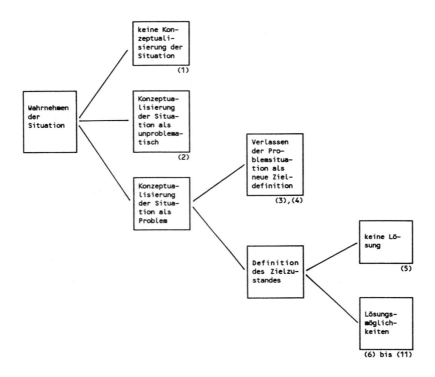

Abb. 2-3: Darstellung der Auswertungskategorien im Entscheidungsbaum (Falkenstein et. al, 1983, S. 18)

Das Diagnostische Inventar wurde 18 Probanden, die anhand ihres Wertes im Beckschen Depressionsinventar (BDI) (Beck et al., 1961) in zwei Gruppen aufgeteilt wurden, vorgelegt. Der depressiven Gruppe (BDI-Werte: $22 \le x \le 42$) wurden acht Probanden, der nicht-depressiven Gruppe (BDI-Wert: $2 \le x \le 10$) wurden zehn Probanden zugeteilt. Bei der Relevanzeinschätzung der einzelnen Situationen unterschieden sich die beiden Gruppen nur in Bezug auf die Situation "sexuelle Probleme mit ihrem Partner". Depressive zeigten signifikant mehr Lösungen der Kategorien 1 - 5, Nicht-Depressive bevorzugten die Kategorien 6 - 11. Signifikante Unterschiede konnten auch bei der Einschätzung des Erfolgs der generierten Lösungsansätze und der damit verbundenen Zufriedenheit gefunden werden.

2.2.4.2 Bewertung

Der DIPDS ist kein ökonomisches Verfahren.

Die Durchführungszeit wird mit durchschnittlich einer Stunde angegeben. Die Zeit für die Auswertung der 8 Geschichten dürfte aufgrund der großen Anzahl an Auswertungskategorien analog der des MEPS-K sein.

In der Zuordnung der Auswertungskategorien zu den Phasen des Problemlösungsprozesses von D'Zurilla und Goldfried (1971) (vgl. S. 70) fällt auf, daß einzelne Phasen überhaupt nicht berücksichtigt wurden, andere hingegen eine Vielzahl von Kategorien auf sich vereinigen.

Die Inhalte beziehen sich auf Probleme einer bestimmten Population (Studenten) und sind nicht ohne Veränderungen auf andere Gruppen zu übertragen.

Der DIPDS genügt nicht den Anforderungen der Internen Validität.

Für die Interne Validität liegen keinerlei Angaben vor.

Der DIPDS genügt nicht den Anforderungen der Externen Validität.

Im Rahmen der Externen Validität liegt lediglich ein Ergebnis zu Gruppenunterschieden vor. Auch hier ist die Zahl der Probanden in der Stichprobe zu klein. Andere Validitätsuntersuchungen liegen nicht vor.

2.3 Resümee und weiteres Vorgehen

Die vorausgegangenen Ausführungen haben versucht, bislang existierende Verfahren zur Erhebung von Problemlösefähigkeit darzustellen und hinsichtlich ihrer Ökonomie, Internen und Externen Validität zu beurteilen. Tab. 2 - 2 gibt die Ergebnisse dieser Überprüfungen zusammenfassend wieder.

	PLF	KF	MEPS-K	MEPS	DIPDS
Ökonomie	+ +	+ +	--	--	--
Interne Validität	0	--	--	--	--
Externe Validität	--	--	--	--	--

Tab. 2 - 2: Beurteilung der Verfahren zur Erfassung von Problemlösefähigkeit (+ + = genügt den Anforderungen; 0 = genügt nur in Teilen; -- = genügt nicht den Anforderungen)

Es wird deutlich, daß keines der Verfahren bislang als ausgereift gelten und einen produktiven Einsatz in der Diagnostik von Problemlöseleistungen und bei Effektivitätsuntersuchungen von Trainingsprogrammen gewährleisten kann.

Während PLF und KF zumindest das Problem der Ökonomie gelöst haben, müssen die Verfahren, deren Ausgangspunkt Problemsituationen darstellen, grundsätzlich überdacht werden. Ansonsten bleiben sie auf eine forschungsorientierte Anwendung beschränkt.

72

Im folgenden Kapitel soll nun die Konstruktion eines Diagnostischen Inventars zur Erfassung von Problemlösefähigkeit dargestellt werden, bei dem die bislang vorhandenen Informationen und Überlegungen genutzt werden sollen, um dem in Kap. 2.1 entwickelten Anforderungskatalog besser gerecht zu werden als die bislang vorhandenen Instrumente.

3. Entstehung einer Testvorform und die Voruntersuchung

3.0 Vorbemerkungen

Bei der folgenden Entwicklung eines Diagnostischen Inventars zur Erfassung von Problemlösefähigkeit kann auf frühere Überlegungen und erste Erfahrungen zurückgegriffen werden (vgl. Kempkens-Sadeghi & Kürten, 1986).

Dort erschien es sinnvoll, die Vorläuferversion in zwei selbständige Arbeitsbereiche aufzuteilen, die gemeinsam die Dimensionen des Problemlöseprozesses repräsentieren. In einem ersten Teil wurde mittels 42 Items, die Aspekte der Allgemeinen Orientierung, der Konsequenzbetrachtung, der Evaluierung und der Handlungsdurchführung erfaßt. Aufgabe der Probanden war es, die Aussagen auf einer 6-stufigen Skala von "trifft nie zu" bis "trifft immer zu" einzuschätzen.

z.B.

	trifft nie zu	trifft immer zu
Meine Freunde sagen, daß ich mir oft selbst etwas vormache.		*1--2--3--4--5--6*

Mittels des zweiten Teils des Inventars sollte die Fähigkeit der Probanden bei der Bearbeitung der Aspekte Problemanalyse, Zielanalyse und Mittelanalyse erfaßt werden. Dazu wurden den Probanden insgesamt 9 Problemsituationen (jeweils 3 für die einzelnen Aspekte) mit jeweils 5 Lösungsmöglichkeiten vorgegeben, die ebenfalls auf einer 6-stufigen Skala einzuschätzen waren. Die Problemvorgaben waren so konstruiert, daß sie unterschiedliche Stadien des Problemlöseprozesses repräsentierten und der zu erfassende Aspekt der nächste Schritt einer erfolgreichen Problemlösung sein mußte.

z.b. für den Aspekt der Problemanalyse

Problembeschreibung

Sie wachen eines Morgens sehr angespannt und unruhig auf. Sie fühlen sich erschlagen und haben das unbestimmte Gefühl, daß an diesem Tag etwas unangenehmes passieren wird.
Sie haben öfter morgens dieses Gefühl und wissen nicht, woher es kommt.

Problemanalyse

	trifft nie zu	trifft immer zu
- Sie warten ab, bis es von allein nicht mehr auftaucht.	*1—2—3—4—5—6*	
- Sie machen angenehme Dinge als Ausgleich und nehmen sich für den Tag was Schönes vor.	*1—2—3—4—5—6*	
- Sie gehen zum Arzt und lassen Ihren Gesundheitszustand überprüfen.	*1—2—3—4—5—6*	
- Sie überlegen sich, ob in der letzten Woche etwas außergewöhnliches passiert ist.	*1—2—3—4—5—6*	
- Sie überlegen sich, ob Sie dieses Gefühl immer vor wichtigen Dingen oder Entscheidungen haben (Prüfung u.ä.)	*1—2—3—4—5—6*	

Ziel dieser Aufteilung in zwei Bereiche war es, möglichst realitätsnah und verständlich alle wichtigen Informationen über die Problemlösefähigkeit eines Probanden zu gewinnen. Da eine Erfassung nur mittels Items zu abstrakt erschien, sollten die Vorgabe von Problemsituationen zu einer Konkretisierung beitragen. Damit verbunden war die Vorstellung, daß eine Erfassung des individuellen Prozesses beim Problemlösen mitberücksichtigt wird. Die genaue Darstellung der Konstruktion und erster Ergebnisse findet sich bei Kempkens-Sadeghi & Kürten (1986).

Im folgenden dienen die Erfahrungen mit dem so entwickelten Inventar als Grundlage für die Neuentwicklung eines Diagnostischen Inventars zur Erfassung von Problemlösefähigkeit. Gleichzeitig sollen die in Kap. 2.1 formulierten Anforderungen an ein Verfahren zur Erfassung von Problemlösefähigkeit berücksichtigt werden.

3.1 Der Aufbau des Diagnostischen Inventars zur Erfassung von Problemlösefähigkeit

Es soll mit Hilfe des Diagnostischen Inventars die Problemlösefähigkeit von Probanden unter Berücksichtigung des gesamten Problemlöseprozesses erfaßt werden. Zu diesem Zweck müssen für die Dimensionen "Allgemeine Orientierung", "Problemdefinition und Formulierung", "Bildung von Alternativen", "Formulierung von Entscheidungen" und "Verifikation" und für die interpersonellen Aspekte wie die "Betrachtung möglicher Konsequenzen für die eigene Person wie auch für andere Menschen" und "Betrachtung der sozialen Interpendenz von Fühlen und Handeln" (vgl. S. 41/42) Repräsentationsformen gefunden werden, die zum einen inhaltlich adäquat und verständlich sind, und die zum anderen einen gewissen Umfang im Hinblick auf die Ökonomie des Verfahrens nicht überschreiten.

Obwohl in den Vorarbeiten (vgl. Kempkens-Sadeghi & Kürten, 1986) deutlich wurde, daß das Ziel einer realitätsnahen Auseinandersetzung mit Problemen und einer gleichzeitigen Erfassung des individuellen Problemlöseprozesses nicht erreicht werde konnte, soll der Grundgedanke, daß eine Bearbeitung von Problemvorgaben für die Probanden konkreter als die Einschätzung von

Items ist, aufrechterhalten werden. Aus diesem Grund werden wiederum zwei unterschiedliche Darbietungsformen gewählt. In einem ersten Teil sollen die Probanden Aussagen einschätzen, die die Dimensionen "Allgemeine Orientierung" und "Handlungsdurchführung und Verifikation" repräsentieren. In einem zweiten Teil werden den Probanden Probleme vorgestellt, die sie individuell lösen sollen. Damit sollen die Dimensionen "Problemanalyse", "Zielanalyse", und "Mittelanalyse" erfaßt werden. Der Aspekt der "Betrachtung möglicher Konsequenzen" in der "Ziel- und Mittelanalyse" kann auf diese Art und Weise jedoch nicht erfaßt werden, so daß zusätzlich Items, die diesen Aspekt repräsentieren, dargeboten werden müssen.

Durch diese Vorgehensweise soll gewährleistet werden, den individuellen Problemlösungsprozeß eines jeweiligen Probanden zusätzlich zu einer allgemeinen Problemlösefähigkeit beobachten zu können.

3.1.1 Die Items

In der Vorläuferversion wurden folgende Items den Probanden zur Einschätzung vorgelegt:

1. *Ich erkenne, daß mir die gleichen Dinge immer wieder Probleme machen.*
2. *Wenn ich etwas tun möchte und nicht ganz sicher bin, was passieren könnte, dann lasse ich es.*
3. *Ich finde es wichtig, die Meinung anderer zu meinem Problem zu hören.*
4. *Probleme machen das Leben erst interessant.*
5. *Bevor ich etwas in Angriff nehme, überlege ich mir, ob mein Handeln langfristig andere Folgen hätte als kurzfristig.*
6. *In schwierigen Situationen neige ich dazu, mich zu sehr aufzuregen.*
7. *Ich denke bei meinem Handeln nicht an die Folgen für meine Mitmenschen.*
8. *Ich male mir oft die schlimmen Folgen meiner Handlungen aus.*
9. *Entscheidungen schiebe ich solange wie möglich hinaus.*
10. *Wenn ich bei meinem Problem etwas geändert habe, frage ich andere, wie sie darüber denken.*
11. *Ich habe es am liebsten, wenn alles in gewohnten Bahnen verläuft.*
12. *Es macht mir Angst, wenn ich nicht abschätzen kann, was passieren könnte.*
13. *Ich entscheide mich für eine Handlungsmöglichkeit, wenn ich sicher bin, daß ich damit mein Ziel erreiche.*
14. *Mir fällt meistens auf, wenn es Probleme im Zusammenleben gibt.*
15. *Wenn ich bei meinem Problem etwas geändert habe, überlege ich, ob ich wirklich das erreicht habe, was ich wollte.*

16. Mir fällt leicht zwischen Tatsache und Meinung zu unterscheiden.
17. Ich bin schnell enttäuscht und gebe auf, wenn etwas nicht sofort gelingt.
18. Ich bin ehrlich mir selbst gegenüber.
19. Bevor ich etwas in Angriff nehme, überlege ich mir, welche Folgen das haben könnte.
20. Ich glaube, daß sich viele Probleme von selbst lösen.
21. Wenn ich Probleme habe, versuche ich, sie sofort zu lösen.
22. Ich bin mir nicht im Klaren darüber, wie ich mich fühle.
23. Ich bin oft nicht in der Lage, die Gründe für meine Probleme herauszufinden.
24. Meine Freunde sagen, daß ich mir oft selbst etwas vormache.
25. Ich glaube, daß die Zeit die meisten Probleme löst.
26. Probleme machen mich mutlos.
27. Ich denke bei meinem Handeln daran, was für Folgen sofort auftreten könnten.
28. Mir fällt es leicht, meine Ideen in die Tat umzusetzen.
29. Ich sehe oft Probleme, wo gar keine sind.
30. Ich weiche der Auseinandersetzung mit meinen Problemen oft aus.
31. Bei Problemen handele ich sicher und schnell.
32. Ich fühle mich dem Leben und seinen Problemen gut gewachsen.
33. Ich bin oft grundlos niedergeschlagen.
34. Ich traue mir zu, mit meinen Problemen fertigzuwerden.
35. Mir ist es egal, welche Folgen für mein Handeln langfristig auftreten könnten.
36. Ich denke bei meinem Handeln an die Folgen für mich.
37. Es ist normal, wenn andere Leute unterschiedlicher Meinung sind als ich.
38. Wenn Probleme auftauchen, denke ich erst in Ruhe darüber nach.
39. Wenn ich ein Problem angegangen habe, überlege ich, ob ich es beim nächsten Mal genauso machen würde.
40. Ich scheue davor zurück, meine Ideen auszuprobieren.
41. Ich habe keine Angst, neue Sachen in meinem Leben auszuprobieren.
42. Bei Problemen fühle ich mich oft wie in einer Sackgasse, aus der ich nicht herauskomme.

Die Ergebnisse der Vorarbeiten konnten zeigen, daß die dort gewählten 42 Items mit wenigen Ausnahmen hinsichtlich Schwierigkeitsindizes und Trennschärfe zufriedenstellend waren. Die faktorenanalytisch gefundenen Dimensionen - Allgemeine Einstellung, Konsequenzbetrachtung, Problembearbeitung, Problemerleben, Rückmeldung, Sensibilität/Selbstwahrnehmung, Handlungsdurchführung und Problemverleugnung - erscheinen mit einer Varianzaufklärung von 59% als geeignete Repräsentatoren der o.g. Dimensionen. Die Reliabilitätsberechnung ergab eine interne Konsistenz von r_{tt} = .77.

In einer Untersuchung zum Thema "Stationäre Therapie bei Alkoholikern" (vgl. Thole & Uhlenbusch, 1986; Kolbe & Rokossa, 1986 und Inhester, 1987) wurden die Items der Vorläuferversion als ein Meßinstrument zur Erfolgsmessung durchgeführter Psychotherapie eingesetzt. Dabei wurde die Reihenfolge der Items und die Werte der Einschätzungs-Skalen in Prozentangaben verändert. Es konnte gezeigt werden, daß die mit Hilfe der Items gemessene Problemlösefähigkeit bei Alkoholikern (N = 263) signifikant (p = .01) geringer war, als die Problemlösefähigkeit der Stichprobe (N = 74), die zur Testkonstruktion herangezogen worden war, was für die Validität der Items spricht. Die interne Konsistenz lag mit r_{tt} = .89 höher als die der Stichprobe zur Testkonstruktion und wurde als sehr zufriedenstellend bezeichnet. Lediglich die faktorielle Validität weicht mit (nach dem Eigenwertkriterium) extrahierten 10 Faktoren und einer Varianzaufklärung von 61% von der in der ursprünglichen Stichprobe gefundenen Dimensionierung ab. Im Rahmen weiterer Validitätsuntersuchungen wurde der Zusammenhang von Problemlösefähigkeit und Sozialer Erwünschtheit (gemessen mit dem SDS-CM) überprüft. Es mußte festgestellt werden, daß sich bei über der Hälfte der Items der Vorläuferversion ein Zusammenhang mit dem Antwortverhalten in der Skala zur Sozialen Erwünschtheit (SDS-CM) nachweisen ließ. Da es sich bei der Stichprobe jedoch um stationär behandelte Alkoholiker handelte, die grundsätzlich zu der Tendenz neigen, sich möglichst sozial erwünscht zu verhalten, wird dieser Aspekt im folgenden vernachlässigt.

Aufgrund der Ergebnisse der Vorarbeiten (VA) und der Untersuchung der Alkoholiker-Stichprobe (AS) wurden die Items der Vorläuferversion für den ersten Teil eines Diagnostischen Inventars in seiner ursprünglich angelegten Form übernommen. Der Vergleich der Rohwerte-Verteilungen und der Trennschärfekoeffizienten beider Untersuchungen legten aufgrund der geringen Trennschärfekoeffizienten in der Alkoholiker-Stichprobe die Eliminierung folgender Items nahe:

- *"Ich finde es wichtig, die Meinung Anderer zu meinem Problem zu hören" (VA: MW = 4.19, SW = 1.20, TS = .725; AS: MW = 4.17, SW = 1.20, TS = .1506)*,
- *"Wenn ich bei meinem Problem etwas geändert habe, frage ich andere, wie sie darüber denken" (VA: MW = 3.41, SW = 1.28, TS = .696; AS: MW = 3.46, SW = 1.33, TS = .0535)*
- *"Ich glaube, daß sich viele Probleme von selbst lösen" (VA: MW = 4.03, SW = 1.18, TS = .793; AS: MW = 3.86, SW = 1.38, TS = .1363)*

---

[7]   MW = Mittelwert / SW = Standardabweichung / TS = Trennschärfe
(bei den Vorarbeiten handelt es sich um die Korrelation des Rohwertes mit dem Summenscore des zugehörigen Faktors; bei der Alkoholiker-Stichprobe wurde der Trennschärfekoeffizient als Korrelation des Rohwertes mit dem Gesamtscore des Item-Teils berechnet)

Die verbleibenden 39 Items wurden einer Gruppe von zwei Diplom-Psychologen und sechs Studenten der Psychologie mit der Bitte um sprachliche Überprüfung, vor allem im Hinblick auf den möglichen Zusammenhang zur sozialen Erwünschtheit, vorgelegt. Ergebnis war die Umformulierung der folgenden sechs Items:

- *Ich erkenne, daß mir die gleichen Dinge immer wieder Probleme machen. (alt)*
  Es sind immer wieder die gleichen Dinge , die mir Probleme machen. (neu)

- *In schwierigen Situationen neige ich dazu, mich zu sehr aufzuregen. (alt)*
  In schwierigen Situationen neige ich dazu, mich so aufzuregen, daß ich nicht mehr denken kann. (neu)

- *Entscheidungen schiebe ich solange wie möglich auf. (alt)*
  Entscheidungen schiebe ich lange vor mir her. (neu)

- *Ich bin schnell enttäuscht und gebe auf, wenn etwas nicht sofort gelingt. (alt)*
  Wenn etwas nicht sofort gelingt, gebe ich schnell auf. (neu)

- *Ich bin mir darüber nicht im klaren, wie ich mich fühle. (alt)*
  Ich weiß meistens, wie ich mich fühle. (neu)

- *Ich bin oft nicht in der Lage, die Gründe für meine Probleme herauszufinden. (alt)*
  Es fällt mir oft schwer, die Gründe für meine Probleme herauszufinden. (neu)

Die so geänderten Items gingen in die Voruntersuchung ein (gesamtes Inventar s. Anhang: Vorform des DIP).

3.1.2 Die Situationen

Die Ergebnisse für den zweiten Teil der Vorläuferversion, in dem die Probanden Problemvorgaben in unterschiedlichen Stadien des Problemlöseprozesses bearbeiten sollten, ließen die Möglichkeit der Erfassung des individuellen Prozesses nicht zu. Es waren weder Aussagen über das individuelle Abschneiden eines Probanden in den einzelnen Phasen "Problemanalyse", "Zielanalyse" und "Mittelanalyse" möglich, noch konnten erwartete typische Verläufe - z.B. Proband X liegt im Bereich der Problemanalyse immer unter dem Durchschnitt bzw. Proband Y liegt im Bereich der Problemanalyse unter dem Durchschnitt und erwartungsgemäß auch im

Bereich der Zielanalyse - im Lösen von Problemen gefunden werden. Aus diesen Gründen sollen die Probanden in der folgenden Version mehrere Probleme vollständig "lösen".

Den Probanden werden insgesamt sechs Situationen vorgelegt mit der Bitte, sich diese Schwierigkeiten möglichst anschaulich vorzustellen und zu überlegen, wie sie selber in dieser Situation reagieren würden. Die Situationen wurden den Problembereichen "Allgemeine Unsicherheiten und Ängste" (2 Situationen), "Verstimmungsstörungen" (1), "Schwierigkeiten im familiären und sozialen Bereich" (2) und "Arbeits- und Berufsschwierigkeiten" (1) entnommen. Diesen Bereichen entstammen nach einer Untersuchung (vgl.-Abb. 3 - 1) von Plessen (1982) 85% aller Probleme, die von Klienten genannt werden. Dies läßt die Annahme zu, daß die Probanden sich mit diesen Schwierigkeiten identifizieren können.

Kategorie	Häufigkeit	Prozentwert
1. Allgemeine Unsicherheiten und Ängste	134	36
2. Verstimmungsstörungen	48	13
3. Schwierigkeiten im familiären und sozialen Bereich - einschl. sexuelle Schwierigkeiten	127	34
4. Körperliche Beschwerden	17	5
5. Psychiatrische Beschwerden	2	0
6. Arbeits- und Berufsschwierigkeiten	45	12
Summe	373	

Abb. 3 - 1: Kategoriensystem für die von Klienten genannten Problembereiche - absolute Häufigkeiten und Prozentwerte der Nennungen (Plessen, 1982, S. 77)

Die Situationen werden so formuliert, daß jeweils das Problem beschrieben, auf Hinweise zu möglichen Ursachen etc. aber verzichtet wird.

1. *Sie müssen bis zur nächsten Woche eine für Ihren Beruf wichtige Aufgabe erledigt haben. Aber anstatt konzentriert arbeiten zu können, lassen Sie sich immer wieder ablenken.*

2. *Sie sind traurig darüber, daß sich Ihre Freunde in letzter Zeit kaum noch bei Ihnen melden und Sie vermissen die gemeinsamen Unternehmungen.*

3. *Sie wachen in letzter Zeit morgens häufiger angespannt und müde auf, obwohl Sie früh zu Bett gegangen sind. Sie fühlen sich erschlagen und haben das unbestimmte Gefühl, daß an diesen Tagen etwas unangenehmes passieren wird.*

4. *Sie haben eine neue Arbeitsstelle und es gehört zu Ihren Pflichten, Ihren neuen Arbeitskollegen über Ihre Tätigkeit zu berichten. Je näher der Termin für den Vortrag rückt, desto größer wird Ihre Angst.*

5. *Sie haben sich zusammen mit Ihrem Partner vorgenommen, alle im Haushalt anfallenden Arbeiten gemeinsam zu erledigen. Es ärgert Sie, daß es trotzdem immer wieder Streit über nicht erledigte Arbeiten gibt, die eigentlich Aufgabe Ihres Partners wären.*

6. *Sie werden von Arbeitskollegen auf eine Party eingeladen. Sie würden gerne hingehen, aber Sie haben jetzt schon Angst, wenn Sie an die vielen Leute denken. Sie sehen sich jetzt schon unsicher herumstehen und sich völlig überflüssig fühlen.*

Im Sinne einer erfolgreichen Problemlösung sollen die Probanden in einem ersten Schritt, eine Analyse des beschriebenen Problems vornehmen, d.h. mögliche Ursachen für das Zustandekommen finden. Mit Hinblick auf Ökonomie und Objektivität werden 5 bis 6 verschiedene Ursachen für jedes Problem vorgegeben, die mit Hilfe des folgenden Schemas konstruiert werden.

	Intern	**Extern**
Stabil	Personen-attributionen	Stimulus-attributionen
Variabel	Umständeattributionen	

Abb. 3 - 2: Allgemeinste und einflußreichste Attributionen nach Kelley (1967) in Verbindung mit den Dimensionen "intern vs. extern" und "stabil vs. variabel" nach Weiner (1972)

Dies geschieht mit der Erwartung, daß Probanden auch für die Lösung eines Problems auf für sie typische Attribuierungsschemata bei der Ursachenbestimmung zurückgreifen.

Zusätzlich wird eine weitere Kategorie aufgenommen, die im Sinne der Problemverleugnung zu einer Problemvermeidung führen würde. Darunter sind Items zu verstehen, die allgemeine "Lebensweisheiten" (z.B. Wahrscheinlich ist es normal, daß sich Freundschaften mit der Zeit auseinanderleben.) präsentieren.

Die Probanden sollen die vorgegebenen Ursachen nach der Wahrscheinlichkeit, wie sie für sie zutreffend sind, ordnen und die Werte von 1 (trifft am meisten zu) bis 5 bzw. 6 (trifft am wenigsten zu) vergeben.

z.B.

Sie müssen bis zur nächsten Woche eine für Ihren Beruf wichtige Aufgabe erledigt haben. Aber anstatt konzentriert arbeiten zu können, lassen Sie sich immer wieder ablenken.

Dies kann die unterschiedlichsten Gründe haben:

Sie haben kein Interesse an dieser Aufgabe, da Sie sie langweilig finden. _____

Sie haben Sorge, daß Sie die Arbeit nicht gut genug bewältigen können. _____

Sie werden ständig von anderen gestört. _____

Es gibt nun mal Phasen, wo Sie sich nicht konzentrieren können. _____

Es gibt noch viele andere Dinge, die Sie erledigen müssen. _____

Der Proband wird dann aufgefordert, nur mit der für ihn wahrscheinlichsten Ursache - also die Ursache, der er die 1 zugeordnet hat - weiterzuarbeiten. Ziele und Mittel wurden im Rahmen einer Befragung von 10 Studenten erhoben, die aufgefordert wurden, zu den beschriebenen Situationen Problemlösungen zu finden. Die häufigst genannten Ziele und Mittel wurden in das Inventar aufgenommen. Die Ziele sollen ebenfalls von den Probanden nach der Wahrscheinlichkeit des Zutreffens eingeordnet werden. Weitergearbeitet wird dann mit der wahrscheinlichsten Ursache und dem wahrscheinlichsten Ziel. Für die Erfassung der Mittelanalyse werden eine Reihe von Lösungen vorgeschlagen, die der Proband dann für seine gewählte Ursache und sein gewähltes Ziel auf einer 6-stufigen Skala einschätzen soll. Das gesamte Inventar kann dem Anhang entnommen werden (s. Anhang: Vorform des DIP).

Mit dieser Art der Konstruktion soll sicher gestellt werden, daß zum einen die Fähigkeit des Probanden in allen drei Phasen des Problemlöseprozesses - Problem-, Ziel- und Mittelanalyse - für ein Problem gleichzeitig erfaßt werden kann. Gleichzeitig kann geprüft werden, ob gleiche Attribuierungen in der Problemanalyse vorliegen.

3.2 Voruntersuchung

3.2.1 Stichprobe

Für die Voruntersuchung wurden insgesamt 100 Fragebögen verteilt. Dabei wurde versucht, möglichst Personen aller Altersstufen und unterschiedlichstem sozio-ökonomischen Status zu erreichen. Bei den vorliegenden Ergebnissen konnte auf 77 bearbeitete Fragebögen zurückgegriffen werden.

Die Stichprobe setzt sich wie folgt zusammen:

Geschlecht	Häufigkeit	in %	Gültig (%)	Summen-häufigk. (%)
weiblich	46	59.7	59.7	59.7
männlich	31	40.3	40.3	100.0
TOTAL	77	100.0	100.0	

Tab. 3 - 1: Geschlecht

Alter	Häufigkeit	in %	Gültig (%)	Summen-häufigk. (%)
bis 30 Jahre	45	58.4	58.4	58.4
31 bis 40 Jahre	20	26.0	26.0	84.4
41 Jahre und älter	12	15.6	15.6	100.0
TOTAL	77	100.0	100.0	

Tab. 3 - 2: Alter

Bei der Überprüfung des sozio-ökonomischen Status (Beruf) wurden die angegebenen Berufe der Einfachheit halber in fünf Kategorien - Schüler/Auszubildende, Angestellte, Studenten, Akademiker und Hausfrauen - eingeteilt. Dabei wurde die Kategorisierung so gewählt, daß die Vermutung, Problemlösefähigkeit sei altersabhängig und trainierbar, und somit in bestimmten Berufen zwangsläufig notwendiger ist als in anderen, später leicht überprüfbar wird.

Beruf	Häufigkeit	in %	Gültig (%)	Summen-häufigk. (%)
Angestellte/ Arbeiter	28	36.4	36.4	36.4
Studenten	28	36.4	36.4	72.7
Akademiker	12	15.6	15.6	88.3
Hausfrauen	9	11.7	11.7	100.0
TOTAL	77	100.0	100.0	

Tab. 3 - 3: Beruf

3.2.2 Itemanalyse

3.2.2.1 Item-Teil

Um die Bewertung der Itemmittelwerte in eine Richtung zu gewährleisten, werden die Items des ersten Teils, bei denen die Beantwortung mit "trifft immer zu" auf ein erfolgreiches Problemlösevorgehen schließen läßt, umgepolt. Es handelt sich dabei um die Items 3, 5, 12, 13, 14, 17, 19, 20, 21, 26, 27, 29, 30, 32, 33, 34, 35, 36, 38 und 39. Anschließend werden die Itemrohwerte zu einem Gesamtscore für den ersten Teil addiert. Dies führt dazu, daß ein hoher Rohwert für erfolgreiche und ein kleiner Rohwert für weniger erfolgreiche Problemlösung steht. Die Rohwerte des Gesamtscores können für den ersten Teil von 39 bis 234 variieren.

Tab. 3 - 4 gibt die Itemmittelwerte (MW) und die Standardabweichungen (SW) für die einzelnen Items wieder.

Item-Nr.	MW	SW	Item-Nr.	MW	SW
1	3.00	1.33	20	4.52	1.31
2	4.12	1.29	21	4.52	1.05
3	3.30	1.30	22	4.04	1.39
4	3.97	1.58	23	4.91	1.30
5	4.30	1.39	24	4.04	1.53
6	4.21	1.62	25	4.04	1.52
7	3.97	1.48	26	3.96	1.19
8	3.43	1.47	27	3.40	1.38
9	3.18	1.39	28	4.08	1.29
10	4.83	1.03	29	3.34	1.28
11	3.40	1.22	30	3.96	1.34
12	4.39	1.15	31	4.60	1.26
13	4.10	1.19	32	4.55	1.30
14	4.04	1.25	33	4.43	1.15
15	4.38	1.45	34	5.00	1.09
16	4.71	1.12	35	4.21	1.21
17	4.57	.99	36	3.84	1.45
18	3.84	1.40	37	4.29	1.26
19	3.88	1.28	38	4.65	1.18
			39	4.13	1.46

Tab. 3 - 4: Mittelwerte und Standardabweichungen der Items des ersten Teils

Der Gesamtscore des ersten Teils hat einen Mittelwert von 160.13 und eine Standardabweichung von 19.88. Die Itemmittelwerte und Standardabweichungen können bis auf wenige Ausnahmen als sehr zufriedenstellend bezeichnet werden.

Die Trennschärfekoeffizienten r_{ic} werden als Korrelation der einzelnen Items mit der Gesamtscore des ersten Teils angegeben (vgl. Tab. 3 - 5).

	r_{ic}		r_{ic}
ITEM 1	.5048**	ITEM 21	.2307
ITEM 2	.4702**	ITEM 22	.5805**
ITEM 3	.3083*	ITEM 23	.2805*
ITEM 4	.6815**	ITEM 24	.1133
ITEM 5	.1398	ITEM 25	.6005**
ITEM 6	.6312**	ITEM 26	.4416**
ITEM 7	.5187**	ITEM 27	.2356
ITEM 8	.3885**	ITEM 28	.6591**
ITEM 9	.3103*	ITEM 29	.5947**
ITEM 10	.3213*	ITEM 30	.7181**
ITEM 11	.4024**	ITEM 31	.5397**
ITEM 12	.1394	ITEM 32	.5669**
ITEM 13	.0462	ITEM 33	.1004
ITEM 14	.3855**	ITEM 34	.1672
ITEM 15	.5942**	ITEM 35	.3394*
ITEM 16	.1450	ITEM 36	.1379
ITEM 17	.3509**	ITEM 37	.6032**
ITEM 18	.5335**	ITEM 38	.1732
ITEM 19	.2866*	ITEM 39	.4937**
ITEM 20	.1590		

Tab. 3 - 5: Trennschärfe (* - $p < .01$; ** - $p < .001$)

Die Höhe der Trennschärfekoeffizienten kann nur bedingt als zufriedenstellend betrachtet werden.

Die Items 5, 16, 27, 33, 38, die die Betrachtung möglicher Konsequenzen repräsentieren, scheinen in keinem engen Zusammenhang mit der Problemlösefähigkeit zu stehen. Ein möglicher Grund dafür könnte sein, daß die Betrachtung möglicher Konsequenzen in der Realität eng mit der "Ziel- und Mittelanalyse" verbunden sind und eine Bearbeitung dieser Dimension für die Probanden unabhängig von den dazugehörigen Problemlöseaspekten zu abstrakt bleibt.

Bei den restlichen Items mit nicht signifikanten Trennschärfekoeffizienten handelt es sich um Items, die zum einen Kontrollüberlegungen zum eigenen Problemlösevorgehen (Items 13, 21 und 36) und zum anderen um Items, die

die Problemwahrnehmung betreffen (Items 12, 20, 24 und 34). Die anschließend durchgeführte Faktorenanalyse mag Aufschlüsse darüber geben,
inwieweit diese Items einen Bezug zu Dimensionen des Problemlöseprozesses
haben.

Für die Items des ersten Teils wurde mittels einer Faktorenanalyse (Haupt-
achsenmethode mit anschließender Varimax-Rotation) nach gemeinsamen
Dimensionen gesucht. Die nach dem Eigenwertkriterium extrahierten 11
Faktoren klären zusammen 71.6% der Varianz auf (vgl. Anhang 3.1).

Der erste Faktor (21.7% Varianzaufklärung) kann als "allgemeine Einstellung
gegenüber Problemen" bezeichnet werden und beinhaltet die Items 7, 30, 15,
25, 2, 18, 4, 37, 31, 6, 39, 11, 9, 1, 32 und 22.

Der zweite Faktor (11.8% Varianzaufklärung) spiegelt die "Betrachtungen der
Konsequenzen" wider und beinhaltet die Items 33, 5, 27, 38, 10, 35.
Der dritte Faktor (6.8% Varianzaufklärung) kann mit der Fähigkeit bei der
"Problembearbeitung" bezeichnet werden und beinhaltet die Items 17, 28, 29,
19 und 20.

Der vierte Faktor klärt mit nur zwei Items 5.2% der Varianz auf und läßt
sich mit der grundsätzlichen Einstellung gegenüber Problemen nicht
grundsätzlich von Faktor I abgrenzen.

Der fünfte und siebte Faktor thematisieren die Sensibilität gegenüber dem
Problemerleben (Item 12, 14; 4.7% Varianzaufklärung) und die Fähigkeit zur
Handlungsdurchführung (Item 36, 26; 4.4%).

Der neunte Faktor (Items 16, 13; 3.3%) läßt sich kaum unter einer Bezeich-
nung zusammenfassen, da es sich einmal um die Fähigkeit langfristige Folgen
einzubeziehen und zweitens um die Evaluation vorhergegangener Problemlösung handelt.

Die Items 21, 23, 24 und 34 stellen jeweils einen Faktor dar.
Eine andere Faktorenlösung führte nicht dazu, daß die vereinzelten Items, einem Faktor eindeutig zugeordnet werden konnten.

Die faktorielle Struktur ist nicht zufriedenstellend und entspricht nur in Teilen der Konstruktion. Es bleibt zu prüfen, warum sich in dieser Untersuchung eine teilweise so verschiedene Faktoren-Struktur zu der in der Vorarbeit gefundenen ergeben hat.

3.2.2.2 Situations -Teil

Im folgenden werden die Itemmittelwerte und Standardabweichungen für den zweiten Teil wiedergegeben. Die Abkürzungen sind wie folgt zu verstehen: **p** = Problemanalyse; **z** = Zielanalyse; **m** = Mittelanalyse; **n.n** = n-te Problemsituation, n-tes Item

Item-Nr.	MW	SW	Item-Nr.	MW	SW
P1.1	3.27	1.52	P2.1	4.19	1.14
P1.2	3.16	1.50	P2.2	3.24	1.12
P1.3	3.53	1.34	P2.3	1.69	.86
P1.4	2.57	1.28	P2.4	3.42	1.26
P1.5	2.47	1.14	P2.5	2.47	1.27
Z1.6	2.47	1.16	Z2.6	1.68	.94
Z1.7	2.97	1.44	Z2.7	1.85	.87
Z1.8	2.68	1.26	Z2.8	3.91	.92
Z1.9	3.65	1.50	Z2.9	4.59	.66
Z1.10	3.23	1.41	Z2.10	2.97	.83
M1.11	3.69	1.57	M2.11	4.69	1.37
M1.12	4.16	1.56	M2.12	4.97	1.10
M1.13	4.72	1.27	M2.13	4.52	1.33
M1.14	1.78	1.21	M2.14	4.39	1.52
M1.15	4.46	1.41	M2.15	2.36	1.32
			M2.16	2.07	1.31

Tab. 3 - 6: Itemmittelwerte und Standardabweichungen der Items des zweiten Teils

Item-Nr.	MW	SW	Item-Nr.	MW	SW
P3.1	3.01	1.61	P5.1	2.58	1.56
P3.2	5.24	1.11	P5.2	3.30	1.70
P3.3	2.65	1.33	P5.3	3.66	1.62
P3.4	4.20	1.54	P5.4	3.78	1.61
P3.5	2.32	1.36	P5.5	3.77	1.50
P3.6	3.61	1.42	P5.6	3.91	1.92
Z3.7	3.14	1.54	P5.7	2.58	1.46
Z3.8	2.36	1.27	Z5.8	3.42	1.39
Z3.9	4.50	1.36	Z5.9	3.39	1.60
Z3.10	2.39	1.42	Z5.10	2.47	1.36
Z3.11	3.34	1.29	Z5.11	5.38	1.18
Z3.12	5.31	1.06	Z5.12	3.81	1.46
M3.13	4.15	1.53	Z5.13	3.39	1.65
M3.14	2.69	1.62	M5.14	4.69	1.13
M3.15	3.38	1.44	M5.15	2.33	1.45
M3.16	2.35	1.42	M5.16	1.74	1.10
M3.17	3.84	1.43	M5.17	4.90	1.23
M3.18	4.27	1.56	M5.18	1.93	1.41
M3.19	4.42	1.43	M5.19	3.67	1.50
P4.1	3.50	1.90	P6.1	2.82	1.37
P4.2	2.61	1.36	P6.2	3.47	1.19
P4.3	3.47	1.51	P6.3	2.89	1.25
P4.4	3.19	1.46	P6.4	4.00	1.11
P4.5	3.97	1.48	P6.5	1.82	1.17
P4.6	4.22	2.01	Z6.6	1.93	1.28
Z4.7	2.49	1.61	Z6.7	3.42	1.34
Z4.8	3.46	1.27	Z6.8	3.01	1.26
Z4.9	3.07	1.71	Z6.9	3.65	1.29
Z4.10	4.55	1.47	Z6.10	2.97	1.31
Z4.11	3.18	1.47	M6.11	2.30	1.78
Z4.12	4.26	1.81	M6.12	4.21	1.48
M4.13	4.00	1.56	M6.13	2.92	1.60
M4.14	4.99	1.10	M6.14	2.63	1.31
M4.15	1.46	.90	M6.15	2.93	1.31
M4.16	4.41	1.31	M6.16	4.64	1.32
M4.17	4.26	1.43	M6.17	4.10	1.31
M4.18	4.28	1.49			

Tab. 3 - 6: Itemmittelwerte und Standardabweichungen der Items des zweiten Teils

Die Itemmittelwerte und die Streuungen sind zum größten Teil zufriedenstellend. Bei Betrachtung der Interkorrelationen zwischen den einzelnen Items fiel jedoch auf, daß die einzelnen Items kaum miteinander korrelieren und somit keine Zusammenhänge zwischen den einzelnen Situationen und zwischen den einzelnen Phasen innerhalb der Situationen nachweisbar sind. Aus diesem Grund muß der Konstruktionsversuch für den zweiten Teil als gescheitert angesehen werden.

3.3 Resümee und weiteres Vorgehen

Aufgrund der bislang gemachten Erfahrungen erscheint es aus mindestens zwei Gründen nicht sinnvoll, Problemlösefähigkeit mit einem Diagnostischen Inventar zu erfassen, welches in zwei von den Probanden zu bearbeitenden Bereichen die Dimensionen des Problemlöseprozesses wiedergibt.

1. Die Aufteilung der einzelnen Dimensionen des Problemlöseprozesses auf zwei Bereiche in dem Diagnostischen Inventar führt dazu, daß der Prozeßcharakter verlorengeht, da die einzelnen Dimensionen unabhängig von ihren Zusammenhängen mit den anderen Teilstücken des Problemlöseprozesses nach formalen Gesichtspunkten den jeweiligen Arbeitsbereichen zugeordnet wurden. So wird z.B. die Betrachtung der Konsequenzen, die lt. Prozeß in unmittelbarem Zusammenhang mit der Ziel- und Mittelanalyse stehen, als von diesen unabhängig im Item-Teil zu erfassen versucht.

2. Der zweite Teil war mit dem Ziel konstruiert worden, die Fähigkeiten des Probanden in der Problem-, Ziel- und Mittelanalyse zu erfassen, wobei die Ergebnisse in den einzelnen Phasen miteinander in Verbindung gebracht werden sollten. Weder die Erwartung, daß Probanden über unterschiedliche Situationen hinweg, ein einheitliches Attribuierungsmuster bei der Problemanalyse vorweisen (vgl. Korrelationen "P-Items"

92

untereinander, Anhang 3.2), noch der erwartete Zusammenhang zwischen den einzelnen Attribuierungsmustern und den Zielvorstellungen (vgl. Korrelationen zwischen P- und Z-Items, Anhang 3.3) wurde in befriedigendem Maße erfüllt.

Mögliche Gründe dafür könnten sein:

1. Durch die Vorgabe konkreter Gedanken und Handlungen, die der Proband für sein eigenes Problemlösevorgehen beurteilen soll, wird eine unzulässige Reduzierung des möglichen Problemlösespielraumes vorgenommen. D.h. es existieren noch weitere nicht bedachte Alternativen, die ebenfalls bei einer erfolgreichen Problemlösung auftauchen können. Der Proband wird jedoch gezwungen, die angebotenen Aspekte zu nutzen und zu seinen eigenen zu machen.

2. Der einzelne Proband "findet" nicht die für ihn entsprechenden Angaben und wird somit gezwungen, die konkreten Angebote zu abstrahieren. Stellt diese notwendige Abstraktionsfähigkeit, welche mit dem DIP jedoch nicht erfaßt wird, eine Überforderung für den Probanden dar, muß davon ausgegangen werden, daß die erzielten Ergebnisse nicht ein Abbild des jeweiligen Problemlösevorgehens darstellen.

Aufgrund dieser Überlegungen ist der DIP nicht in der Lage, Aussagen über das individuelle Problemlösevorgehen zu machen und es erscheint daher notwendig, die bisherige Konstruktion des DIP grundsätzlich zu überdenken. Fraglich erscheinen inzwischen auch die Zielvorstellungen: Der Gedanke in erster Linie die Prozeßhaftigkeit im Problemlösevorgehen einzelner Probanden berücksichtigen zu wollen, erscheint aufgrund der Komplexität mit Hilfe eines Paper-Pencil-Tests nicht realisierbar.

Hieraus ergeben sich zwei Möglichkeiten zum weiteren Vorgehen:
Entweder man wählt eine andere Art der Erfassung oder die inhaltlichen Anforderungen an das Diagnostische Inventar, d.h. die Erfassung des kom-

plexen Merkmals Problemlösefähigkeit mit Berücksichtigung des Prozesses beim Problemlösen, werden umformuliert.

Ersteres hätte unweigerlich zur Folge, daß der beabsichtigte Einsatz zur Diagnostik und zur Überprüfung der Effektivität von Therapieverläufen in der Praxis nicht realisierbar wäre. Da alle denkbaren Möglichkeiten (z.b. Einschätzung von Videoaufnahmen, Simulation von Problemlöseverläufen, pfadorientierte Einzelanalysen) für den praktisch-tätigen Therapeuten einen unzumutbaren Aufwand darstellen würden.

Die Umformulierung der inhaltlichen Anforderungen führt zwangsläufig zu einer Einschränkung des zu erfassenden Gegenstandes und damit einhergehend zu einer geringeren Aussagemöglichkeit über die Fähigkeiten des jeweiligen Probanden.

Im folgenden Kapitel wird die Konstruktion eines Diagnostischen Inventars vorgestellt, welches die Erfahrungen der Voruntersuchung berücksichtigt und sich daraus ergebend auf einen engeren Bezugsrahmen konzentriert.

4. Revision

4.1 Neuformulierung der Konstruktion

Da der erste Teil der Vorform des Diagnostischen Inventars trotz aufgetretener Mängel bereits als hinreichend zufriedenstellend eingeschätzt werden kann und wurde, sollte die Idee, Problemlösefähigkeit auf Trait-Ebene zu erfassen, nicht verworfen werden. Deshalb geht die Tendenz eindeutig in Richtung einer Umformulierung der inhaltlichen Anforderungen, wobei das wichtigste Argument für ein solches Vorgehen die Berücksichtigung der Praxisrelevanz sein soll.

Ausgehend von den in Kap. 2 dargestellten Bestimmungsstücken des Problemlöseprozesses sollen Items konstruiert werden, die diese hinreichend repräsentieren. Um der Forderung gerecht zu werden, Aussagen über die Fähigkeit einer Person in den einzelnen Phasen des Problemlöseprozesses machen zu können, sollen die Items den Phasen **Problemanalyse, Zielanalyse, Mittelanalyse und Handlungsdurchführung/Evaluation** entsprechend ihrer Zugehörigkeit zugeordnet werden. Es ergeben sich somit auch für den Probanden ersichtlich vier Teilbereiche mit je einem Set von Items, die zusammen die Güte der Problemlösefähigkeit bestimmen. Für die Beurteilung der Fähigkeit in den einzelnen Phasen Problemanalyse, Zielanalyse, Mittelanalyse und Handlungsdurchführung/Evaluation sollen die Ergebnisse des Probanden in den Teilbereichen betrachtet werden. Diese theoriegeleitete Konstruktion von vier Aspekten der Problemlösefähigkeit liegt auch begründet in der Tatsache, daß bei bisherigen Untersuchungen mit einer ungeordneten Itemliste eine variierende Faktorenstruktur ermittelt wurde (vgl. S. 79, S. 89 f), die vermutlich populationsabhängig war, so daß eine Normierung aufgrund der empirisch gewonnenen Aspekte der Problemlösefähigkeit nicht sinnvoll erscheint.

Durch diese Aufteilung in vier voneinander abgegrenzte Teilaspekte geht der ursprüngliche Anspruch, auch den Prozeß des Problemlösens des jeweiligen Probandens nachvollziehen zu können, verloren. Es wird nur möglich sein, Aussagen über die Problemlösefähigkeit des Probandens (Gesamtwert im DIP) und über die Fähigkeit in den einzelnen Phasen machen zu können.

Um eine Auseinandersetzung des Probanden mit seinem Problemlöseverhalten auf konkreter Ebene zu forcieren, werden drei unterschiedliche Vorgehensweisen gewählt:

1. Es sollen dem Probanden zu Beginn des DIP Problemfelder dargeboten werden.

2. Zu den einzelnen Phasen werden Kurzbeschreibungen und Hilfsfragen präsentiert.

3. Des weiteren soll den Probanden die Möglichkeit gegeben werden, einen vollständigen Problemlöseverlauf anhand eines konkreten Beispiels nachzuvollziehen.

Daran anschließend erhält der Proband, nach den einzelnen Phasen getrennt, ähnlich formulierte Aussagen wie im bisherigen Item - Teil, die er dann für sein Problemlösevorgehen einschätzen soll.

96

4.1.1 Problemfelder

Es sollen Problemfelder dargeboten werden, die den Probanden in einer
ersten Auseinandersetzung mit dem Diagnostischen Inventar überlegen lassen,
in welchen Bereichen seines Lebens er für sich die größten Schwierigkeiten
sieht. Zu diesem Zweck werden den Probanden unterschiedliche Problembereiche (vgl. Abb. 4 - 1) vorgegeben, die ebenfalls wie die Items auf einer
sechsstufigen Skala von "Trifft nie zu" bis "Trifft immer zu" eingeschätzt
werden sollen.

Womit habe ich Probleme bzw. Schwierigkeiten?

*Zunächst sollten Sie einmal überlegen, wo in Ihrem Leben Probleme überhaupt
auftauchen.*
*Sie werden eine Reihe von Möglichkeiten finden, die Sie bitte nach der vorher
beschriebenen Art und Weise einschätzen:*

Schwierigkeiten habe ich:

in meinem Beruf/Studium
mit meinem Ehe-/Lebenspartner
mit meinen Eltern
mit Freunden/Bekannten
mit meinen Kindern
mit meinen Vorgesetzten
mit mir selber
mit anderen Verwandten
mit meiner Gesundheit
mit meinen Arbeits-/Studienkollegen

Abb. 4 - 1: Problemfelder

Die Darbietung der verschiedenen Problemfelder geschieht in der Hoffnung,
daß die Probanden bereits durch diese Anforderung ihren individuellen
Problemstellungen nähergebracht werden. Durch die erhaltene Einschätzung
der Probanden über verschiedene Problemfelder wird zudem die Prüfung
ermöglicht, ob von einem Zusammenhang zwischen "viel Problemen" und
"geringer Problemlösefähigkeit" ausgegangen werden kann.

4.1.2 Kurzbeschreibungen und Hilfsfragen

Die Kurzbeschreibungen und Hilfsfragen (vgl. Abb. 4 - 2, Abb. 4 - 3, Abb. 4 - 4, Abb. 4 - 5) sollen dem Probanden verdeutlichen, um welchen Aspekt der Problemlösung es sich gerade handelt. Im folgenden werden die Kurzbeschreibungen und Hilfsfragen für die vier Bereiche "Problemanalyse", "Zielanalyse", "Mittelanalyse" und "Handlungsdurchführung / Evaluation" vorgestellt:

Aufgrund der Kurzbeschreibungen und Hilfsfragen wird der Proband auf die zu betrachtenden Aspekte, die zu einer erfolgreichen Problemlösung notwendig sind, hingewiesen.

Es ist zwar nicht mehr kontrollierbar, inwieweit und ob der Proband in der Realität einzelne Phasen berücksichtigt. Es ist jedoch zu erwarten, daß ein Proband der dies in seiner Problemlöserealität nicht tut, die Items in Richtung wenig erfolgreicher Problemlösefähigkeit einschätzt. Zusätzlich würde die Formulierung der Items erleichtert, da nicht vorher abgelaufene Phasen miteinbezogen werden müßten (z.B. bisher: Wenn ich mein Problem gelöst habe, überlege ich mir, ob ich es beim nächsten Mal genauso machen würde. Neu: Ich überlege, ob ich beim nächsten Mal genauso handeln würde.)

Wie erkenne ich mein Problem und wie beschreibe ich es?

Hier geht es darum, festzustellen, worüber Sie sich Gedanken machen, wenn ein Problem bzw. eine Schwierigkeit auftaucht. Überlegen Sie sich,

- ob Sie dieses Problem bereits kennen bzw. früher schon mal Ähnliches erlebt haben?
- wie Sie dieses Problem genau beschreiben können?
- was mögliche Gründe für Ihr Problem sein könnten? ...

Dies sind nur wenige Fragen, die Sie sich stellen können, um sich mit Ihrem Problem vertraut zu machen.

Abb. 4 - 2: Problemanalyse

Was möchte ich verändern und welche Folgen hätte das?

Sie wissen jetzt, wie Ihr Problem aussieht und das Sie daran etwas ändern möchten. Bevor Sie etwas tun, überlegen Sie sich

- was eine mögliche Veränderung wäre?
- wie die Veränderung genau aussehen sollte?
- welche Folgen sie erwarten, wenn Sie Ihre Überlegungen in die Tat umsetzen? ...

Auch dies sind wieder nur eine Reihe von möglichen Fragen, die Sie sich stellen können.

Abb. 4 - 3: Zielanalyse

Wie kann ich die Veränderung erreichen?

Sie haben sich für einen Weg entschieden und Sie sollten sich jetzt fragen,

- ob Sie verschiedene Möglichkeiten, was Sie tun könnten, ins Auge fassen?
- ob Sie bedenken, was passieren könnte, wenn Sie danach handeln? ...

Auch dies sind nur eine Reihe von Fragen, die Sie der Lösung näher bringen könnte.

Abb. 4 - 4: Mittelanalyse

> **Wie setze ich meine Überlegungen um und
> wie beurteile ich das Ergebnis?**
>
> *Sie haben sich bis jetzt eine Reihe von Gedanken gemacht, wie Sie Ihr Problem
> aus der Welt schaffen können. Nun geht es darum, herauszufinden,*
>
> *- ob Sie Ihre Überlegungen umsetzen?*
> *- wie Sie das tun?*
> *- ob Sie dann nochmal darüber nachdenken? ...*
>
> *Auch dies sind wieder nur einige Fragen, die Ihnen in diesem Bereich weiterhel-
> fen können.*

Abb. 4 - 5: Handlungsdurchführung und Evaluation

4.1.3 Spezifischer Problemlöseprozeß

Im folgenden wird ein spezifischer Problemlöseablauf für die vier Phasen des Problemlöseprozesses (vgl. Abb. 4 - 6, Abb. 4 - 7, Abb. 4 - 8, Abb. 4 - 9), der den Probanden vor der Einschätzung der Items Denkanstöße in Richtung auf eigenes spezifisches Problemlöseverhalten und somit einen deutlicheren Bezug zu den einzelnen Phasen des Problemlöseprozesses liefern soll, dargestellt.

Es wird Wert darauf gelegt, den Probanden nicht einen besonders erfolgreichen bzw. nicht erfolgreichen Problemlöser vorzustellen, sondern verschiedenste Möglichkeiten aufzuzeichnen, mit denen sich Problemlöser jeglicher Fähigkeit auseinandersetzen könnten.

Durch die Vorgabe eines konkreten Beispiels bleibt die Auseinandersetzung mit der eigenen Problemlösefähigkeit nicht allein auf abstrakten Niveau. Die dargestellten Überlegungen der Beispielperson könnten im Sinne von

Modellhaftigkeit, die Einschätzungen der Items durch den Probanden auf eigene konkrete Vorstellungen und Umsetzungen bei seinem eigenen ganz individuellen Problemlösevorgehen lenken.

Herrn Müller:

Herr Müller stellt fest, als er zum wiederholten Male alleine abends zu Hause sitzt, daß er seine Freunde schon lange nicht mehr gesehen hat. Er überlegt:

"Warum melden sich meine Freunde eigentlich nicht bei mir? Wir haben uns doch sonst regelmäßig getroffen. Es ist richtig schade, wir hatten immer soviel Spaß miteinander."

Herr Müller versucht nun sein Problem genauer zu betrachten. Er überlegt:

"Naja, aber bei Meiers war es auch so. Irgendwann läuft sich jede Freundschaft tot. Dabei hatte ich gar kein gutes Gefühl.
Wenn ich es mir recht überlege, ich habe mich in der letzten Zeit auch nicht häufig gemeldet. Trotzdem jedesmal, wenn ich angerufen habe, hatten sie keine Zeit. Sie scheinen nichts mehr von mir wissen zu wollen.
Vielleicht haben sie ja wirklich viel zu tun - ich kenne das ja selber - und es hängt gar nicht mit mir zusammen."

Abb. 4 - 6: Problemanalyse

Herr Müller:

Nachdem er sein Problem jetzt etwas genauer kennt, überlegt er sich:

"Ich will versuchen, die Sache wieder in Ordnung zu bringen.
Was soll das, so wichtig ist die ganze Angelegenheit auch nicht.
Ich will sie wieder häufiger sehen und das es wieder wird wie vorher. Sagen wir, ich will sie mindestens einmal die Woche treffen.
Dann muß ich mir aber auch mehr Zeit nehmen und die neuen Bekannten kann ich dann auch nicht so häufig sehen."

Abb. 4 - 7: Zielanalyse

Herr Müller:

Auch Herr Müller weiß nicht so recht, wie er es schaffen soll, seine Freunde wieder zu sehen. Er überlegt:

"Soll ich sie öfter anrufen und ihnen Termine vorschlagen? Soll ich sie einfach besuchen gehen? Dann finden sie mich vielleicht aufdringlich. Vielleicht sollte ich sie jetzt einfach anrufen und fragen, was los ist. Und wenn ich mir alles nur einbilde, dann sind sie sicher verwundert und glauben, ich wäre nicht mehr normal.
Ich warte, bis sie mich anrufen. Aber was ist, wenn sie gar nicht wissen, daß ich sie sehen will.
Ich denke das Beste ist, die Sache abzuklären und sie direkt zu fragen. Entweder ich habe recht und sie wollen keinen Kontakt mehr mit mir oder ich habe unrecht und es gibt ganz andere Gründe."

Abb. 4 - 8: Mittelanalyse

Herr Müller:

Herr Müller hat den festen Entschluß gefaßt, seine Freunde zu fragen. Er nimmt das Telefon und ruft Sie an:

Herr Müller ist erfreut und verwundert zugleich, wie einfach es war, Klarheit zu bekommen; er denkt sich:

"Es war also doch richtig, mir zu überlegen, was ich tun soll. Jetzt weiß ich genau wie die Dinge liegen. Gut, daß ich sofort angerufen habe und nicht noch tagelang gewartet habe. Das werde ich mir fürs nächste Mal merken. Situationen dieser Art gibt es ja immer."

Abb. 4 - 9: Handlungsdurchführung/Evaluation

4.2   Itemkonstruktion

4.2.1   Itemgenerierung

Für die nun vorliegenden Konstruktionsüberlegungen werden Items benötigt, die die beabsichtigten Phasen des Problemlöseprozesses **Problemanalyse, Zielanalyse, Mittelanalyse und Handlungsdurchführung/Evaluation** (vgl. Kap. 2) ausreichend repräsentieren.

In einem ersten Schritt sollen möglichst viele Items, die den Anforderungen gerecht werden könnten, in einer Itemvorschlagsliste zusammengefaßt werden. Dabei soll vermieden werden, sich ausschließlich an der bisherigen Item - Liste des DIP zu orientieren, da dieses möglicherweise zu einer nicht sinnvollen Suchraumverengung führen könnte. Deshalb sollen neben den Items aus dem DIP auch Items, denen intuitiv Indikatorfunktion zugebilligt wird, herangezogen werden. Zusätzlich wird auf den Problemlösefragebogen **PLF** (Holling et al., 1980) und auf den Kompetenzfragebogen **KF** (Stäudel, 1986) zurückgegriffen. Dabei sollen zwei Gesichtspunkte besonders berücksichtigt werden:

Es sollen Items, die

1. weitere Aspekte bzw. Sichtweisen der einzelnen Phasen darstellen, und

2. Items, die durch sprachliche Veränderungen der bis dahin vorhandenen Items ein möglicherweise besseres Verständnis seitens der Probanden gewährleisten könnten, aufgenommen werden.

Im folgenden soll die Auswahl der Items dargestellt und begründet werden. Zu diesem Zweck werden zunächst die bislang vorhandenen Items aus dem

DIP auf Aspekte der Itemanalyse wie Mittelwerte, Standardabweichungen und Trennschärfe hin überprüft. Es folgt dann eine kurze Darstellung der PLF -Konstruktion und der PLF -Items mit den zugehörigen Itemkennwerten. Daran anschließend wird der Kompetenzfragebogen unter Berücksichtigung der diesem Inventar zugrundeliegenden theoretischen Überlegungen auf mögliche sinnvolle Items hin geprüft. Abschließend werden Items, denen intuitiv Indikatorfunktion zugebilligt wird, aufgeführt.

4.2.1.1 Items aus dem DIP

Betrachtet werden im folgenden die Items, die in der bereits vorgestellten Untersuchung im ersten Abschnitt des Diagnostischen Inventars (dem sogen. Item -Teil) die Aspekte des Problemlöseprozesses Allgemeine Orientierung, Konsequenzbetrachtung, Problembearbeitung und der Handlungsdurchführung und Evaluierung repräsentieren.

Übernommen werden alle Items, die eine signifikante Trennschärfe (Korrelation mit dem Gesamtscore) aufweisen können (vgl. Tab. 3 - 5, S. 88). Zusätzlich werden nicht trennscharfe Items, die aber als Repräsentanten der Dimensionen Konsequenzenbetrachtung, Handlungsdurchführung und Evaluierung gelten, berücksichtigt. Die Aufteilung auf die vier Phasen des Problemlöseprozesses geschieht in diesem Stadium der Itemeruierung durch die Autorin.

Im folgenden werden die so ausgewählten Items mit den entsprechenden Item-Kennwerten, Mittelwert (MW), Standardabweichung (SW) und Trennschärfe (TS) abgebildet.

ITEM	MW	SW	TS
Problemanalyse			
1. Es sind immer wieder die gleichen Dinge, die mir Probleme machen.	3.00	1.33	.50
3. Probleme machen das Leben erst interessant.	3.30	1.30	.31
4. Bei Problemen fühle ich mich oft wie in einer Sackgasse, aus der ich nicht herauskomme.	3.97	1.58	.68
6. In schwierigen Situationen neige ich dazu, mich so aufzuregen, daß ich nicht mehr denken kann.	4.21	1.62	.63
8. Entscheidungen schiebe ich lange vor mir her.	3.43	1.47	.39
17. Ich bin ehrlich mir selbst gegenüber.	4.57	.99	.35
18. Ich sehe oft Probleme, wo gar keine sind.	3.84	1.40	.53
19. Wenn ich ein Problem habe, versuche ich es sofort zu lösen.	3.88	1.28	.29
22. Es fällt mir oft schwer, die Gründe für meine Probleme herauszufinden.	4.04	1.39	.58
25. Probleme machen mich mutlos.	4.04	1.52	.60
28. Ich weiche der Auseinandersetzung mit meinen Problemen oft aus.	4.08	1.29	.66
29. Bei Problemen handele ich sicher und schnell.	3.34	1.28	.59
30. Ich fühle mich dem Leben und seinen Problemen gut gewachsen.	3.96	1.34	.72
31. Ich bin oft grundlos niedergeschlagen.	4.60	1.26	.54
32. Ich traue mir zu, mit meinen Problemen fertig zu werden.	4.55	1.30	.57
35. Wenn Probleme auftauchen, denke ich erst in Ruhe darüber nach.	4.21	1.21	.34

Abb. 4 - 10: Items aus der Vorform des DIP

ITEM	MW	SW	TS
Zielanalyse			
15. Wenn etwas nicht sofort gelingt, gebe ich schnell auf.	4.38	1.45	.59
Mittelanalyse			
5. Bevor ich etwas tue, überlege ich mir, welche Folgen das haben könnte.	4.30	1.39	.14
7. Ich male mir oft die schlimmen Folgen meiner Handlungen aus.	3.97	1.48	.52
9. Ich habe es am liebsten, wenn alles in gewohnten Bahnen verläuft.	3.18	1.39	.31
10. Ich denke bei meinem Handeln nicht an die Folgen für meine Mitmenschen.	4.83	1.03	.32
11. Es macht mir Angst, wenn ich nicht abschätzen kann, was passieren könnte.	3.40	1.22	.40
27. Bevor ich etwas in Angriff nehme, überlege ich mir, ob mein Handeln auf lange Sicht gesehen andere Folgen hätte als sofort.	3.40	1.38	.24
33. Ich denke bei meinem Handeln daran, was für Folgen das sofort haben könnte.	4.43	1.15	.10
38. Ich denke bei meinem Handeln an die Folgen für mich.	4.65	1.18	.17
39. Ich habe keine Angst, neue Sachen in meinem Leben auszuprobieren.	4.13	1.46	.49
Handlungsdurchführung/Evaluation			
2. Wenn ich etwas tun möchte und nicht ganz sicher bin, was passieren könnte, dann lasse ich es.	4.12	1.29	.47

Abb. 4 - 10: Items aus der Vorform des DIP

ITEM	MW	SW	TS
Handlungsdurchführung/Evaluation			
13. Wenn ich bei meinem Problem etwas geändert habe, überlege ich, ob ich wirklich das erreicht habe, was ich wollte.	4.10	1.19	.05
26. Mir fällt es leicht, meine Ideen in die Tat umzusetzen.	3.96	1.19	.44
36. Wenn ich versucht habe, ein Problem zu lösen, überlege ich, ob ich es beim nächsten Mal genauso machen würde.	3.84	1.45	.14
37. Ich scheue davor zurück, meine Ideen auszuprobieren.	4.29	1.26	.60
39. Ich habe keine Angst, neue Sachen in meinem Leben auszuprobieren.	4.13	1.46	.49

Abb. 4 - 10: Items aus der Vorform des DIP

4.2.1.2 Items des PLF

Bei der Untersuchung der faktoriellen Struktur des PLF wurde eine 6-Faktoren-Struktur mit den Dimensionen "Problemerleben **PER** (pessimistisch/optimistisch), Problemverleugnung **PVE**, Lösungsinitiative **PLI** (zögernd-/spontan), Problembearbeitung **PBE**, Neigung zu unkonventionellen Problemlösungen **NUP**, Neigung zu konventionellen Problemlösungen **NKP** gewählt (vgl. Kap. 2.2.1).

Da für das beabsichtigte Inventar vorrangig noch Items für die Phasen "Problemanalyse" [2], "Entwicklung von Lösungsalternativen" [3], "Entscheidungsfindung" [4] und "Verifikation" [5] von D'Zurilla & Goldfried fehlen, werden zunächst nur die Items, die den PLF-Dimensionen "Lösungsinitiative" (3), "Problembearbeitung" (4), "Neigung zu unkonventionellen (5) und zu konventionellen Lösungen (6) faktoriell zugeordnet wurden (vgl. Abb. 2-2, S. 49), unter den o.g. Aspekten betrachtet. Gleichzeitig werden die Items hinsichtlich ihrer Korrelation mit dem Skalenscore des jeweiligen Faktors begutachtet und bei einem Koeffizienten kleiner .30 nicht mit berücksichtigt.

Ausgewählt werden:

	PLI (3)	PBE (4)	NUP (5)	NKP (6)
Nr.	21	6	3	38
	29	16	50	41
	33	22		46
		27		47
		36		
		39		

Für die Dimension "Neigung zu unkonventionellen Lösungen" wurden nur zwei Items ausgewählt, da der Reliabilitätskoeffizient mit .57 (vgl. Holling et al., S. 250) sehr niedrig ist und auch die Korrelationen der einzelnen Items mit dem Skalenscore im Vergleich zu den Korrelationen der anderen Items im Durchschnitt wesentlich niedriger liegen. Dies deutet darauf hin, daß die von Holling et al. so konstruierte Dimension in keinem engen Zusammenhang mit dem Konstrukt Problemlösefähigkeit, wie es durch die anderen Dimensionen repräsentiert wird, besteht.

Bei Durchsicht der verbleibenden Items kommen nur je ein Item der Dimensionen PER und PVI in Frage, die den o.g. Aspekten Genüge tun. Es handelt sich dabei um die Items Nr. 9 (PER) und Nr. 12 (PVE). Die Zuordnung zu den 4 Phasen geschah unter Berücksichtigung der dargestellten Faktorenstruktur. Für Items der Problembearbeitung und Lösungsinitiative wurde die Aufteilung unter zusätzlicher Berücksichtigung der Iteminhalte vorgenommen.

Auch hier soll für die ausgewählten Items die Kennwerte Mittelwert (MW) und Standardabweichung (SW), sowie der Faktor, dem das Item zugeordnet worden ist (FAKTOR) und die Korrelation mit dem jeweiligen Faktorsummenscore (Korr. m. FAKTOR) dargestellt werden. In der Darstellung der Ergebnisse zum PLF von Holling et al. sind keine Werte für Korrelationskoeffizienten der einzelnen Items mit dem Gesamtscore des Fragebogens angegeben worden, die Korrelationen der Items mit den Summenscores der Skalen werden als Trennschärfeindizes aufgeführt (vgl. Holling, 1980, S. 249 - 250).

ITEM	*MW*	*SW*	*FAKTOR*	*Korr. m. FAKTOR*
Problemanalyse				
9. *Statt einer Lösung habe ich zwei neue Probleme.*	2.20	.86	PER	.59
12. *Wenn ich ein Problem habe, löst es sich von selbst.*	2.32	.86	PVE	.34
22. *Wenn ich ein Problem genauer betrachte, finde ich Hinweise für die Lösung.*	3.71	.72	PBE	.37
27. *Wenn ich ein Problem habe, überlege ich, wie es entstanden ist.*	3.72	.95	PBE	.40
29. *Wenn ich ein Problem habe, gehe ich ihm aus dem Weg.*	2.76	.93	PLI	.30

Abb. 4 - 11: Items aus dem PLF

ITEM	MW	SW	FAKTOR	Korr. m. FAKTOR

Problemanalyse

ITEM	MW	SW	FAKTOR	Korr. m. FAKTOR
33. Mir liegen Probleme, die schnelles Handeln verlangen.	3.07	.91	PLI	.53
38. Wenn ich ein Problem habe, verlasse ich mich auf die Hilfe anderer.	2.74	.79	NKP	.42

Zielanalyse

ITEM	MW	SW	FAKTOR	Korr. m. FAKTOR
6. Habe ich erst einen Teil des Problems gelöst, wird vieles für mich klarer.	3.86	.66	PBE	.33
36. Für mich ist es wichtig, Ziele ausdauernd genug zu verfolgen.	3.75	.80	PBE	.33

Mittelanalyse

ITEM	MW	SW	FAKTOR	Korr. m. FAKTOR
3. Es fallen mir auch komische Dinge ein, wie ich Schwierigkeiten beseitigen kann.	3.00	.96	PBE	.33
16. Ich überlege die Konsequenzen einer Entscheidung vorher.	4.10	.76	PBE	.40
21. Je mehr Möglichkeiten ich habe, um so schwerer fällt mir die Entscheidung.	3.39	.89	PLI	.52
41. Erfolgreiche eigene Lösungen wende ich wieder an.	3.83	.74	NKP	.42
46. Altbewährte Lösungen halte ich für die besten.	2.75	.81	NKP	.30
47. Erprobte Lösungen soll man nicht in Frage stellen.	2.46	.92	NKP	.36
50. Ich löse viele Probleme so, wie andere es noch nicht probiert haben.			NUP	

Abb. 4 - 11: Items aus dem PLF

ITEM	MW	SW	FAKTOR	Korr. m. FAKTOR
Handlungsdurchführung/Evaluation				
39. Wenn ich das gesteckte Ziel nicht erreiche, suche ich nach anderen Lösungen.	3.77	.80	PBE	.39

Abb. 4 - 11: Items aus dem PLF

4.2.1.3 Items aus dem KF

Für den KF wurden die Skalen "heuristische Kompetenz", "emotionale Belastung" und die Verhaltensskalen "problemadäquates Verhalten", "Regression","Resignation" theoriegeleitet konstruiert, denen dann "entsprechende Items" (vgl. Kap. 2.2.2) zugeordnet wurden.

Bei einer ersten Durchsicht der Items wurden zunächst alle unter o.g. Aspekten geeigneten Items herausgefiltert. Bei anschließender Berücksichtigung der Zuordnung zu den beschriebenen Skalen konnte festgestellt werden, daß es sich dabei um 13 Items der Skala "problemadäquates Verhalten" und um drei Items der Skala "Regression" handelte. Da für die Items des KF keinerlei Kennwerte und keine Kenntnisse über die faktorielle Struktur vorlagen, wurden daraufhin zwei Diplom-Psychologen unabhängig voneinander gebeten, die 16 Items den Phasen Problemanalyse, Zielanalyse, Mittelanalyse und Handlungsdurchführung/Evaluation des DIP zuzuordnen. Die Rater stimmten in 15 Fällen (94%) überein. In dem Fall der Nicht-Übereinstimmung wurde das Item intuitiv zugeordnet. Folgende Items wurden in den Itempool übernommen:

5. Wenn ich ein Problem habe, versuche ich das herauszufinden, was wirklich wichtig ist.
10. Wenn ich ein Problem habe, gehe ich planvoll vor.
13. Wenn ich ein Problem habe, untersuche ich gezielt die Zusammenhänge.

Zielanalyse

15. Ich lasse mich leicht ablenken.
16. Ich löse am liebsten die Probleme, die leicht sind.
19. Ich erledige lieber erst andere Dinge.
22. Ich denke konzentriert nach, bevor ich etwas tue.
23. Ich versuche von vornherein, mögliche Schwierigkeiten, die sich ergeben könnten, mit zu berücksichtigen.
29. Ich beziehe mögliche Folgen in meine Entscheidung mit ein.
39. Ich versuche erst mal, mir über meine Ziele klarzuwerden.

Mittelanalyse

45. Ich versuche, viele Lösungsmöglichkeiten zu berücksichtigen, bevor ich mich endgültig entscheide.

Handlungsdurchführung/Evaluation

17. Ich überprüfe, welche Effekte ich durch mein Handeln hervorgerufen habe.
26. Ich überprüfe, wie ich vorgegangen bin, um meine Strategien zu verbessern.
43. Ich überprüfe, ob mein Vorgehen noch der Situation entspricht.
60. Ich überprüfe, ob das, was ich erwartet habe, auch wirklich eingetreten ist.
69. Ich überprüfe, was ich inzwischen eigentlich erreicht habe.

4.2.1.4 Items mit intuitiver Indikatorfunktion

Abschließend sollen nun die Items genannt werden, denen intuitiv Indikator-funktion für die Phasen "Problemanalyse", "Zielanalyse", "Mittelanalyse" und "Handlungsdurchführung/Evaluation" zugebilligt wird. Es handelt sich dabei um Items, die in Gesprächen mit Studenten im Fachbereich Psychologie im Rahmen eines Seminars zum Training von Problemlösefähigkeit diskutiert worden sind.

Problemanalyse

- Wenn ich ein Problem habe, reagiere ich impulsiv.
- Wenn ich ein Problem habe, unternehme ich gar nichts.
- Wenn ich ein Problem habe, verhalte ich mich abwartend.
- Wenn ich ein Problem habe, stehe ich unter Zeitdruck.
- Wenn ich ein Problem habe, überlege ich in Ruhe, was alles damit zusammenhängt.
- Wenn ich ein Problem habe, versuche ich es genau zu erfassen.
- Wenn ich ein Problem habe, überlege ich, ob ich früher schon mal ähnliche Erfahrungen damit gemacht habe.
- Wenn ich ein Problem habe, überlege ich, was die (möglichen) Ursachen sein könnten.
- Wenn ich ein Problem habe, überlege ich, welche Umstände es aufrechterhalten.
- Wenn ich ein Problem habe, woran es liegt, daß es weiter besteht.
- Wenn ich ein Problem habe, überlege ich, welche der Annahmen über die Verursachung am ehesten zutreffen.
- Wenn ich ein Problem habe, welche der möglichen Ursachen am ehesten zutreffen.
- Wenn ich ein Problem habe, denke ich lange darüber nach.
- Wenn ich ein Problem habe, gehe ich es gezielt an.
- Wenn ich ein Problem habe, gehe ich es Schritt für Schritt an.
- Wenn ich ein Problem habe, kann ich mich auf meine Fähigkeiten verlassen.
- Wenn ich ein Problem habe, stehe ich ihm ratlos gegenüber.
- Wenn ich ein Problem habe, bespreche ich es mit anderen.
- Wenn ich ein Problem habe, habe ich das Gefühl, daß ich mich im Kreis drehe.
- Wenn ich ein Problem habe, habe ich genug Kraft, um damit fertigzuwerden.
- Wenn ich ein Problem habe, verlasse ich mich auf mein eigenes Urteil.
- Wenn ich ein Problem habe, sehe ich keine Möglichkeit, da herauszukommen.
- Wenn ich ein Problem habe, bin ich ruhig und ausgeglichen.
- Wenn ich ein Problem habe, liegt es wie ein unüberwindbarer Berg vor mir.

Zielanalyse

- Ich frage mich, was ich eigentlich will.
- Ich überlege, was das für Folgen haben kann, wenn ich mein Ziel realisiere.
- Ich überlege mir, wie ich das Problem am besten lösen könnte.
- Ich überlege, wie ich mein Problem ändern kann.
- Ich lasse mich durch Schwierigkeiten entmutigen.

Mittelanalyse

- Ich habe verschiedene Ideen, wie ich das Problem lösen könnte.
- Ich denke die verschiedensten Lösungsmöglichkeiten bis ins letzte durch.
- Ich suche immer eine Möglichkeit, wie ich mein Problem lösen kann.
- Ich überlege, ob ich mit den gefundenen Lösungsmöglichkeiten wirklich mein Ziel erreiche.
- Ich überlege, wie ich die Lösung konkret umsetzen kann.
- Ich bedenke, was für Folgen die Veränderung auf die betroffenen Mitmenschen haben könnte.
- Ich entscheide, welche Lösung mir am besten gefällt.
- Ich frage mich, was es für Folgen für mich haben kann, wenn ich die gefundene Lösung durchführe.
- Wenn ich eine Lösung für mein Problem gefunden habe, führe ich sie sofort durch.
- Wenn ich keine Lösung finde, unternehme ich gar nichts.

4.2.2 Itemreduktion

Um zu einer Reduktion auf eine für einen Fragebogen zumutbare Anzahl von Items zu gelangen, wurden die insgesamt 103 Items zunächst drei Studenten (Diplom-Psychologie) unabhängig voneinander vorgelegt. Diese erhielten die Aufgabe die ungeordneten Items (Reihenfolge vgl. Anhang 4.1) inhaltlich zu vergleichen und diejenigen Items, die ihnen inhaltlich äquivalent erschienen, auszusortieren. Zusätzlich wurden sie aufgefordert bei gleichen Items, das für sie verständlichste Item auszuwählen (s. Anhang 4.2).

Es ergab sich folgendes Ergebnis (bei den fettgedruckten Items handelt es sich jeweils um das Item der Wahl):

	1. Rater	2. Rater	3. Rater
Item-Nr.	1, 4, 37, 82		1, 33
			4, 37
	2, 3, 20		
	5, 6, 7, 8, 10,	6, 11, 12	5, 6, 7, 8
	11, 12, 13, 14,	7, 8	11, 12
	49	10, 13, 14	
	15, 17, 62	15, 17, 62	15, 17, 62
	21, 22, 23		22, 23
	24, 45, 60	24, 60, 66	
	25, 40, 43	25, 40	25, 26, 31, 40
	26, 31	31, 64	
	28, 30, 38, 42,	38, 42	28, 30, 38, 42,
	44, 47	44, 47	44
			46, 82, 92
	50, 56	50, 56	21, 50, 56

Abb. 4 - 12: Itemzuordnung

Item-Nr.	1. Rater	2. Rater	3. Rater
	51, 55, 78, 81, 84	51, 55, 78, 81, 84	51, 55, 78, 81, 84
	52, 53, 65, 69, 70, 71, 74	65, 69, 70, 74, 83	
			54, 80
	57, 58	57, 58	
	67, 85, 102, 103	85, 103	
			90, 94
	95, 96, 97, 98, 99, 100	96, 97	96, 97

Abb. 4 - 12: Itemzuordnung

4.2.3 Itemauswahl

Bei der Auswertung des Ratings wurden alle Items übernommen, die bei einer Zusammenfassung gleicher Items als das Item der Wahl genannt wurden. In Fällen, in denen von zwei bzw. drei Ratern gleiche Items genannt wurden, jedoch unterschiedliche Items gewählt wurden, wurde die Entscheidung einer weiteren unabhängigen Person überlassen. Dies gilt für die Items: 3, 5, 10, 12, 17, 23, 25, 31, 37, 38, 40, 43, 45, 46, 47, 49, 51, 52, 53, 54, 56, 58, 64, 65, 67, 69, 70, 71, 74, 78, 81, 85, 92, 96, 98, 99, 100, 102, 103.

Alle Items ohne Nennung wurden in die Itemliste übernommen. Dies sind die Items: 9, 16, 18, 19, 27, 29, 32, 33, 34, 35, 36, 39, 41, 48, 59, 61, 63, 68, 72, 73, 75, 76, 77, 79, 86, 87, 88, 89, 90, 91, 93, 94, 101.

Abschließend wurde die Aufteilung der einzelnen Items auf die vier Phasen nochmal von einem Diplom-Psychologen geprüft und für gut befunden. Die Items wurden wie folgt in die veränderte Fassung des DIP (s. Anhang: Revision des DIP) übernommen:

Problemanalyse

- Wenn ich ein Problem habe, verhalte ich mich abwartend.
- Wenn ich ein Problem habe, überlege ich, was alles damit zusammenhängt.
- Wenn ich ein Problem habe, überlege ich, ob ich früher schon mal ähnliche Erfahrungen damit gemacht habe.
- Wenn ich ein Problem habe, überlege ich, was die (möglichen) Ursachen sein könnten.
- Wenn ich ein Problem habe, überlege ich woran es liegt, daß es weiter besteht.
- Ich bin ehrlich mir selbst gegenüber.
- Wenn Probleme auftauchen, denke ich erst in Ruhe darüber nach.
- Wenn ich ein Problem habe, verlasse ich mich auf die Hilfe anderer.
- Probleme machen das Leben erst interessant.
- Wenn ich ein Problem habe, löst es sich von selbst.
- Wenn ich ein Problem habe, gehe ich es Schritt für Schritt an.
- Ich traue mir zu, mit meinen Problemen fertig zu werden.
- Wenn ich ein Problem habe, bespreche ich es mit anderen.
- In schwierigen Situationen neige ich dazu, mich so aufzuregen, daß ich nicht mehr denken kann.
- Ich sehe Probleme, wo gar keine sind.
- Es fällt mir schwer, die Gründe für meine Probleme herauszufinden.
- Wenn ich ein Problem habe, habe ich genug Kraft, um damit fertigzuwerden.
- Es sind immer wieder die gleichen Dinge, die mir Probleme machen.
- Wenn ich ein Problem habe, versuche ich es sofort zu lösen.
- Bei Problemen fühle ich mich oft wie in einer Sackgasse, aus der ich nicht herauskomme.
- Mir liegen Probleme, die schnelles Handeln erfordern.
- Ich fühle mich dem Leben und seinen Problemen gut gewachsen.
- Ich bin oft grundlos niedergeschlagen.
- Wenn ich ein Problem habe, verlasse ich mich auf mein eigenes Urteil.
- Wenn ich ein Problem habe, bin ich ruhig und ausgeglichen.
- Ich weiche der Auseinandersetzung mit meinen Problemen aus.
- Bei Problemen handele ich sicher und schnell.
- Probleme machen mich mutlos.
- Wenn ich ein Problem genauer betrachte, finde ich Hinweise für die Lösung.
- Wenn ich ein Problem habe, überlege ich, wie es entstanden ist.

Zielanalyse

- Ich überlege mir, wie ich das Problem am besten lösen könnte.
- Ich überlege, wie ich mein Problem ändern kann.
- Ich versuche von vornherein, mögliche Schwierigkeiten, die sich ergeben könnten, mit zu berücksichtigen.
- Ich versuche erst mal, mir über meine Ziele klarzuwerden.
- Ich überlege, was das für Folgen haben kann, wenn ich mein Ziel realisiere.
- Ich lasse mich durch Schwierigkeiten entmutigen.
- Ich lasse mich leicht ablenken.

- *Ich löse am liebsten die Probleme, die leicht sind.*
- *Habe ich erst einen Teil des Problems gelöst, wird vieles für mich klarer.*
- *Für mich ist es wichtig, Ziele ausdauernd genug zu verfolgen.*

Mittelanalyse

- *Ich versuche, viele Lösungsmöglichkeiten zu berücksichtigen, bevor ich mich endgültig entscheide.*
- *Ich habe es am liebsten, wenn alles in gewohnten Bahnen verläuft.*
- *Ich habe verschiedene Ideen, wie ich das Problem lösen könnte.*
- *Ich denke die verschiedensten Lösungsmöglichkeiten bis ins letzte durch.*
- *Ich überlege, ob ich mit den gefundenen Lösungsmöglichkeiten wirklich mein Ziel erreiche.*
- *Ich überlege, wie ich die Lösung konkret umsetzen kann.*
- *Ich bedenke, was für Folgen die Veränderung auf die betroffenen Mitmenschen haben könnte.*
- *Ich denke bei meinem Handeln an die Folgen für mich.*
- *Ich entscheide, welche Lösung mir am besten gefällt.*
- *Es macht mir Angst, wenn ich nicht abschätzen kann, was passieren könnte.*
- *Ich denke bei meinem Handeln daran, was für Folgen das sofort haben könnte.*
- *Ich denke bei meinem Handeln nicht an die Folgen für meine Mitmenschen.*
- *Bevor ich etwas tue, überlege ich mir, welche Folgen das haben könnte.*
- *Bevor ich etwas in Angriff nehme, überlege ich mir, ob mein Handeln auf lange Sicht gesehen andere Folgen hätte als sofort.*
- *Ich frage mich, was es für Folgen für mich haben kann, wenn ich die gefundene Lösung durchführe.*
- *Altbewährte Lösungen halte ich für die besten.*
- *Es fallen mir auch komische Ideen ein, wie ich meine Schwierigkeiten beseitigen kann.*
- *Je mehr Möglichkeiten ich habe, um so schwerer fällt mir die Entscheidung.*
- *Ich löse viele Probleme so, wie andere es noch nicht probiert haben.*
- *Ich habe keine Angst, neue Sachen in meinem Leben auszuprobieren.*

Handlungsdurchführung/Evaluation

- *Mir fällt es leicht, meine Ideen in die Tat umzusetzen.*
- *Wenn ich etwas tun möchte und nicht ganz sicher bin, was passieren könnte, dann lasse ich es.*
- *Ich überprüfe, was ich inzwischen eigentlich erreicht habe.*
- *Ich überprüfe, ob das, was ich erwartet habe, auch wirklich eingetreten ist.*
- *Ich scheue davor zurück, meine Ideen auszuprobieren.*
- *Ich überprüfe, ob mein Vorgehen noch der Situation entspricht.*
- *Ich überprüfe, wie ich vorgegangen bin, um meine Strategien zu verbessern.*
- *Wenn ich das gesteckte Ziel nicht erreiche, suche ich nach anderen Lösungen.*
- *Ich überprüfe, welche Effekte ich durch mein Handeln hervorgerufen habe.*
- *Wenn ich versucht habe, ein Problem zu lösen, überlege ich, ob ich es beim nächsten Mal genauso machen würde.*
- *Erfolgreiche eigene Lösungen wende ich wieder an.*
- *Erprobte Lösungen soll man nicht in Frage stellen.*

5. Analyse der revidierten Form des DIP und die Testendform

5.1 Beschreibung der Analyse-Stichprobe

Zielsetzung für die Hauptuntersuchung war es, eine möglichst große Stichprobe zu rekrutieren. Aus diesem Grund war es nicht möglich, eine Stichprobe aller Altersstufen und unterschiedlichstem sozio-ökonomischen Status zu erreichen.

Die Stichprobe setzt sich wie folgt zusammen:

Geschlecht	Häufigkeit	in %	Gültig (%)	Summen-häufigk. (%)
weiblich	79	72.5	72.5	72.5
männlich	30	7.5	27.5	100.0
TOTAL	109	100.0	100.0	

Tab. 5 - 1: Geschlechtsverteilung

Alter	Häufigkeit	in %	Gültig (%)	Summen-häufigk. (%)
bis 20 Jahre	14	12.8	12.8	12.8
21 bis 30 Jahre	73	67.0	67.0	79.8
31 bis 40 Jahre	17	15.6	15.6	95.4
älter als 40 Jahre	5	4.6	4.6	100.0
	------	------	------	
TOTAL	109	100.0	100.0	

Tab. 5 - 2: Altersverteilung

Beruf	Häufigkeit	in %	Gültig (%)	Summen-häufigk. (%)
Akademiker	33	30.3	30.6	30.6
Student	69	63.3	63.8	94.4
Angestellte	6	5.5	5.6	100.0
keine Angaben	1	.9		
	------	------	------	
TOTAL	109	100.0	100.0	

Tab. 5 - 3: Sozio-ökonomischer Status

5.2 Itemanalyse

Im folgenden wird unter Berücksichtigung statistisch relevanter Kennwerte eine Begutachtung der z.Zt. vorliegenden Form des DIP mit dem Ziel vorgenommen, die Umsetzung der theoretischen Annahmen auf Itemebene zu bewerten und evtl. nicht relevante Items im Sinne einer Erhöhung der Ökonomie zu eliminieren. Dazu werden zum einen die Itemmittelwerte,

Standardabweichungen und die Trennschärfekoeffizienten der Items berechnet. Desweiteren werden die den einzelnen Bereichen des DIP zugeordneten Items auf ihre Zugehörigkeit überprüft. Abschließend werden die Ergebnisse aller Analyseschritte gemeinsam diskutiert.

5.2.1 Itemmittelwerte und Standardabweichungen

Um die Bewertung der Itemmittelwerte in eine Richtung zu gewährleisten, wurden die Items, bei denen die Beantwortung mit "trifft nie zu" auf ein erfolgreiches Problemlöseverhalten schließen läßt, umgepolt. Es handelt sich dabei um die Items 1, 8, 10, 14, 15, 16, 18, 20, 23, 26, 28 der Problemanalyse, die Items 6, 7, 8 der Zielanalyse, die Items 2, 10, 12, 16, 18 der Mittelanalyse und der Items 2, 5, 12 der Handlungsdurchführung /Evaluation. Dies führt dazu, daß ein hoher Rohwert für erfolgreiche und ein geringer Rohwert für weniger erfolgreiche Problemlösung steht. Die Rohwerte des Gesamtscores können somit von 72 bis 432 variieren.

In Tab. 5 - 4 sind die Mittelwerte, Standardabweichungen, Minimum und Maximum für die 72 Items aufgeführt.

Item-Nr.	MW	SW	min.	max.	N	Skala
PRAN1	3.99	1.12	1	6	109	Problemanalyse
PRAN2	4.87	1.02	2	6	109	Problemanalyse
PRAN3	4.72	1.10	1	6	109	Problemanalyse
PRAN4	5.28	.83	2	6	109	Problemanalyse
PRAN5	4.74	1.17	1	6	109	Problemanalyse
PRAN6	4.45	1.04	1	6	109	Problemanalyse
PRAN7	4.27	1.10	2	6	109	Problemanalyse

Tab. 5 - 4: Itemmittelwerte und Standardabweichungen

Item-Nr.	MW	SW	min.	max.	N	Skala
PRAN8	4.61	1.01	1	6	109	Problemanalyse
PRAN9	3.11	1.36	1	6	109	Problemanalyse
PRAN10	4.88	1.02	2	6	109	Problemanalyse
PRAN11	4.03	1.07	1	6	109	Problemanalyse
PRAN12	4.57	1.23	1	6	109	Problemanalyse
PRAN13	4.30	1.13	2	6	109	Problemanalyse
PRAN14	4.20	1.30	1	6	109	Problemanalyse
PRAN15	4.02	1.37	1	6	109	Problemanalyse
PRAN16	4.40	1.06	1	6	109	Problemanalyse
PRAN17	4.37	1.09	1	6	109	Problemanalyse
PRAN18	3.14	1.27	1	6	109	Problemanalyse
PRAN19	3.93	1.18	1	6	109	Problemanalyse
PRAN20	4.28	1.23	1	6	109	Problemanalyse
PRAN21	3.19	1.40	1	6	109	Problemanalyse
PRAN22	4.27	1.17	1	6	109	Problemanalyse
PRAN23	4.44	1.29	1	6	109	Problemanalyse
PRAN24	4.29	1.03	1	6	109	Problemanalyse
PRAN25	2.54	1.08	1	5	109	Problemanalyse
PRAN26	4.49	1.17	1	6	109	Problemanalyse
PRAN27	3.09	1.02	1	5	109	Problemanalyse
PRAN28	4.33	1.33	1	6	109	Problemanalyse
PRAN29	4.51	.99	1	6	109	Problemanalyse
PRAN30	4.85	1.11	1	6	109	Problemanalyse
ZIAN1	4.95	.96	1	6	109	Zielanalyse
ZIAN2	4.36	1.33	1	6	109	Zielanalyse
ZIAN3	4.48	1.06	1	6	109	Zielanalyse
ZIAN4	4.76	1.03	2	6	109	Zielanalyse
ZIAN5	4.61	1.11	1	6	109	Zielanalyse
ZIAN6	4.10	1.20	1	6	109	Zielanalyse
ZIAN7	3.88	1.35	1	6	109	Zielanalyse
ZIAN8	3.18	1.42	1	6	109	Zielanalyse
ZIAN9	4.54	1.02	1	6	109	Zielanalyse
ZIAN10	4.39	1.06	1	6	109	Zielanalyse
MIAN1	4.32	1.05	1	6	109	Mittelanalyse
MIAN2	3.28	1.32	1	6	109	Mittelanalyse
MIAN3	4.18	.87	2	6	109	Mittelanalyse
MIAN4	3.74	1.24	1	6	109	Mittelanalyse
MIAN5	4.52	1.07	1	6	109	Mittelanalyse
MIAN6	4.71	.96	1	6	109	Mittelanalyse
MIAN7	4.28	1.15	2	6	109	Mittelanalyse
MIAN8	4.94	.87	2	6	109	Mittelanalyse
MIAN9	4.65	.98	1	6	109	Mittelanalyse

Tab. 5 - 4: Itemmittelwerte und Standardabweichungen

Item-Nr.	MW	SW	min.	max.	N	Skala
MIAN10	3.06	1.33	1	6	109	Mittelanalyse
MIAN11	4.17	1.10	1	6	109	Mittelanalyse
MIAN12	4.72	1.03	2	6	109	Mittelanalyse
MIAN13	4.43	1.18	1	6	109	Mittelanalyse
MIAN14	3.93	1.15	1	6	109	Mittelanalyse
MIAN15	4.49	1.14	1	6	109	Mittelanalyse
MIAN16	4.15	1.11	1	6	109	Mittelanalyse
MIAN17	4.00	1.36	1	6	109	Mittelanalyse
MIAN18	3.06	1.20	1	6	109	Mittelanalyse
MIAN19	3.06	1.16	1	6	109	Mittelanalyse
MIAN20	4.03	1.24	1	6	109	Mittelanalyse
EVA1	3.83	1.06	1	6	109	Handlung
EVA2	3.75	1.03	1	6	109	Handlung
EVA3	4.15	1.13	1	6	109	Handlung
EVA4	4.39	1.06	1	6	109	Handlung
EVA5	4.26	1.13	1	6	109	Handlung
EVA6	4.39	1.02	1	6	109	Handlung
EVA7	4.12	1.10	1	6	109	Handlung
EVA8	4.69	1.05	1	6	109	Handlung
EVA9	4.44	1.03	1	6	109	Handlung
EVA10	4.17	1.17	1	6	109	Handlung
EVA11	4.75	.80	2	6	109	Handlung
EVA12	4.50	1.21	1	6	109	Handlung

Tab. 5 - 4: Itemmittelwerte und Standardabweichungen

Die Itemmittelwerte und Standardabweichungen sind als zufriedenstellend zu bezeichnen, berücksichtigt man die Tatsache, daß es sich in diesem Fall um eine homogene Stichprobe handelt. Eine heterogene Stichprobe läßt eine größere Variation erwarten.

5.2.2 Trennschärfe

Im folgenden werden die Trennschärfekoeffizienten r_{ic} als Korrelation des einzelnen Items mit dem Gesamtscore angegeben (Tab. 5 - 5).

	r_{ic}		r_{ic}
PRAN1	.2725*	ZIAN7	.4296**
PRAN2	.5429**	ZIAN8	.0761
PRAN3	.5057**	ZIAN9	.3946**
PRAN4	.5418**	ZIAN10	.4391**
PRAN5	.4908**		
PRAN6	.4601**	MIAN1	.3400**
PRAN7	.4583**	MIAN2	.2350*
PRAN8	-.0425	MIAN3	.5115**
PRAN9	.3868**	MIAN4	.4287**
PRAN10	-.0085	MIAN5	.6192**
PRAN11	.6823**	MIAN6	.6560**
PRAN12	.6348**	MIAN7	.4689**
PRAN13	.2903*	MIAN8	.5840**
PRAN14	.3306**	MIAN9	.4143**
PRAN15	.2748*	MIAN10	.1953
PRAN16	.2984**	MIAN11	.2954**
PRAN17	.6852**	MIAN12	.1830
PRAN18	.1001	MIAN13	.3322**
PRAN19	.4430**	MIAN14	.3951**
PRAN20	.3469**	MIAN15	.5156**
PRAN21	.3313**	MIAN16	-.0008
PRAN22	.7048**	MIAN17	.3603**
PRAN23	.3842**	MIAN18	.1165
PRAN24	.5609**	MIAN19	.3977**
PRAN25	.3325**	MIAN20	.4148**
PRAN26	.4042**		
PRAN27	.4407**	EVA1	.5759**
PRAN28	.4925**	EVA2	.2953**
PRAN29	.5301**	EVA3	.5729**
PRAN30	.5695**	EVA4	.5322**
		EVA5	.5080**
ZIAN1	.5868**	EVA6	.5000**
ZIAN2	.2101	EVA7	.5433**
ZIAN3	.5395**	EVA8	.5593**
ZIAN4	.5864**	EVA9	.5662**
ZIAN5	.5304**	EVA10	.3026**
ZIAN6	.5064**	EVA11	.2199
		EVA12	.2287*

Tab. 5 - 5: Trennschärfekoeffizienten (* p < .01; ** p < .001)

Die Höhe der Trennschärfekoeffizienten kann als zufriedenstellend bezeichnet werden. Lediglich die Items 8, 10, 18, welche zur Problemanalyse gehören, die Items 2, 8 der Zielanalyse, die Items 10, 12 und 16 der Mittelanalyse und Item 11 der Handlungsdurchführung/Evaluation sind nicht signifikant. Das bedeutet, daß "sich auf die Hilfe anderer verlassen", "die Selbstlösung von Problemen" und, daß "es immer wieder die gleichen Dinge sind, die Probleme machen", "die Überlegung, wie ein Problem zu ändern sei", "das Lösen von leichten Problemen", "die Angst vor unabschätzbaren Folgen", "die Folgen für die Mitmenschen", "die Entscheidungsschwierigkeit bei mehreren Lösungsmöglichkeiten" und die "Wiederanwendung eigener erfolgreicher Lösungen" in keinem engen Zusammenhang mit den anderen für das Kriterium Problemlösefähigkeit gemessenen Items stehen. Über den Verbleib der Items in einer Endfassung muß abschließend diskutiert werden (vgl. Kap. 5.2.4)

5.2.3 Itemzugehörigkeit zu den 4 Phasen des DIP

Die anhand der theoretischen Überlegungen vorgenommene Zuordnung der Items zu den Phasen Problemanalyse, Zielanalyse, Mittelanalyse und Handlungsdurchführung und Evaluation soll mit Hilfe von Clusteranalysen überprüft werden.

Wie auch die Faktorenanalyse gilt die Clusteranalyse als multivariates Analyseverfahren mit den charakteristischen Eigenschaften der Datenreduzierung und der Hypothesengenerierung. Da die Clusteranalyse nicht von der Voraussetzung der Orthogonalität der Faktoren ausgeht, soll hier auf eine faktorenanalytische Betrachtung verzichtet werden, um einen möglichen Informationsverlust der gerade durch die implizierte Annahme der Orthogonalität entsteht, zu verhindern. Zudem wird im folgenden hauptsächlich ein

Ordnungsprinzip für die vorhandenen Items benötigt, so daß eine clusteranalytische Betrachtung, deren Anforderungen an die Skalenqualität nicht so strikt ist wie die der Faktorenanalyse, vollkommen ausreicht.

Die Höhe der Trennschärfekoeffizienten bestätigt, daß die ausgewählten Items bis auf die diskutierten Ausnahmen als geeignete Prädiktoren für das Konstrukt Problemlösefähigkeit gelten können. Aus diesem Grund wird im folgenden überprüft, inwieweit die Zuordnung der Einzelitems zu den Phasen Problem-, Ziel- und Mittelanalyse sowie für die Phase Handlungsdurchführung/Evaluation als gelungen betrachtet werden kann. Dazu werden die Cluster für die einzelnen Bereiche getrennt bestimmt werden.

Für die Bestimmung der Cluster wurde die Average-Linkage Methode gewählt, wo in jedem Agglomerationsschritt die beiden Cluster fusioniert werden, für die der Durchschnitt aller Objektdistanzen minimal ist. Sie kann als Verfahren zwischen den Extremen von Single-Linkage und Complete-Linkage angeordnet werden, mit dem Vorteil, daß die Fusion zweier Cluster nicht völlig von einem Distanzwert, sondern von dem Durchschnitt aller Objektdistanzen abhängt (vgl. Eckes & Roßbach, 1980, S. 70 -73). Die Ergebnisse der Clusteranalysen werden als Dendrogramme wiedergegeben.

Bei der Betrachtung der Cluster soll zunächst geprüft werden, ob alle theoretisch formulierten Aspekte für die einzelnen Phasen (vgl. Abb. 2 - 1, S. 42) abgedeckt werden. Ausreißer, d.h. Items, die erst zu einem relativ späten Zeitpunkt zu bestehenden Clustern dazustoßen, werden

1. auf ihren Inhalt hin überprüft und
2. daraufhin überprüft, ob möglicherweise höhere Korrelationen zu Items anderer Phasen als zu den Items der eigenen Phase bestehen, so daß die Vermutung naheliegt, daß das betreffende Item einer anderen Phase zugeordnet werden sollte (Interkorrelationen vgl. Anhang 5.1).

5.2.3.1 Problemanalyse

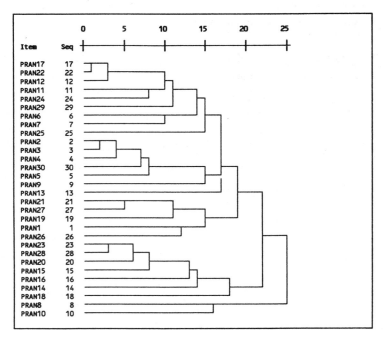

Abb. 5 - 1: Problemanalyse

Es wird deutlich, daß die Items 8, 10, und 18 der Problemanalyse mit großen Distanzabständen fusioniert werden. Inhaltlich handelt es sich um negativ gepolte Items, die keine selbständige Auseinandersetzung mit einem Problem repräsentieren. Da dieser Aspekt auch über positiv gepolte Items erfaßbar ist (z.B. Item 22, 24), wird die Eliminierung dieser Items diskutiert werden müssen.

Die Items 14 und 16 werden ebenfalls erst nach einer größeren Distanz dem Cluster mit den Items 23, 28, 20 und 15 zugeordnet. Es handelt sich hier um

Items, die Aussagen über die emotionale Befindlichkeit machen. Diese sollten mit Hinblick darauf beibehalten werden, daß es sich bei der zugrundeliegenden Stichprobe um eine homogene Population handelt und eine heterogene Population gerade in diesem Aspekt eine größere Variation erwarten läßt.

Item 26 ist inhaltlich den Items 8, 10 und 18 zu zuordnen und sollte aus denselben inhaltlichen Gründen eliminiert werden.

Für Item 1 ergab die Überprüfung der Korrelationen mit anderen Items eine hohe Übereinstimmung mit Item 2 der Phase Handlungsdurchführung/Evaluation. Bei der inhaltlichen Betrachtung kann vermutet werden, daß die Probanden dieses Item verstehen als ein Abwarten bei der Umsetzung ihrer überlegten Lösungen. Dieses Item sollte der Phase Handlungsdurchführung/ Evaluation zugeordnet und umformuliert werden in: "Bei der Umsetzung meiner überlegten Lösung verhalte ich mich abwartend".

Item 19 sollte wegen der inhaltlichen Zugehörigkeit zu den Items 21 und 27, die das Reaktionsvermögen betreffen, erhalten bleiben.

Die Items 13 und 9, die erst spät mit dem Cluster fusioniert werden, dessen Items die Erforschung möglicher Problemursachen erheben, sollten eliminiert werden, da eine inhaltliche Übereinstimmung mit den Items des zugeordneten Clusters nicht zu erkennen ist.

Item 25 kann aus inhaltlichen Gründen eliminiert werden, da ein Problem in Verbindung mit Ruhe und Ausgeglichenheit für den Probanden möglicherweise einen Widerspruch darstellt.

Die Überprüfung der Interkorrelationen mit Item 29 ergab eine höhere Korrelation mit dem Item 9 der Zielanalyse. Das Finden von Lösungshinweisen scheint in der vorliegenden Formulierung somit im Verständnis der Probanden ein Aspekt der Zielanalyse zu sein, was durchaus im theoretischen Sinne ist (vgl. Abb. 2 - 1, S. 42).

Zusammenfassend läßt sich feststellen, daß über den Verbleib der Items 8, 9, 10, 13, 18, 25 und 26 abschließend diskutiert werden muß. Die Items 1 und 29 werden anderen Phasen zugeordnet.

Die Cluster können wie folgt benannt werden:

Cluster 1 (Item 17 bis Item 7): Einstellungshaltung gegenüber Lebens-schwierigkeiten

Cluster 2 (Item 2 bis Item 5): Problembearbeitung (Analyse der Ursachen, Bedingungen für die Aufrecht-erhaltung, Berücksichtigung früherer Erfahrungen)

Cluster 3 (Item 21 bis Item 19): Akzeptanz problematischer Situationen

Cluster 4 (Item 23 bis Item 16): emotionale Befindlichkeit beim Umgang mit Problemen (negativ)

5.2.3.2 Zielanalyse

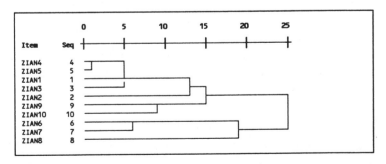

Abb. 5 - 2: Zielanalyse

128

Hier werden die Items 2 und 8 erst nach großen Distanzabständen fusioniert. Eine Eliminierung erscheint naheliegend.

Die Überprüfung der Interkorrelationen der Items 6 und 7 ergaben eine höhere Korrelation mit dem Item 23 der Problemanalyse als mit den Items der eigenen Phase. Inhaltlich ist dies nachvollziehbar, da es sich in jedem Fall um Items handelt, die eine negative Befindlichkeit ausdrücken, die sicherlich nicht nur für den Aspekt der Zielanalyse zutreffend ist. Aus diesen Gründen werden die Items 6 und 7 der Phase Problemanalyse zugeordnet.

Zusammenfassend werden für die Phase Zielanalyse folgende Veränderungen geltend gemacht. Über den Verbleib der Items 2 und 8 muß abschließend befunden werden, die Items 6 und 7 werden der Phase Problemanalyse aus inhaltlichen und empirischen Gründen zugeordnet.

Somit ist die Zielanalyse nur durch das Cluster **Zielanalyse** (Zielbestimmung unter Berücksichtigung der Konsequenzen) gekennzeichnet.

5.2.3.3 Mittelanalyse

Die Items 2, 10, 16 und 18 gehören bei der clusteranalytischen Untersuchung der Items der Mittelanalyse zu den Items, die ein eigenes Cluster bilden, welches erst spät mit anderen Clustern fusioniert wird. Inhaltlich handelt es sich um Items, die nicht in einer logischen Sinnverwandtschaft gesehen werden können. Sie sollten ebenfalls eliminiert werden (vgl. Abb. 5 - 3).

Diskutiert werden sollte auch der Verbleib von Item 9 "Ich entscheide, welche Lösung mir am besten gefällt" und Item 3 "Ich habe verschiedene Ideen, wie ich das Problem lösen könnte", welche erst spät zu den inhaltlich ähnlichen Items 17, 19 und 20 bzw. den Items 11 bis 15 stoßen.

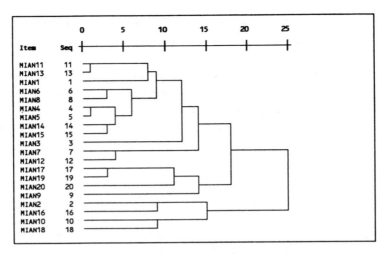

Abb. 5 - 3: Mittelanalyse

Die Überprüfung der Korrelationen zu Item 20 ergab eine höhere Korrelation zu Item 1 der Handlungsdurchführung/Evaluation. Da auch die inhaltliche Betrachtung eine Zuordnung zu dieser Phase sinnvoll erscheinen läßt - es handelt sich um die Angst neue Sachen in seinem Leben auszuprobieren - wird dieses Item der Phase Handlungsdurchführung/Evaluation zugeführt.

Auch die Items 7 und 12 werden erst spät fusioniert. Beide Items setzen sich mit der Überlegung des Probanden, inwieweit mögliche Folgen für die Mitmenschen berücksichtigt werden, auseinander. Da für Item 7 ausreichend hohe signifikante Korrelationen zu anderen Items dieser Phase festgestellt werden konnte, sollte dieses Item erhalten bleiben. Item 12 hingegen korreliert nur zu Item 7 und 13 signifikant und könnte deshalb eliminiert werden.

Für die Veränderung der Phase Mittelanalyse kann folgendes zusammengefaßt werden: Abschließend diskutiert werden muß über den Verbleib der

130

Items 2, 3, 7, 9, 10, 12, 16 und 18. Item 20 wird aufgrund der hohen Korrelation mit Item 1 der Phase Handlungsdurchführung/Evaluation dieser zugeordnet.

Die Cluster können wie folgt benannt werden:

Cluster 1 (Item 11 bis Item 7): Bearbeitung erzeugter Lösungsmöglichkeiten

Cluster 2 (Item 17 bis Item 20): Erzeugung nicht-konventioneller Lösungen

5.2.3.4 Handlungsdurchführung/Evaluation

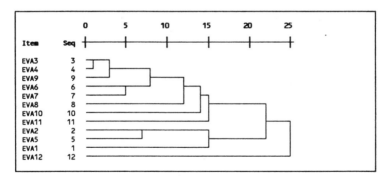

Abb. 5 - 4: Handlungsdurchführung/Evaluation

Item 12 bildet bis zum letzten Fusionsschritt ein eigenes Cluster und sollte deshalb eliminiert werden. Ebenfalls diskutiert werden sollte der Verbleib von Item 11. Es handelt sich in beiden Fällen um Items, die der PLF-Skala **Neigung zu konventionellen Problemlösungen** entnommen wurde.

Für Item 1 ergab die Überprüfung der Interkorrelationen eine Reihe signifikanter Korrelationen zu Items anderer Phasen (Item 12, 17, 22 und 27 der Problemanalyse; Item 6 der Zielanalyse). Es handelt sich um ein Item, welches das Selbstvertrauen in die eigenen Fähigkeiten ausdrückt, ähnlich der Items zu denen es in enger Beziehung steht. Da dies jedoch auch für eine erfolgreiche Handlungsdurchführung notwendig ist, bleibt dieses Item so erhalten.

Item 8 und Item 10 sollten unter Berücksichtigung des Inhalts für die Phase Handlungsdurchführung/Evaluation erhalten bleiben.

Für die Phase Handlungsdurchführung/Evaluation sollte die Eliminierung der Items 11 und 12 diskutiert werden.

Die Cluster können wie folgt benannt werden:

Cluster 1 (Item 3 bis Item 10):   Evaluation

Cluster 2 (Item 2 bis Item 1):   Handlungsdurchführung

5.2.4   Endform des DIP

Im folgenden sollen alle die Items, die entweder eine geringe Trennschärfe aufweisen oder deren späte Fusionierung bei der Clusteranalytischen Überprüfung kritisch angemerkt wurde, hinsichtlich beider Aspekte geprüft werden. Da die Itemmittelwerte und Standardabweichungen zufriedenstellend sind, kann dieser Aspekt hier nicht differenziertere Aussagen über die Itemqualitäten liefern.

Eine geringe Trennschärfe wiesen die Items 8, 10 und 18 der Problemanalyse, die Items 2 und 8 der Zielanalyse, die Items 10, 12 und 16 der Mittelanalyse und Item 11 der Handlungsdurchführung/Evaluation auf. Nach den clusteranalytischen Ergebnissen wurde die Eliminierung der Items 8, 9, 10, 13, 18, 25 und 26 der Problemanalyse, der Items 2 und 8 der Zielanalyse, der Items 2, 3, 7, 9, 10, 12, 16 und 18 der Mittelanalyse und der Items 11 und 12 der Handlungsdurchführung/Evaluation nahegelegt.

Tab. 5 - 6 zeigt alle genannten Items mit den dazugehörigen Trennschärfekoeffizienten und den Ergebnissen der Clusteranalyse, sowie die abschließende Beurteilung über den Verbleib im DIP. Es werden dabei alle die Items eliminiert, die zum einen über eine geringe Trennschärfe verfügen und gleichzeitig nach den Ergebnissen der Clusteranalyse keinen Bezug zu den einzelnen Phasen vorweisen können.

	Trennschärfe	Clusteranalyse	Eliminieren
Problemanalyse			
Item 8	-.0425	negativ	ja
Item 9	.3868**	negativ	ja
Item 10	-.0085	negativ	ja
Item 13	.2903*	negativ	ja
Item 18	.1001	negativ	ja
Item 25	.3325**	negativ	ja
Item 26	.4042**	negativ	ja
Zielanalyse			
Item 2	.2101	negativ	ja
Item 8	.0761	negativ	ja

Tab. 5 - 6: Abschließende Itemanalyse (* p < .01; ** p < .001)

	Trennschärfe	Clusteranalyse	Eliminieren
Mittelanalyse			
Item 2	.2350*	negativ	ja
Item 3	.5115**	negativ	nein
Item 7	.4689**	sinnvoll	nein
Item 9	.4143**	sinnvoll	nein
Item 10	.1953	negativ	ja
Item 12	.1830	negativ	ja
Item 16	-.0008	negativ	ja
Item 18	.1165	negativ	ja
Handlungsdurchführung/ Evaluation			
Item 11	.2199	negativ	ja
Item 12	.2287*	negativ	ja

Tab. 5 - 6: Abschließende Itemanalyse (* p < .01; ** p < .001)

Es zeigt sich, daß alle Items bis auf die Items 3, 7 und 9 der Mittelanalyse sowohl in Bezug auf die Trennschärfe als auch in Bezug auf die clusteranalytischen Ergebnisse für eine Eliminierung sprechen. Item 3 wird aufgrund seiner hohen Trennschärfe und die Items 7 und 9 aufgrund ihrer inhaltlichen Zugehörigkeit zu den betreffenden Clustern beibehalten.

Aufgrund der obigen Überlegungen reduziert sich die Itemanzahl des DIP von 72 auf 56 Items, was zu einer Erhöhung der Ökonomie führt.

Um die Bewertung der Itemmittelwerte in eine Richtung zu gewährleisten, müssen für die Endform die Items 6, 10, 11, 12, 13, 14, 16, 19, 22 der Problemanalyse und die Items 1, 3, 6 der Handlungsdurchführung/Evaluation umgepolt werden. Die Rohwerte des Gesamtscores können somit von 56 bis 336 variieren. Die revidierte Fassung ist dem Anhang zu entnehmen (vgl. Endform des DIP).

6. Gütekriterien des Tests

6.1 Reliabilität

6.1.1 Interne Konsistenz

Tab. 6 - 1 gibt die Reliabilitätskoeffizienten (Cronbach's Alpha) für den Gesamtwert im DIP und für die einzelnen Subskalen der Analyse-Stichprobe (N = 109) wieder. Die Veränderung der jeweiligen Koeffizienten bei Weglassung jedes einzelnen Items wird für den Gesamtwert und die vier Subskalen im Anhang dargestellt (vgl. Anhang 6.1).

	CRONBACH'S ALPHA
Problemanalyse	.8665
Zielanalyse	.6583
Mittelanalyse	.7800
Handlungsdurchführung/Evaluation	.7502
Gesamt DIP	.9272

Tab. 6 - 1: Interne Konsistenz (Analyse-Stichprobe)

Mit einem Reliabilitätskoeffizienten von r_{tt} = .93 kann die interne Konsistenz der Gesamtskala als sehr zufriedenstellend bezeichnet werden. Das Vertrauensintervall des "wahren" Meßwertes beträgt +/- 17 Rohwertpunkte (S_e = 8.7, p = 5%).

Für die Subskalen variiert die interne Konsistenz zwischen r_{tt} = .66 (S_e = 3.4) für die Subskala Zielanalyse und r_{tt} = .87 (S_e = 5.6) für die Subskala Problemanalyse. Diese Werte können nur als bedingt zufriedenstellend bezeichnet werden.

Eine Überprüfung der Internen Konsistenz nach der Reduzierung auf 56 Items und einer anderen Subskalenzuordnung einzelner Items zeigt jedoch, daß sich sowohl die Interne Konsistenz des Gesamtwertes als auch die der Subskalen für die Analyse-Stichprobe zum Teil wesentlich verbessert haben (vgl. Tab. 6 - 2).

CRONBACH'S ALPHA	Analyse-stichprobe (N = 109)	Stichprobe Haßmann & Wilmer (N = 162)
Problemanalyse	.8808	.8838
Zielanalyse	.8071	.7652
Mittelanalyse	.8660	.8484
Handlungsdurchführung/Evaluation	.7775	.6904
Gesamt DIP	.9380	.9283

Tab. 6 - 2: Interne Konsistenz der Endform des DIP

Die Ergebnisse für die Interne Konsistenz, ermittelt an einer Stichprobe (N = 162) einer Untersuchung von Haßmann & Wilmer (1990) bestätigen das Ergebnis für die Interne Konsistenz des DIP (vgl. Tab. 6 - 2). Für die

Subskalen muß jedoch eine populationsabhängige Schwankung der Internen Konsistenz festgestellt werden. Aufgrund dieser Schwankungen ist auch mit Blick auf die Ergebnisse der Validität (vgl. Kap. 6.2.1) eine quantitative Auswertung der Subskalenergbnisse eines Individuums nicht durchführbar.

6.1.2 Retest-Reliabilität

Für die Berechnung der Retest-Reliabilität wurde ein Teil der Analysestichprobe nach 6 Monaten aufgefordert, das DIP ein zweites Mal auszufüllen. Kriterium für die Auswahl war, daß es sich um Probanden handeln sollte, die in der Zwischenzeit keinen Kontakt mit Theorien, Trainings u.ä. zur Problemlösefähigkeit gehabt haben, da ein solcher die Merkmalsausprägung verändern würde. Aus diesen Gründen kann für die Berechnung der Retest-Reliabilität nur auf die kleinere Subpopulation der nicht studierenden Probanden (N = 33) zurückgegriffen werden.

Da zum ersten Meßzeitpunkt die längere Fassung mit 72 Items von den Probanden bearbeitet wurde, wird die Retest-Reliabilität des DIP auf der Basis von 72 Items berechnet. Sie beträgt nach einem halben Jahr r_{tt} = .9072 und kann als sehr zufriedenstellend bezeichnet werden. Auch bei einer Reduzierung auf 56 Items zu beiden Meßzeitpunkten beträgt die Retest-Reliabilität des DIP r_{tt} = .8966, so daß auch für die Endform des DIP eine sehr zufriedenstellende Reliabilität angenommen werden kann.

6.2 Validität

Problemlösefähigkeit stellt ein hypothetisches Konstrukt dar, für das es zunächst kein Kriterium gibt, mit dem die Testergebnisse des DIP im Sinn der Kriteriumsgültigkeit korreliert werden könnten. Aus diesem Grund kann nur eine Annäherung im Sinne einer Konstruktvalidität (Cronbach & Meehl, 1955) erreicht werden. Es muß daher versucht werden, das DIP so in ein theoretisches Bezugssystem einzuordnen, daß empirisch verifizierbare Hypothesen abgeleitet werden können.

Folgende hypothetischen Forderungen werden an das DIP gestellt:

1. Die Zusammenhänge zwischen den Phasen Problem-, Ziel-, Mittelanalyse und Handlungsdurchführung/Evaluation müssen gering sein, wenn man davon ausgeht, daß in allen Phasen unterschiedliche Fähigkeiten vom Probanden verlangt werden (vgl. Kap. 1.2.3).

2. Im Rahmen der Problemlöseforschung konnte festgestellt werden, daß unterschiedliche Problemlöseleistungen mit einer unterschiedlichen Ausprägung von Persönlichkeitsmerkmalen wie z.B. Selbstsicherheit, Handlungsorientierung usw. einhergehen (vgl. Kap 1.1.2). Es muß demnach ein bedeutsamer Zusammenhang zwischen der gemessenen "Problemlösefähigkeit" durch das DIP und verschiedenen Persönlichkeitsmaßen bestehen.

3. Es zeigte sich, daß vor allem Personen mit psychischen Beeinträchtigungen Defizite im Problemlösen aufweisen (vgl. Kap. 1.2.2). Wenn das DIP für sich in Anspruch nimmt, "Problemlösefähigkeit" zu messen, dann muß er in der Lage sein, zwischen verschiedenen Personengruppen in der Höhe der Problemlösefähigkeit zu differenzieren.

4. Problemlöse-Trainings führen zu einer Erhöhung der Problemlösefähigkeit (vgl. Kap. 1.2.2). Für das DIP ist zu fordern, daß er die
   Veränderung der Problemlösefähigkeit nach einem solchem Training
   sichtbar macht.

Von den möglichen Verfahren der Konstruktvalidierung wurden zur
Validierung des DIP folgende herangezogen:

- Interkorrelationen zwischen den Subskalen
- Kriterienvalidierung unter Verwendung von Tests
  (interne kriterienbezogene Validität; faktorielle Validität)
- Statusvalidierung durch Vergleich definierter Probandengruppen
  (Extremgruppenvergleich)
- Analyse intraindividueller Veränderungen bei wiederholter Durchfüh-
  rung nach einer therapeutischen Intervention
  (Änderungssensitivität)

Die für die Validierung des DIP herangezogenen Daten entstammen aus
mehreren empirischen Untersuchungen:

Maas (1990): "Empirische Untersuchung zur Relevanz der Problemlösefähigkeit von Individuen in Arbeitsgruppen"

Haßmann & Wilmer (1990):   "Interdependenzen zwischen ausgewählten
                             Persönlichkeitsmerkmalen   und   der
                             Wahrnehmung und Beurteilung verschiede-
                             ner Medieninhalte"

Bents & Dirksmeier (1990):   "Die Auswirkungen eines Problemlösetrai-
                             nings auf Patienten einer Psychosomati-
                             schen Klinik".

139

Die folgenden Informationen zur empirischen Validität des DIP geben einen Überblick über die verschiedenen Studien und stellen einen ersten Versuch der Testvalidierung dar. Zunächst werden die Interkorrelationen zwischen den einzelnen Phasen betrachtet, daran anschließend folgen die Ergebnisse der kriterienbezogenen Validität. Im Anschluß daran werden Ergebnisse zur differentiellen Validität vorgelegt, die auf Vergleichen der DIP-Testwerte in verschiedenen Personengruppen beruhen. Abschließend wird die Änderungssensitivität des DIP geprüft.

6.2.1 Zusammenhänge zwischen den Skalen

Im Sinne der Konstruktion werden die vier Dimensionen **Problemanalyse, Zielanalyse, Mittelanalyse und Handlungsdurchführung/Evaluation** als Subskalen aufgefaßt. Für die weitere Betrachtung wurden die Summenwerte der einzelnen Dimensionen für jeden Probanden berechnet.

Tab. 6 - 3 gibt die Mittelwerte und Standardabweichungen, Minimum und Maximum der einzelnen Untertests Problemanalyse (SUMPRO), Zielanalyse (SUMZIE), Mittelanalyse (SUMMIT) und Handlungsdurchführung/Evaluation (SUMEVA) wieder.

Die Meßwerte der Unterskalen und der Gesamtskala sind normalverteilt.

Item-Nr.	MW	SW	min.	max.	N	Skala
SUMPRO	126.17	15.64	69	167	109	Problemanalyse
SUMZIE	43.26	5.76	26	57	109	Zielanalyse
SUMMIT	81.71	9.97	50	105	109	Mittelanalyse
SUMEVA	51.43	6.64	29	64	109	Handlung/Evaluation
SUMM	302.57	32.90	195	372	109	Gesamtsumme DIP

Tab. 6 - 3: Itemmittelwerte und Standardabweichungen der Subskalen

Tab. 6 - 4 gibt die Korrelation zwischen den einzelnen Unterskalen und die Korrelation mit dem Gesamtwert des DIP (SUMM) wieder.

Korrelationen:	SUMPRO	SUMZIE	SUMMIT	SUMEVA
SUMZIE	.6762**			
SUMMIT	.5615**	.6228**		
SUMEVA	.6932**	.7052**	.7157**	
SUMM	.9038**	.8276**	.8234**	.8717**

Tab. 6 - 4: Subtestkorrelationen (* $p < .01$; ** $p < .001$)

Die Ergebnisse zeigen, daß die einzelnen Untertests ausreichend zur Aufklärung des Gesamtmerkmals beitragen, betrachtet man die Korrelation der Untertests mit dem Gesamtwert als Trennschärfe.

Die erwarteten niedrigen Interkorrelationen zwischen den Subtests kann jedoch nicht bestätigt werden. Der hohe Zusammenhang zwischen den

Subskalen läßt jedoch eher darauf schließen, daß für alle Phasen des Problemlöseprozesses ähnliche Fähigkeiten notwendig sind, um zu einer erfolgreichen Problemlösung zu finden.

Sollte dies der Fall sein, dürften sich Probanden nicht hinsichtlich ihrer Fähigkeit in einzelnen Phasen des Problemlöseprozesses unterscheiden, sondern nur in ihrer Fähigkeit über alle Phasen hinweg. Zur Überprüfung dieser These wurden die Probanden mittels einer Clusteranalyse verschiedenen Gruppen zugeteilt. Die Clusteranalyse legte eine 4er Lösung nahe (vgl. Anhang 6.2). Tab. 6 - 5 gibt die Mittelwerte der vier Gruppen für die Phasen "Problemanalyse", "Zielanalyse", "Mittelanalyse" und "Handungsdurchführung / Evaluation" auf der Basis von z-Werten wieder.

Gruppe	N	PROBLEM	ZIEL	MITTEL	HANDLUNG/ EVALUATION
1	34	-.6921	-.8816	-.7644	-.8574
2	12	1.4546	1.5027	1.3255	1.3525
3	3	-2.6974	-2.3004	-2.1446	-2.6238
4	60	.2362	.3140	.2753	.3465

Tab. 6 - 5: Mittelwerte der Cluster auf der Basis von z - Werten

Es wird deutlich, daß sich die Gruppen über alle Phasen hinweg in der Höhe ihrer Leistungen unterscheiden:

Gruppe 1: schwach unterdurchschnittlich
Gruppe 2: überdurchschnittlich
Gruppe 3: unterdurchschnittlich
Gruppe 4: schwach überdurchschnittlich

142

Abb. 6 - 1 verdeutlicht die gefundenen Ergebnisse nochmals in einer Graphik, in der die Gruppenmittelwerte im Sinne eines Profils wiedergegeben werden.

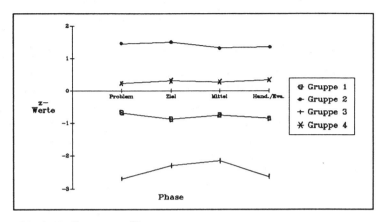

Abb. 6 - 1: Gruppenprofile

Die Ergebnisse der Clusteranalyse und die Höhe der Interkorrelationen zwischen den einzelnen Phasen des Problemlöseprozesses legen nahe, daß eine Aufteilung in Phasen, wie in der Literatur (vgl. Kap. 1) vorgeschlagen, nur als Hilfskonstruktion für die Strukturierung des Problemlöseprozesses und den daraus resultierenden Trainingsprogrammen gelten kann. Inwieweit die Aufteilung in vier Phasen realiter dem tatsächlichen Problemlösevorgehen eines Probanden entspricht, kann aufgrund des vorliegenden Datenmaterials nicht festgestellt werden.

Der fehlende Nachweis diskreter Klassen und der hohe Zusammenhang zwischen den Phasen, erlaubt jedoch die Annahme, daß grundlegende Problemlösefähigkeiten für alle Phasen vorliegen, die durch kaum ins Gewicht fallende Einzelaspekte für jede Phase ergänzt werden. Dabei könnte es sich um Fähigkeiten wie der zur Analyse von komplexen Sachverhalten, zur Antizipation möglicher Veränderungen etc. handeln, die zur Erreichung einer Problemlösung vorhanden sein sollten. Inwieweit evtl. andere Aspekte für das Zustandekommen der hohen Interkorrelationen zwischen den Phasen verantwortlich sind, läßt sich zur Zeit nicht erschließen.

Da es nicht gelungen zu sein scheint, im Sinne der Konstruktion intrapersonelle Differenzen in der Problemlösefähigkeit für die einzelnen Phasen des Problemlöseprozesses quantitativ nachzuweisen, wird im folgenden auf eine Auswertung der Ergebnisse in den Phasen "Problemanalyse", "Zielanalyse", "Mittelanalyse" und "Handlungsdurchführung/Evaluation" verzichtet und nur noch der Gesamtwert, den die Probanden im DIP erreicht haben, als ein Maß für die Problemlösefähigkeit verwertet.

6.2.2 Kriterienvalidierung unter Verwendung von Tests

Es wurden die Beziehungen des DIP-Testwertes zu einer Vielzahl anderer Persönlichkeitsmaße ermittelt. Herangezogen wurden Variablen, deren Einfluß auf die Problemlöseleistung im Rahmen der Problemlöseforschung bereits diskutiert wurde oder deren semantischer Bezug zur Problemlösefähigkeit eine Beziehung vermuten läßt.

- Selbstsicherheit (vgl. Dörner et al., 1983)
- Gehemmtheit (vgl. Heuser, 1976; Dobson & Dobson, 1981)
- Extraversion (vgl. Dörner et al., 1983)
- Kontrollüberzeugung (vgl. Heppner, 1983; Dörner et al., 1983; Thole & Uhlenbusch, 1988)
- Leistungsbereich (im Sinne von Einstellungen zur eigenen Leistungsfähigkeit; vgl. Behrenberg & Kosok, 1988)
- Selbstwertschätzung
- Handlungsorientierung (vgl. Kuhl, 1983; Dörner et al., 1983)

144

Die Beziehung der Variablen zur Problemlösefähigkeit können aufgrund empirischer Ergebnisse wie folgt angenommen werden (vgl. Abb. 6 - 2):

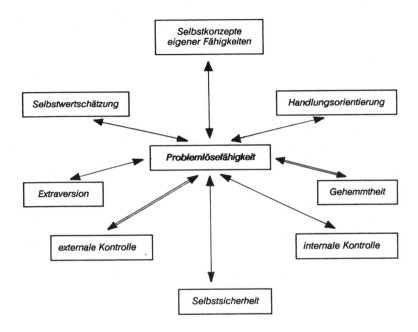

Abb. 6 - 2: Zusammenhänge zwischen Problemlösefähigkeit und verschiedenen Persönlichkeitsmerkmalen (_____ positiver Zusammenhang; ══════ negativer Zusammenhang)

Mit den Doppelpfeilen im Schaubild soll angedeutet werden, daß die Beziehungen nicht im Sinne kausaler Zusammenhänge mit einem vorangehenden und einem nachfolgenden Ergebnis interpretierbar sind. Es existieren zwar einzelnen Versuche der Klärung in welche Richtung die Zusammenhänge weisen, jedoch bleiben diese widersprüchlich und sind für die Validierung des DIPs nicht von Bedeutung.

145

Zusätzlich konnte aufgrund des Untersuchungsdesigns o.g. Arbeiten auf Variablen zurückgegriffen werden, wo eine Beziehung zur Problemlösefähigkeit nach theoretischem Verständnis nicht zu erwarten war bzw. deren Beziehung zur Problemlösefähigkeit bislang nicht diskutiert worden war.

- Maskulinität
- Empathie
- Direktivität

Begutachtet werden zum einen die korrelativen Beziehungen des DIP mit den dargestellten Persönlichkeitsmaßen, zum anderen sollen zum besseren Verständnis des komplexen Beziehungsgefüges die Persönlichkeitsmerkmale und das DIP einer gemeinsamen Faktorenanalyse unterzogen werden, wobei jedoch nur auf Daten der Untersuchung von Haßmann & Wilmer (1990) zurückgegriffen werden kann. Zunächst werden jedoch für den interessierten Leser die zur Messung der o.g. Persönlichkeitsmaße herangezogenen Verfahren unter Zugrundelegung der Angaben in den jeweiligen Testmanualen benannt und inhaltlich erläutert.

6.2.2.1 Exkurs

Selbstsicherheit wird erfaßt mit der Primärdimensionen "Zurückhaltung vs. Selbstsicherheit (H)" des Persönlichkeitsfragebogen 16PF (Schneewind et al., 1983).

Primärdimension H
Eine Person mit hoher Selbstsicherheit
- *verhält sich anderen gegenüber eher aktiv und herausfordernd*
- *drückt seine Gefühle eher ungehemmt aus*
- *spricht eher schnell und flüssig; lernt gern Leute kennen, unternimmt viel*
- *zieht Tätigkeiten vor, die aktive Auseinandersetzung mit anderen mit sich bringt; im Umgang mit anderen verhält er sich eher sorglos und übersieht eher Gefahrensignale*
- *erträgt eher Schwierigkeiten im Umgang mit anderen, steht emotional strapazierende Situationen leicht durch (Schneewind et al., 1983)*

Gehemmtheit, Extraversion und Maskulinität werden erfaßt mit dem FPI-R (Fahrenberg et al., 1989) bzw. mit dem FPI (Fahrenberg et al., 1973). Für die Variable Extraversion liegt zusätzlich das Ergebnis aus dem Fragebogen zur direktiven Einstellung (Bastine, 1977) vor.

FPI-R 4 Gehemmtheit

Probanden mit hohem Skalenwert fühlen sich im sozialen Umgang gehemmt; sie scheuen sich, in einen Raum zu gehen, in dem bereits andere zusammensitzen, sie möchten bei Geselligkeiten lieber im Hintergrund bleiben, und es fällt ihnen schwer, vor einer Gruppe zu sprechen oder in Erscheinung zu treten. Sie sind leicht verlegen oder sogar ängstlich und erröten schnell. Mit Menschen, die sie nicht kennen, sind sie nur ungern zusammen; sie kommen dann kaum in ein Gespräch und schließen nur langsam Freundschaft. (Fahrenberg et al., 1989)

FPI-R E Extraversion

Probanden mit hohem Skalenwert schildern sich als gesellig und impulsiv. Sie gehen abends gern aus, schätzen Abwechslung und Unterhaltung, schließen schnell Freundschaften, fühlen sich in Gesellschaft anderer wohl und können sich unbeschwert auslassen. Im Umgang mit anderen sind sie lebhaft, eher gesprächig und schlagfertig, aber auch zu Streichen aufgelegt. Unternehmungslustig und energisch sind sie bereit, Aufgaben zu übernehmen oder auch die Führung bei gemeinsamen Aktionen. (Fahrenberg et al., 1989)

FPI-M Maskulinität

Hoher Testwert: Pbd. schildert aktive, u.U. auch körperliche Durchsetzung, selbstbe-wußt, unternehmungslustig, zuversichtlich, einsatzbereit; ausgeglichene Stimmungs-lage; wenig körperliche Beschwerden, wenig Lampenfieber und wenig psychosoma-tische Allgemeinstörungen. (Fahrenberg et al., 1973)

Kontrollüberzeugung wird erfaßt mit dem IPC-Fragebogen zu Kontrollüber-zeugungen (Krampen, 1981). Der IPC-Fragebogen umfaßt die Skala I (Internalität), die Skala P (Externalität, die durch subjektiv erlebte Machtlo-sigkeit bedingt ist) und die Skala C (Externalität, die durch Fatalismus bedingt ist).

Eine Person, die einen hohen Wert auf der I-Skala hat, kann als internal orientiert gekennzeichnet werden. Sie glaubt in hohem Maße, daß sie Ereignisse in der personenspezifischen Umwelt und das eigene Leben selbst kontrolliert und bestimmt. ...
Ein hoher Wert auf der P-Skala spricht dafür, daß die Person sich subjektiv als machtlos wahrnimmt. Sie fühlt sich in ihrem Verhalten und in ihrem Leben als abhängig von anderen (mächtigen) Personen. ...
Eine Person, die auf der C-Skala einen hohen Wert hat, verfügt über externale Kontrollüberzeugungen, die auf Fatalismus basieren. Sie glaubt, daß die Welt unstrukturiert und ungeordnet ist, daß ihr Leben und Ereignisse in ihm weitgehend von Schicksal, von Zufall, Glück und Pech abhängen. (Krampen, 1981)

Der Leistungsbereich und Selbstwertschätzung werden mit 3 Selbstkonzept-skalen zum Leistungsbereich und der Selbstkonzeptskala Selbstwertschätzung des Frankfurter Selbstkonzeptinventars (FSKN) erfaßt. Im einzelnen handelt es sich um die Skala "Selbstkonzept zur allgemeinen Leistungsfähigkeit (FSAL)", die Skala "Selbstkonzept der allgemeinen Problembewältigung (FSAP)", die Skala "Selbstkonzept der allgmeinen Verhaltens- und Entscheidungssicherheit (FSVE)" und die Skala "Selbstkonzept des allgemeinen Selbstwertes (FSSW)" (Deusinger, 1986).

FSAL
Unter Selbstkonzept der allgemeinen Leistungsfähigkeit werden Einstellungen (Attitüden) des Individuums zur Leistungsfähigkeit der eigenen Person verstanden. Mit Selbstkonzept der Leistungsfähigkeit werden die Kognitionen, Auffassungen, Überlegungen, Beurteilungen, Bewertungen, Gefühle und auch Handlungen des Individuums gegenüber sich selbst umschrieben, die den Bereich der eigenen Leistungsfähigkeit betreffen.

FSAP
... werden Einstellungen (Attitüden) des Individuums zur eigenen Fähigkeit umschrieben, Probleme oder Schwierigkeiten des Alltags selbständig zu regeln, es wird die Bewertung des eigenen Durchhaltens in erschwerten Situationen durch den Probanden gekennzeichnet. Verbunden damit werden Erwartungen des Individuums gegenüber der Zukunft angesprochen: ob der Proband auch in Zukunft seine Probleme meistern wird und ob er "hoffnungsvoll" der Zukunft entgegensieht.

FSVE
... werden die Einstellungen des Individuums zur eigenen Person umschrieben, die sich auf die Gefühle der persönlichen Sicherheit oder Unsicherheit beziehen bei der Bewertung eigenen Verhaltens wie auch auf Gefühle der Sicherheit in Situationen der individuellen Entscheidung für bestimmte Maßnahmen des Alltags, Entscheidungen für gegebene Alternativen etc.

FSSW
... werden die Einstellungen zur eigenen Person verstanden, die sich auf Selbstachtung, auf Gefühle der Zufriedenheit oder Unzufriedenheit mit der eigenen Person - auch im Vergleich mit Gleichaltrigen - ebenso auf Gefühle von Nützlichkeit beziehen. (Deusinger, 1986)

Handlungsorientierung wird erfaßt mit der Skala "Handlungs- und Lageorientierung bei (erfolgreicher) Tätigkeitsausführung (HOE)" des HAKEMP (Kuhl, 1984)

Die Subskala HOE mißt das Ausmaß, in dem eine Person in einer Tätigkeit "aufgeht", ohne daß die Aufmerksamkeit von der Tätigkeitsausführung abgelenkt wird. ... Man kann HOE als ein Maß für ("intrinsische") Tätigkeitszentrierung (vs. "Zielzentrierung" auffassen. Tätigkeitszentrierte (Handlungsorientierte; Anmerk. d. Autors) sind bei der Lösung komplexer Problemsituationen zuversichtlicher, motivierter, ambiguitätstoleranter und effizienter. (Kuhl, 1985)

Empathie wird erfaßt mit der deutschen Version der HOGAN - Skala (Silbereisen & Schulz, 1977).

Empathie wird ... als prosoziale Einstellung verstanden, den Sozialpartner vor schädigenden Konsequenzen des eigenen Verhaltens zu bewahren und auf diese besonders zu achten (vgl. Hogan, 1969). (Schulz & Silbereisen, 1978)

Direktivität wird erfaßt mit dem "Fragebogen zur direktiven Einstellung (F-D-E)" (Bastine, 1977[2]), in dem neben der Direktiven Einstellungsskala (DE-Skala) die Extraversionsskala (E-Skala) aus dem E.N.NR.-Test von Brengelmann und Brengelmann (1960) aufgeführt wird, so daß für die Variable Extraversion zwei Ergebnisse vorliegen.

Direktivität
Als "direktive Einstellung" wird die Einstellung einer Person bezeichnet, die Handlungen und Erlebnisweisen anderer Personen nach den eigenen Vorstellungen zu lenken und zu kontrollieren. Der Gegenpol der "nicht-direktiven Einstellung" ist definiert als das Vermeiden von Lenkung und Kontrolle anderer Personen und das Akzeptieren ihrer Handlungs- und Erlebnisweisen. (Bastine, 1977[2])

Extraversion
Der typisch Extravertierte ist gesellig, mag Veranstaltungen gern, hat viele Freunde, braucht Menschen mit denen er sprechen kann, und ist nur ungern allein. Er sehnt sich nach Anregung, nutzt günstige Gelegenheiten stets aus, agiert oft spontan, wagt viel und ist allgemein impulsiv. Er mag handfeste Späße, hat immer eine schnelle Antwort und liebt allgemein Veränderungen; (Eysenck & Eysenck, 1963)

6.2.2.2 Interne kriterienbezogene Validität

Die Korrelationen des DIP mit den aufgeführten Persönlichkeitsmaßen werden in Tab. 6 - 6 wiedergegeben. Man erkennt, daß die erwarteten Zusammenhänge (vgl. Abb. 6 - 2) durch die Daten signifikant bestätigt werden und somit für die konvergente Validität des DIP sprechen.

Stichprobe	N	Variable		DIP
Maas (1990)	90	16PF-H:	Selbstsicherheit	.37***
		FPI-R 4:	Gehemmtheit	-.37***
		FPI-R E:	Extraversion	.24*
Haßmann &				
Wilmer (1990)	162	I-Skala:	Internale Kontrolle	.48***
		P-Skala:	Externale Kontrolle	-.51***
		C-Skala:	Externale Kontrolle	-.25**
		FSAL:	Leistungsfähigkeit	.50***
		FSAP:	Problembewältigung	.60***
		FSVE:	Verhaltens-/Entscheidungssicherh.	.48***
		FSSW:	Selbstwertschätzung	.48***
		HAKEMP:	Handlungsorientierung	.21**
		FPI-M:	Maskulinität	.33***
		ES:	Empathie	.40***
		DE-Skala:	Direktivität	-.01
		E-Skala:	Extraversion	.41***

$* \ p < .05$ $** \ p < .01$ $*** \ p < .001$

Tab. 6 - 6: Korrelationen des DIP mit verschiedenen Persönlichkeitsvariablen

So findet sich die höchste Korrelation bei der Skala "Selbstkonzept Problembewältigung (FSAP)" (r_{tc} = .60), die ja die Einstellung des Individuums zu seiner eigenen Problemlösefähigkeit erfassen will. Da die Erfassung des konkreten Umgangs mit Problemen nicht Ziel des FSAP ist, kann vermutet werden, daß sich gerade dieser Aspekt in der Restvarianz ausdrückt.

Unterstützt wird diese Mutmaßung durch die Korrelationen des FSAP mit den 4 Dimensionen (Problemanalyse, Zielanalyse, Mittelanalyse und Handlungsdurchführung/Evaluation" des DIP (vgl. Tab. 6 - 7). Es zeigt sich, daß der Zusammenhang zu den Phasen "Ziel-, Mittelanalyse und Handlungsdurchführung/Evaluation" deutlich geringer ist als zur Phase Problemanalyse, die vor allem durch die Teilaspekte "Einstellungshaltung gegenüber Lebensschwierigkeiten", "Akzeptanz problematischer Situationen" und die "emotionale Befindlichkeit beim Umgang mit Problemen" (vgl. S. 128) bestimmt wird. Wohingegen die anderen Phasen einen größeren Anteil an Aspekten, die den konkreten Umgang mit Problemen betreffen, aufweisen.

Korrelationen	Problem-analyse	Ziel-analyse	Mittel-analyse	Handlung/Evaluation
FSAP:	.70**	.44**	.22*	.49**
FSAL:	.60**	.38**	.17	.42**
FSVE:	.64**	.31**	.06	.42**

Tab. 6 - 7: Korrelationen zwischen Selbstkonzepten und Problemlöse-phasen

Ein ähnliches aber noch deutlicheres Bild zeigt die Betrachtung der Korrelationen zwischen den Phasen des DIP und den anderen Skalen des Leistungsbereiches FSAL und FSVE. Dies läßt den Schluß zu, daß das DIP zum einen die Einstellung des Individuums zu seiner eigenen Problemlösefä-higkeit bzw. Leistungsfähigkeit mißt, zusätzlich aber auch Aspekte des konkreten Umgangs mit Problemen erfaßt werden.

Zu den Persönlichkeitsmaßen Selbstsicherheit und Extraversion, die lt. Hussy (1985) eine prädiktive Valenz besitzen (r_{tc} = .50 bzw. r_{tc} = .30), konnte in dieser Untersuchung ein Zusammenhang zum DIP in ähnlichen Größenord-nungen nachgewiesen werden. Die Korrelation zur Extraversion der E-Skala (Brengelmann & Brengelmann, 1960) liegt mit r_{tc} = .41 sogar noch etwas höher als die Ergebnisse früherer Untersuchungen. Die zahlenmäßig deutlich geringere Korrelation zur Skala FPI-R Extraversion kann inhaltlich nicht nachvollzogen werden und kann somit nur auf spezifische Populationseigenschaften zurückgeführt werden. Die Korrelation zur Selbstsicherheit liegt mit r_{tc} = .37 zwar niedriger als die von Kreuzig (1981) mittels U-Fragebogen gefundene Korrelation zwischen Problemlösefähigkeit und Selbstsicherheit (r_{tc} = .52). Dies kann jedoch in der Auswahl der Instrumente begründet liegen, da bei Betrachtung der Iteminhalte bei der Skala "Zurückhaltung vs. Selbstsicherheit" des 16PF eher die "Selbstsicherheit" im sozialen Kontakt im Vordergrund steht, während der U-Fragebogen neben der "Kontaktangst" zusätzliche Aspekte der Selbstsicherheit berücksichtigt. Besonders die Subskalen "Fordern können" und "Nicht-Nein-Sagen-Können" des U-Fragebogens, die zum einen mit Entscheidungsfreude, Vertrauen in das eigene Urteil und Kritikfähigkeit und zum anderen mit einer übergroßen Nachgiebigkeit gegenüber Anforderungen und der Vermeidung von Auseinandersetzungen beschrieben werden (vgl. Ullrich de Muynck & Ullrich, 1977), sind für eine gute Problemlösefähigkeit ebenfalls notwendig. Der Zusammenhang zwischen DIP und U-Fragebogen müßte demnach höher ausfallen. Eine Überprüfung steht noch aus.

Die zahlenmäßig geringe Korrelation zwischen der Skala HOE des HAKEMP und dem DIP (r_{tc} = .24) kann mit der geringen Validität dieser Skala begründet werden, auf die bereits Stäudel (1986) hingewiesen hat. Die Skala HOE steht im Gegensatz zu den anderen Skalen des HAKEMP in keinem Zusammenhang mit dem von Stäudel konstruierten Kompetenzfragebogen (r_{tc} = -.06 bzw. r_{tc} = -.08) und scheint somit nicht Handlungsorientierung im Sinne von Problemlösefähigkeit zu erfassen (vgl. auch Preussler, 1985). Aufgrund des Untersuchungsdesign von Haßmann & Wilmer (1990) konnte für die Validierung des DIP jedoch nur die Skala HOE herangezogen werden. Die Überprüfung der Zusammenhänge zwischen dem DIP und den anderen Skalen des HAKEMP steht noch aus.

Der Zusammenhang des DIP zur externen Kontrollüberzeugung ist nur für die Skala P des IPC-Fragebogens sehr signifikant (r_{tc} = -.51). Der Zusammenhang zur C-Skala wird nur mit r_{tc} = -.25 angegeben. Die subjektiv empfundene Machtlosigkeit steht demnach in einem engeren negativen Zusammenhang zur Problemlösefähigkeit als die durch Fatalismus bedingte Externalität. Eine mögliche Erklärung dafür wäre, daß Personen mit fatalistischer Grundhaltung die Verantwortung für Probleme und somit für Problemlösungen weder bei sich noch bei anderen Personen sehen. Probleme sind durch das "Schicksal" bedingt und der Problemausgang wird durch das Schicksal bestimmt, so daß Problemlösefähigkeit als ein überflüssiges Persönlichkeitsmerkmal betrachtet werden kann.

Für die zusätzlich hinzugezogenen Variablen Maskulinität, Empathie und Direktivität ist unter Berücksichtigung der Angaben in den Testmanualen lediglich der hohe signifikante Zusammenhang zur Skala Empathie (r_{tc} = .40) auffällig. Bei Betrachtung der Iteminhalte der Empathie-Skala fällt auf, daß eine Reihe von Items auch im Sinne von sozialer Kompetenz verstanden werden können (vgl. z.B. "Ich spreche gern vor einer Menge Leute."; "Ich bin leicht in meinen Gefühlen verletzt.)" und somit zwangsläufig ein positiver Zusammenhang zur Problemlösefähigkeit bestehen muß.

Abschließend kann festgestellt werden, daß die vorhandenen Ergebnisse zur internen kriterienbezogenen Validität des DIP als sehr zufriedenstellend eingeschätzt werden können. Für weitere Validitätsstudien sollten jedoch z.T. andere Verfahren wie z.B. der U-Fragebogen verwandt werden bzw. zusätzliche Ergebnisse mit Fragebögen ähnlichen Konstruktinhaltes angestrebt werden.

6.2.2.3 Faktorielle Validität

Die Ergebnisse des DIP wurden zusammen mit den 12 Persönlichkeitsvariablen aus der Untersuchung von Haßmann & Wilmer (1990) faktorenanalysiert (Hauptachsenmethode mit anschließender Varimax-Rotation). Aufgrund des Eigenwerteverlaufs (4 Eigenwerte größer 1) wurde eine 4-Faktorenlösung gewählt, die 69.8 % der Varianz aufklärte (vgl. Anhang 6.3).

153

Der varianzstärkste Faktor 1 wird im wesentlichen durch die Skalen zum Selbstkonzept des FSKN und dem DIP markiert und kann als "Einschätzung der eigenen Problemlöse- und Leistungsfähigkeit" bezeichnet werden.

Der zweite Faktor wird allein durch die Skalen des IPC-Fragebogens repräsentiert und beschreibt somit die "Kontrollüberzeugung" des Individuums, wobei Internalität auch auf dem Faktor 1 hoch lädt (Ladung = .53). Faktor 3 bildet sich aus den Skalen "Direktivität" und "Extraversion" des F-D-E - Fragebogens und der Empathieskala und kann mit "Extraversion" benannt werden. Dies geschieht auf dem Hintergrund, daß die "direktive Einstellung" eindeutig dem Persönlichkeitssektor "Extraversion" zuzuordnen ist, da sie eine spezifische Art sozialer Interaktion erfaßt (vgl. Bastine, 1977², S. 6). Da auch in der Empathieskala hauptsächlich Aspekte der sozialen Interaktion im Vordergrund stehen, dürfte die Benennung "Extraversion" für den Faktor 3 angemessen sein.

Der 4. und letzte Faktor wird ausschließlich durch die Skala HOE des HAKEMP repräsentiert und müßte demnach als "Handlungsorientierung" bezeichnet werden. An dieser Stelle wird nochmals deutlich, daß die Skala HOE des HAKEMP für die Erfassung von Handlungsorientierung nicht geeignet erscheint, da kein Bezug zu den anderen Faktoren vorliegt. Die Ladungen der Skala HOE auf den 3 anderen Faktoren liegen zwischen -.07 und .12 und sind in keinster Weise relevant.

Faktor 1	"Einschätzung der eigenen Problemlöse- und Leistungsfähigkeit"	
	Extrahierte Varianz:	37.8%
	Anteil an Totalvarianz:	54.2%
Variable		**Ladung**
FSAP:	Problembewältigung	.87
FSSW:	Selbstwertschätzung	.83
FSVE:	Entscheidungs-/Verhaltenssicherheit	.80

Variable		Ladung
FSAL:	Allgemeine Leistungsfähigkeit	.79
DIP:	Problemlösefähigkeit	.67
FPI-M	Maskulinität	.46

Faktor 2   "Kontrollüberzeugung"

Extrahierte Varianz:	13.2%
Anteil an Totalvarianz:	18.9%

Variable	Ladung
C-Skala: Externalität	.84
P-Skala: Externalität	.79
I-Skala: Internalität	.62

Faktor 3   "Extraversion"

Extrahierte Varianz:	11.1%
Anteil an Totalvarianz:	15.9%

Variable	Ladung
Direktivität	.76
Extraversion	.72
Empathie	.67

Faktor 4   "Handlungsorientierung"

Extrahierte Varianz:	7.7%
Anteil an Totalvarianz:	11.0%

Variable		Ladung
HAKEMP:	Handlungsorientierung (HOE-Skala)	.94

Es wird deutlich, daß das DIP gemeinsam mit den Persönlichkeitsmaßen auf einem Faktor lädt, mit denen es bei Betrachtung der Skaleninhalte die größten Gemeinsamkeiten vorweist. Die Tatsache, daß die Skalen des IPC-Fragebogens einen eigenen Faktor bilden, könnte darin begründet liegen, daß die Art der individuellen Kontrollüberzeugung einen Einfluß auf die Einschätzung der eigenen Problemlösefähigkeit hat.

6.2.3 Weitere Validitätshinweise

6.2.3.1 Ausmaß der Problemlösefähigkeit bei psychisch beeinträchtigten Personen

In zahlreichen Untersuchungen (vgl. Kap 1.2.2) konnte ein Defizit psychisch beeinträchtigter Personen in der Höhe ihrer Problemlösefähigkeit nachgewiesen werden. Bei den bislang betrachteten Stichproben (Analysestichprobe, Haßmann & Wilmer, 1990; Maas, 1990) handelt es sich in allen Fällen um 'Normalpopulationen'. Das DIP müßte demnach für diese Stichproben ähnliche Ergebnisse bezüglich der Höhe der Problemlösefähigkeit aufweisen. Im Vergleich zu einer klinischen Population müßten diese Ergebnisse signifikant besser sein als die erreichten Werte der klinischen Probanden. Um dies nachzuweisen, wurden für die klinische Population (Bents & Dirksmeier, 1990) Personen herangezogen, die sich in stationärer Behandlung befanden und deren Diagnose lt. ICD-Klassifikation auf Neurosen (ICD 300) und Persönlichkeitsstörungen (ICD 301) lautete .

Tab. 6 - 8 gibt die Mittelwerte und Standardabweichungen für die einzelnen Stichproben wieder, wobei diese für die Analysestichprobe auf der Basis von 56 Items berechnet wurden. Zusätzlich werden die Ergebnisse der Untersu chungen auf Mittelwertunterschiede (t -Test) zwischen den einzelnen 'Normalpopulationen' und der klinischen Stichprobe angegeben.

Stichprobe	N	MW	SW	t-Werte (zu klinischer Stichprobe)
Analysestichprobe	109	240.44	29.88	4.64 **
Haßmann & Wilmer	162	237.60	29.65	4.35 **
Maas	90	240.39	25.48	5.14 **
Bents & Dirksmeier	23	208.61	30.01	

Tab. 6 - 8: Abweichungen in der Problemlösefähigkeit (** $p < .001$; eins. Fragestellung)

Die Ergebnisse bestätigen durchweg die Erwartungen. Die DIP - Werte der klinischen Population weichen im Vergleich zu den 'Normalpopulationen' sehr signifikant nach unten ab. Zwischen den 'Normalpopulationen' lassen sich keine signifikanten Differenzen feststellen. Somit kann davon ausgegangen werden, daß das DIP in der Lage ist, zwischen klinischen und 'nicht-klinischen' Personengruppen zu differenzieren. Aufgrund der geringen Anzahl der klinischen Stichprobe müßten weitreichendere Untersuchungen zeigen, inwieweit das vorgefundene Ergebnis repliziert werden kann.

6.2.3.2 Sensitivität des DIP gegenüber Änderungen in der Problemlösefähigkeit

Es konnte wiederholt gezeigt werden, daß Problemlösetrainings zu einer Verbesserung von Problemlösefähigkeit führen (vgl. Kap. 1.2.2). Um den Nachweis anzutreten, daß das DIP eine solche Veränderung wiedergibt, wurde die Problemlösefähigkeit von 10 Probanden, die im Rahmen eines 4- bis 6-wöchigen Aufenthaltes in einer Psychosomatischen Klinik an einem Problemlösetraining teilgenommen hatten, mit dem DIP erfaßt. Das Training orientiert sich an den 7 Problemlöseschritten des Interaktionellen Problemlösevorgehens (Grawe et al., 1980). Jeder Teilnehmer nahm an ca. 12 Sitzungen teil. Die Ergebnisse der Probanden vor und nach dem Training können Tab. 6 - 9 entnommen werden.

	MW	SW
vor dem Training	215.60	30.35
nach dem Training	235.70	14.38

Tab. 6 - 9: Änderungssensitivität des DIP

Es zeigt sich, daß die Probanden vor dem Problemlösetraining über eine geringere Problemlösefähigkeit verfügen als nach dem Training. Die Differenz ist nach dem t - Test auf dem 5% - Niveau (t = 1.89; eins. Fragestellung) signifikant. Zusätzlich verringert sich die Streuung von SW = 30.35 auf SW = 14.38, was auf eine Homogenisierung der Leistungen durch das Training schließen läßt.

Berücksichtigt man die geringe Stichprobengröße und die deutlich niedrigere Höhe der Problemlösefähigkeit bei einem N = 23 (vgl. S. 157), so lassen sich bei größeren Stichproben sehr signifikante Unterschiede vermuten.

6.2.3.3 Geschlecht und Alter

Auf den Einfluß von Geschlecht und Alter auf die Höhe der Problemlösefähigkeit wurde bislang entweder nicht eingegangen (vgl. z.b. Kämmerer, 1983; Kemmler & Borgart, 1982) oder es liegen widersprüchliche Ergebnisse vor. So fand Stäudel (1986) bei weiblichen Probanden eine signifikant niedrigere Problemlösefähigkeit als bei den männlichen. Behrenberg & Kosok (1988) konnten einen Geschlechtseffekt nicht nachweisen.

Ein Einfluß der Variablen Geschlecht konnte bei den zur Verfügung stehenden Stichproben nicht nachgewiesen werden (vgl. Tab. 6 - 10).

Stichprobe		GESCHLECHT		t-Wert
		männlich	weiblich	
Analysestichprobe	MW	242.47	239.67	
	SW	32.25	29.11	
		(N = 30)	(N = 73)	.43 n.s.
Haßmann & Wilmer	MW	240.45	235.85	
	SW	29.02	30.05	
		(N = 56)	(N = 91)	.91 n.s.

Tab. 6 - 10: Geschlecht und Problemlösefähigkeit ('Normalpopulation')

Für klinische Gruppen existieren eindeutige Hinweise darauf, daß Alter und Geschlecht sich auf die Höhe der Problemlösefähigkeit auswirken. So konnte bei Alkoholikern festgestellt werden, daß weibliche Probanden eine signifikant (p < .05) niedrigere Problemlösefähigkeit erreichen als die männlichen Versuchspersonen. Die Problemlösefähigkeit männlicher Probanden ist bei den 21 - 30jährigen am niedrigsten und steigt mit dem

Alter an. Bei den weiblichen Probanden sinkt die Problemlösefähigkeit mit dem Alter ab (vgl. Inhester, 1987).

In dieser Untersuchung kann jedoch für die klinische Population kein Zusammenhang zwischen Geschlecht und Problemlösefähigkeit nachgewiesen werden (vgl. Tab. 6 - 11). Die im Vergleich zu den beiden anderen Stichproben wesentlich höhere Differenz zwischen den Leistungen der männlichen und weiblichen Probanden legt jedoch die Vermutung nahe, daß bei einer größeren Stichprobe signifkante Ergebnisse vorgefunden werden (bei einem $N = 60$ ist $t = 1.67$ auf dem 5% - Niveau signifikant).

Stichprobe		GESCHLECHT		t-Wert
		männlich	weiblich	
Bents & Dirksmeier	MW	219.09	199.00	
	SW	27.79	29.80	
		(N = 11)	(N = 12)	1.67 n.s.

Tab. 6 - 11: Geschlecht und Problemlösefähigkeit (klinische Population)

Bei der Betrachtung des Alters als Einflußgröße ergeben sich divergente Ergebnisse zwischen der Analysestichprobe und der Stichprobe Haßmann & Wilmer (vgl. Tab. 6 - 12). Aufgrund der geringen Stichprobengröße wurde auf eine Differenzierung nach der Variablen Alter für die Stichprobe Bents & Dirksmeier verzichtet.

160

Stichprobe		bis 20	21 - 30	ALTER 31 - 40	ab 41
Analysestichprobe	MW	247.71	239.12	240.88	237.80
	SW	29.62	31.11	27.59	23.89
		(N = 14)	(N = 73)	(N = 17)	(N = 5)
Haßmann & Wilmer	MW	247.00	244.36	225.07	237.95
	SW	25.88	27.19	30.05	31.01
		(N = 13)	(N = 66)	(N = 46)	(N = 22)

Tab. 6 - 12: Alter und Problemlösefähigkeit

Während für die Stichprobe Haßmann & Wilmer ein signifikanter Einfluß von Alter auf die Problemlösefähigkeit festgestellt werden kann (F = 4.65, df = 3, p < .01), ergibt sich für die Analysestichprobe kein Zusammenhang (F = .3318, df = 3, n.s.). Demnach liegt für die erste Stichprobe die Problemlösefähigkeit bei den bis 20-jährigen am höchsten und sinkt mit zunehmendem Alter ab. Bei den über 40-jährigen ist dann erneut ein Anstieg erkennbar. Bezogen auf die Analysestichprobe liegt zwar ebenfalls die Problemlösefähigkeit bei den 20-jährigen am höchsten und sinkt in der nächsten Altersstufe (21- bis 30-jährigen) ab. Danach sind die Schwankungen in der Höhe der Problemlösefähigkeit jedoch nicht mehr von Bedeutung.

Ein Vergleich der Altersgruppenmittelwerte beider Stichproben verdeutlicht, daß lediglich die Mittelwerte für die Altersstufe der 31- bis 40-jährigen beachtenswert voneinander abweichen. Berücksichtigt man für diese Altersgruppe in beiden Stichproben den beruflichen Status der Probanden, so kann festgestellt werden, daß die studentischen Probanden beider Stichproben ein vergleichbares Maß für die Problemlösefähigkeit erreichen.

Dahingegen differieren die Mittelwerte für die unter "Sonstige[8]" zusammen-
gefaßten Berufsgruppen beider Stichproben (vgl. Tab. 6 - 13).

| 31- bis 40-jährige | Analysestichprobe | | Haßmann & Wilmer | |
	MW	N	MW	N
Studenten	224.00	4	224.50	4
Sonstige	246.08	13	225.12	42

Tab. 6 - 13: Alter und beruflicher Status

Im Gegensatz zur Analysestichprobe, die unter "Sonstige" Angestellte und
Akademiker zusammenfaßt, setzt sich die Gruppe der 31- bis 40-jährigen der
Stichprobe Haßmann & Wilmer neben Angestellten (22%) aus Beamten
(14%), Arbeitslosen (18%) und Hausfrauen (14%) zusammen und ist somit
inhomogener. Es wäre somit möglich, daß die vorgefundene Differenz
aufgrund der breiteren Streuung der Berufsgruppen in der Stichprobe
Haßmann & Wilmer zustandegekommen ist. Ein varianzanalytisches Design,
welches der Frage nachging, inwieweit sich der berufliche Status in Wechsel-
wirkung mit dem Alter auf die Höhe der Problemlösefähigkeit auswirkt,
lieferte jedoch keine entsprechenden Hinweise (F = .529, df = 9, p = .851).
Auch der berufliche Status allein hat in beiden Stichproben keinen Einfluß
auf die Höhe der Problemlösefähigkeit (Analysestichprobe: F = .5428, df =
2, p = .5827; Stichprobe Haßmann & Wilmer: F = .5932, df = 11, p =
.8318). Aus dem vorhandenen Datenmaterial folgt, daß nicht der berufliche
Status für die Differenzen in der Höhe der Problemlösefähigkeit in der

---

[8]   Aufgrund einer unterschiedlichen Aufschlüsselung einzelner Berufsgruppen in den
beiden Stichproben - Haßmann & Wilmer benennen 14 Gruppen im Gegensatz zu 5
Gruppen in der Analysestichprobe - sind nur die Ergebnisse für studentische
Probanden eindeutig zuordbar. Auf eine weitere Differenzierung muß an dieser Stelle
verzichtet werden.

Altersstufe der 31- bis 40- jährigen verantwortlich gemacht werden kann. Es wird deshalb angenommen, daß es sich um eine zufällige stichprobenabhängige Schwankung handelt. Dies kann jedoch nur mittels einer Erhebung an einer angemessen großen repräsentativen Stichprobe nachgewiesen werden.

6.3 Zusammenfassung der Ergebnisse

Es wurden für das Diagnostische Inventar zur Erfassung von Problemlösefähigkeit (DIP) eine Reihe von Berechnungen zur Reliabilität und Validität des Verfahrens durchgeführt. Die Ergebnisse der **Internen Konsistenz** für die Gesamtskala ($r_{tt} > .90$) lassen auf ein homogenes Verfahren schließen, welches aufgrund der zufriedenstellend hohen **Retest-Reliabilität** ($r_{tt} = .9072$ für die Analyseform des DIP (72 Items); $r_{tt} = .8966$ für die Endform des DIP (56 Items); Zeitintervall: 6 Monate) ein stabiles Persönlichkeitsmerkmal erfaßt.

Aufgrund der Validitätsberechnungen kann weiterhin davon ausgegangen werden, daß es sich bei dem durch das DIP gemessene Merkmal um Problemlösefähigkeit handelt, wobei zum einen die Selbsteinschätzung des Individuums in seine Fähigkeit Probleme zu lösen und zum anderen der konkrete Umgang des Individuums mit Problemen berücksichtigt werden.

Dafür spricht insbesondere die **interne kriterienorientierte Validität** von $r_{tc} = .60$ zur "Frankfurter Selbstkonzeptskala zur allgemeinen Problembewältigung" des FSKN, die **Differenzierungsfähigkeit** des DIP zwischen psychisch beeinträchtigten und 'normalen' Probanden ($p < .001$, eins. Fragestellung) und die **Änderungssensitivität** des DIP gegenüber einem Trainingsprogramm zur Förderung der Problemlösefähigkeit ($p < .05$, eins. Fragestellung).

Darüberhinaus konnten zu einigen Persönlichkeitsmerkmalen, deren Zusammenhang zur Problemlösefähigkeit bereits wiederholt nachgewiesen worden war, signifikante Übereinstimmungen mit dem DIP nachgewiesen werden. Vor allem sind dabei die gefundenen Korrelationen zwischen dem DIP und den Persönlichkeitsdimensionen "Selbstsicherheit" und "Extraversion" hervorzuheben, die in einer vergleichbaren Größenordnung, wie die in der Literatur gefundenen, nachgewiesen werden konnten (Selbstsicherheit r_{tc} = .37; Extraversion r_{tc} = .41).

Zusätzlich konnten für das DIP Validitätskoeffizienten r_{tc} > .30 bzw. r_{tc} > -.30 zu den Merkmalen "Kontrollüberzeugung", "Maskulinität", "Empathie" und "Gehemmtheit" aufgezeigt werden.

Die **konvergente Validität** des DIP konnte durch das Ergebnis einer Faktorenanalyse, in die gemeinsam mit dem DIP alle zur Verfügung stehenden Persönlichkeitsskalen eingingen, zusätzlich belegt werden. Das DIP lädt mit .67 gemeinsam mit den Selbsteinschätzungsskalen des FSKN auf einem Faktor, der als "Einschätzung der eigenen Problemlöse- und Leistungsfähigkeit" bezeichnet werden kann.

Die **Differenzierungsfähigkeit** des DIP konnte mittels eines Vergleichs zwischen psychisch beeinträchtigten und 'normalen' Personen nachgewiesen werden. Danach schneiden stationär behandelte Patienten einer psychosomatischen Klinik im DIP signifikant schlechter (p < .01) ab als die herangezogenen Vergleichspopulationen. Aufgrund der geringen Größe (N = 23) der klinischen Stichprobe mußte auf eine Unterscheidung zwischen verschiedenen Krankheitsbildern verzichtet werden. Der Nachweis, daß das DIP auch in der Lage ist, zwischen klinischen Gruppen mit unterschiedlichen Diagnosen zu differenzieren, muß noch erbracht werden.

Desweiteren kann festgestellt werden, daß das DIP erfolgreich den Einfluß eines Problemlösetrainings auf die Leistungen der einzelnen Probanden darstellt. So verfügten Personen vor einem Training über eine signifikant niedrigere Problemlösefähigkeit (p < .05) als nach dem durchgeführten Training. Da es sich bei der Überprüfung der **Änderungssensitivität** des DIP um eine verhältnismäßig kleine Stichprobe (N = 10) handelte, kann das Ergebnis nur als Hinweis dienen. Für eine statistisch gerechtfertigte Aussage fehlen Berechnungen an einer angemessen großen Stichprobe. Die vorliegenden Daten wurden an einer stationär behandelten Probandengruppe, die an einem 6-wöchigen Blocktraining teilgenommen hatten, erhoben. Die Fähigkeit des DIP, auch Auswirkungen langfristig ambulant durchgeführter Trainings nachgeweisen zu können, muß noch geprüft werden.

Der Einfluß der Variablen **Alter, Geschlecht und beruflicher Status** auf die mittels des DIP erhobene Problemlösefähigkeit kann wie folgt beschrieben werden. Für die Variablen Geschlecht und beruflicher Status konnten eindeutige Hinweise daraufhin erbracht werden, daß sie für 'Normal'-Populationen keinen Zusammenhang zur Problemlöselösefähigkeit aufweisen. Für klinische Stichproben kann ein Einfluß der Variablen Geschlecht vermutet werden. Die Ergebnisse decken sich mit den wenigen Hinweisen zu diesen Variablen aus der empirischen Forschung. Für die Variable Alter können keine eindeutigen Aussagen gemacht werden, da divergente Ergebnisse für die verschiedenen Stichproben vorliegen. Aus den Daten läßt sich zum einen ableiten, daß die Problemlösefähigkeit zunächst signifikant (p < .01) mit zunehmendem Alter sinkt und bei über 40-jährigen wieder ansteigt. Für eine zweite Stichprobe konnte kein Einfluß nachgewiesen werden. Da in der Problemlöseforschung ein Einfluß von Alter bislang nicht gezeigt werden konnte, wird vermutet, daß das Ergebnis, welches in die entgegengesetzte Richtung weist, aufgrund von Stichprobenschwankungen zustande gekommen ist. Eine breit angelegte Untersuchung müßte über den Einfluß der Variablen Alter näheren Aufschluß geben.

Die ersten Hinweise auf die Gütekriterien Reliabilität und Validität des Diagnostischen Verfahrens zur Erfassung von Problemlösefähigkeit (DIP) sind zusammenfassend sehr zufriedenstellend, so daß weitere Untersuchungen mit dem DIP als erfolgversprechend eingeschätzt werden können.

Die **Objektivität** des DIP wird als gegeben betrachtet, da durch die Standardisierung des Verfahrens sowohl die Durchführung als auch die Auswertung der Ergebnisse eindeutig festgelegt ist. Die Interpretation der DIP-Ergebnisse kann zum jetzigen Zeitpunkt nur auf Basis der vorhandenen Daten erfolgen. Es fehlt die Normierung, die an einer nach teststatistischen Kriterien angemessenen Stichprobe erfolgen sollte.

Das DIP auf der Basis von 56 Items ist ein **ökonomisches** Verfahren, für dessen Durchführung ca. 30 min. und für die Auswertung ca. 10 min. veranschlagt werden müssen.

7. Zusammenfassung

7.1 Voraussetzungen und Zielsetzung

Im Bereich der Denkpsychologie wird seit den 50er Jahren der Versuch gemacht, die menschliche Geistestätigkeit beim Lösen von Problemen zu erkennen und eine allgemein gültige Theorie zu entwickeln. Grundsätzliches Einverständnis besteht inzwischen darüber, wie ein Problem zu definieren ist und welche Arten von Problemen zu unterscheiden sind. Mit der Einführung des Begriffes der Komplexität wurden Probleme von einfachen Aufgaben abgegrenzt. Wesentlichste Merkmale der Komplexität von Problemen sind die Anzahl der beteiligten Variablen, die Eigendynamik und Vernetztheit des Systems, und die Transparenz dieser Aspekte für den Problemlösenden.

Ein Hauptaugenmerk wurde im weiteren auf den Prozeß beim komplexen Problemlösen gerichtet, in der Hoffnung, Aussagen über das menschliche Problemlösevorgehen machen zu können. Als notwendige Aspekte des Problemlöseprozesses werden "Zielausarbeitung", "Modellbildung und Informationssammlung", "Prognose und Extrapolation", "Planung und Aktionen" und "Effektkontrolle und Revision der Handlungsstrategie" benannt (vgl. Dörner, 1989). Gleichzeitig konnten aufgrund zahlreicher Untersuchungen - hier seien vor allem die Arbeiten von Dörner genannt - Hinweise auf die Leistungen, die ein Individuum erbringen muß, um Probleme zu bewältigen, gefunden werden. Demnach verfügt ein erfolgreicher Problemlöser über die Fähigkeit zu Analogieschlüssen und über eine größere Anzahl abstrakter Schemata, die ihm bei der Einordnung des Problemsystems helfen (vgl. Dörner, 1979).

167

Sachliches Vorgehen, zielorientiertes Handeln und der flexiblere Umgang mit Entscheidungen sind weitere erfolgversprechende Kriterien (vgl. Kreuzig, 1979; Kühle & Badke, 1984, 1986).

Im Gegensatz zu den Erwartungen konnte kein Zusammenhang zwischen erfolgreichen Problemlösungen und der Intelligenz eines Probanden gefunden werden. Vielmehr können Persönlichkeitsaspekte wie z.b. Selbstsicherheit und Extraversion für Differenzen in der Problemlösefähigkeit verantwortlich gemacht werden (vgl. Hussy, 1985).

Ein grundsätzlicher Nachteil der Problemlöseforschung in der Denkpsychologie liegt in der Versuchsanordnung der meisten empirischen Arbeiten begründet. Es werden mittels Computersimulationen Probleme vorgegeben, die in der Regel nicht dem Spektrum von Problemen entstammen, die die Probanden in ihrem Alltag betreffen. Es muß darum davon ausgegangen werden, daß eine innere Beteiligung der Probanden fehlt und die Probleme eher im Sinne eines Spiels - ähnlich den Anforderungen bei komplexeren Denksportaufgaben - verstanden werden.

Trotz dieser Einschränkung werden die Erkenntnisse der denkpsychologischen Problemlöseforschung im klinischen Kontext angewandt. Ausgehend von den theoretischen Grundlagen wurde zum einen der Problemlöseprozeß als Handlungsstrategie im therapeutischen Vorgehen genutzt (vgl. z.B. D'Zurilla & Goldfried, 1971; Grawe et al., 1980), zum anderen wurden eine Reihe von Trainingsprogrammen (vgl. z.B. Spivack et al., 1976; Kämmerer, 1983), die die Alltagsprobleme der Probanden zum Gegenstand der Betrachtung machen und konkret die Förderung der Problemlösefähigkeit zum Ziel haben, entwickelt. Verantwortlich für diese Entwicklung ist ein Störungsverständnis seitens der klinischen Psychologie, welche eine mangelnde Problemlösefähigkeit als Ursache zahlreicher psychischer Symptome sieht (vgl. u.a. Hoffmann, 1978). Für diese Annahme sprechen eine Reihe von empirischen Untersuchungen, die belegen konnten, daß vor allem Personen mit psychischen Beeinträchtigungen Defizite im Problemlösen aufweisen.

Die Trainingsprogramme basieren auf einer phasenorientierten Modellvorstellung des Problemlöseprozesses. Es wird davon ausgegangen, daß sich der Problemlöseprozeß aus mehreren aufeinander aufbauenden Phasen zusammensetzt, wobei zwar die angegebene Zahl der Phasen von Autor zu Autor differiert, über die Inhalte des Prozesses jedoch Einvernehmen besteht. Für eine erfolgreiche Problemlösung müssen je nach Theorieverständnis des jeweiligen Autors entweder alle Phasen (D'Zurilla & Goldfried, 1971) konsequent bearbeitet werden oder der Problemlöser muß über grundsätzliche Fähigkeiten verfügen (Spivack et al. 1976), die in allen Phasen zum Tragen kommen. Bislang konnte empirisch nicht nachgewiesen werden, welche Sichtweise realistischer ist.

Die Wirksamkeit des therapeutischen Problemlösevorgehens und der unterschiedlichen Trainingsprogramme konnte in zahlreichen Untersuchungen nachgewiesen werden. Dennoch ist eine klare zusammenfassende Aussage zum therapeutischen Problemlösen nicht möglich. Verantwortlich dafür ist zum einen ein unterschiedliches Verständnis von Problemlösefähigkeit und zum anderen der Einsatz unterschiedlichster, zum Teil nicht vergleichbarer Verfahren zur Erfassung der Problemlösefähigkeit. Desweiteren bleibt der Nachweis der therapeutischen Wirksamkeit des Problemlösens auf forschungsorientierte Settings beschränkt, eine Effektivitätskontrolle in der Praxis, wo problemlösungsorientiertes Vorgehen und Trainingsprogramme zur Förderung der Problemlösefähigkeit inzwischen zum Standard gehören, findet nicht statt. Hierfür wird vor allem ein Mangel an geeigneten Erhebungsinstrumenten verantwortlich gemacht. Aufgrund dieser Tatsache wurde das Thema dieser Arbeit formuliert. Ziel sollte sein, ein Diagnostisches Inventar zur Erfassung von Problemlösefähigkeit zu entwickeln, welches sowohl in der Diagnostik als auch zur Effektivitätskontrolle in der Praxis eingesetzt werden kann.

7.2 Das Diagnostische Inventar zur Erfassung von Problemlösefähigkeit (DIP)

7.2.1 Entwicklung

Die Grundlage für ein Verfahren zur Erfassung von Problemlösefähigkeit sollte in Anlehnung an D'Zurilla & Goldfried (1971) der gesamte Problemlöseprozeß mit den Phasen "Allgemeine Orientierung", "Problemdefinition und Formulierung", "Bildung von Alternativen", "Formulierung von Entscheidungen" und "Verifikation" darstellen. Zusätzlich sollten interpersonelle Aspekte, wie sie von Spivack et al. (1976) formuliert wurden, mitberücksichtigt werden.

Es wurde der Anspruch formuliert, daß ein Verfahren zur Erfassung von Problemlösefähigkeit neben der Aussage über die individuelle Problemlösefähigkeit, Informationen über die individuelle Fähigkeit in den einzelnen Phasen und über das individuelle Problemlösevorgehen, d.h. eine Berücksichtigung der Beziehungen zwischen den Phasen, liefern sollte. Dies geschah unter der Vorannahme, daß sich einzelne Phasen hinsichtlich ihrer Anforderungen an den Probanden unterscheiden und somit als diskrete Klassen aufgefaßt werden können.

Ausgehend von den postulierten Einsatzmöglichkeiten eines Instrumentariums zur Erfassung von Problemlösefähigkeit wurden unter Berücksichtigung zentraler teststatistischer Erkenntnisse und praxisspezifischer Besonderheiten Kriterien entwickelt, die der Ökonomie, der internen und externen Validität zugeordnet wurden und von einem Verfahren erfüllt sein sollten.

Mit Hilfe der erarbeiteten Kriterien wurden die deutschsprachigen Verfahren, die explizit die Erfassung von Problemlösefähigkeit zum Ziel haben, diskutiert und bewertet. Es handelte sich dabei um

- den Problemlösefragebogen PLF (Holling et al., 1980)
- den Kompetenzfragebogen KF (Stäudel, 1986)
- das Means-ends-problem-solving procedure MEPS (Kemmler und Borgart, 1982; Kämmerer, 1983) und um
- das Diagnostische Inventar zur Erfassung der Problemlösefähigkeit bei depressiven Studenten DIPDS (Falkenstein et al., 1983)

Es mußte festgestellt werden, daß keines der begutachteten Verfahren den Kriterien voll genügte und somit einen erfolgreichen Einsatz in der Praxis sicherstellen konnte. Neben nicht ausreichenden Testgütekriterien wurden vor allem Mängel in der Umsetzung des als Grundlage geltenden Problemlöseprozesses gefunden. Der MEPS erfaßt nur die Aspekte der "Bildung von Alternativen" und der "Formulierung von Entscheidungen". Für den PLF, den KF und das DIPDS kann aufgrund der Überrepräsentation einzelner Phasen zudem kein Urteil über die individuelle Problemlösefähigkeit in der gewünschten Form getroffen werden.

Grundsätzlich liefert keines der genannten Verfahren Informationen über die Beziehungen zwischen den einzelnen Phasen und somit über das individuelle Problemlöse**vorgehen.**

Zusätzlich mußte für das MEPS und das DIPDS festgestellt werden, daß die vorgegebenen Items zum einen nicht in allen Fällen für die Probanden repräsentative Probleme darstellen und zum anderen, daß aufgrund der Struktur der vorgegebenen Items eine objektive Auswertung und Interpretation der Ergebnisse erschwert wird und außerdem sehr zeitintensiv ist.

Ausgehend von der Begutachtung der genannten Verfahren wurde eine Vorform des Diagnostischen Inventars zur Erfassung von Problemlösefähigkeit (DIP) entwickelt, wobei eine umfassende Umsetzung des Problemlöseprozesses gewährleistet und die genannten Mängel berücksichtigt werden sollten. Die Vorform bestand aus zwei Teilen, wobei mittels Items in einem ersten Teil die Dimensionen "Allgemeine Orientierung", "Handlungsdurchführung und Verifikation" und "Konsequenzbetrachtung" erfaßt werden sollten. In einem zweiten Teil sollten von den Probanden vorgegebene Problemsituationen individuell für die Phasen "Problemanalyse", "Zielanalyse" und "Mittelanalyse" gelöst werden, womit die Erfassung des individuellen Problemlösevorgehens sichergestellt werden sollte. Um ein in der Praxis realisierbares Zeitmaß für die Durchführung und Auswertung des Verfahrens nicht zu überschreiten, wurden standardisierte Lösungsmöglichkeiten vorgegeben, die von den Probanden für ihr eigenes Problemlösevorgehen einzuschätzen waren.

Die Vorform wurde an einer Stichprobe mit 77 Probanden erprobt. Die dort gefundenen Daten wiesen lediglich für den ersten Teil zufriedenstellende Ergebnisse auf. Für den zweiten Teil konnte aus den Daten in keiner Weise erschlossen werden, wie die einzelnen Probanden bei Problemen vorgehen. Schlußfolgerung aus dem fehlgeschlagenen Konstruktionsversuch war eine Einengung des Bezugsrahmens. Das Ziel, das individuelle Problemlösevorgehen zu erfassen, wurde aufgegeben mit dem Hinweis, daß dazu eine andere Herangehensweise als ein paper-pencil-Test notwendig wäre.

Ziel für das weitere Vorgehen war nun, die Entwicklung eines Verfahrens, welches neben der Erfassung der allgemeinen Problemlösefähigkeit auch Informationen über die für einzelne Phasen notwendigen Fertigkeiten liefern sollte. Die Anforderungen an die Ökonomie, die interne und externe Validität wurden beibehalten.

Es wurde festgelegt, die gewünschten Informationen mit Hilfe von Items, die von den Probanden auf einer 6-stufigen Likert-Skala einzuschätzen waren, zu gewinnen. Dazu wurden zunächst Items gesucht, die die Phasen des Problemlöseprozesses repräsentieren. Dies geschah unter Einbezug des Problemlösefragebogens von Holling et al. (1980) und des Kompetenzfragebogens von Stäudel (1986). Die Items wurden den Phasen "Problemanalyse", "Zielanalyse", "Mittelanalyse" und "Handlungsdurchführung/Evaluation" aufgrund von Ratereinschätzungen zugeordnet.

Um den Probanden eine Auseinandersetzung auf der Ebene ihrer eigenen Probleme zu erleichtern und um sicherzustellen, daß die Itembeantwortung nicht abstrakt bleibt, wurde eine Hilfskonstruktion gewählt. Die Vorgabe von Problembereichen, die die Probanden zunächst bezüglich ihrer Relevanz einschätzen, sollte eine Sensibilisierung der Probanden für die sie betreffenden Probleme gewährleisten. Durch die Vorgabe von Kurzbeschreibungen und einem Problembeispiel zu den jeweiligen Phasen des Problemlöseprozesses sollte sichergestellt werden, daß die Probanden die zu der jeweiligen Phase vorgelegten Items in dem entsprechenden Zusammenhang sehen.

Das Diagnostische Inventar zur Erfassung von Problemlösefähigkeit setzt sich somit aus vier Bereichen zusammen, die insgesamt durch 72 Items repräsentiert werden, wobei 30 Items der Phase "Problemanalyse", 10 Items der Phase "Zielanalyse", 20 Items der Phase "Mittelanalyse" und 12 Items der Phase "Handlungsdurchführung/Evaluation" zugeordnet wurden.

7.2.2 Empirische Überprüfung

Die Itemanalyse des Diagnostischen Inventars zur Erfassung von Problemlösefähigkeit konnte auf der Datenbasis einer Stichprobe mit 109 Probanden erfolgen. Es handelte sich dabei um 79 weibliche und 30 männliche in der Mehrzahl studentische Probanden (N = 69) mit einem durchschnittlichen Alter von 26,8 Jahren, so daß von einer homogenen Stichprobe gesprochen werden muß. Es wurden für die einzelnen Items Mittelwerte (zwischen 2.54 und 5.28) und Standardabweichungen (zwischen .80 und 1.36) errechnet, die als zufriedenstellend einzuschätzen sind. Das Niveau der Trennschärfekoeffizienten ist bis auf wenige Ausnahmen als hoch und damit sehr zufriedenstellend zu bezeichnen.

Eine clusteranalytische Überprüfung der theoretisch vorgenommenen Zuordnung einzelner Items zu den Phasen "Problemanalyse", "Zielanalyse",

173

"Mittelanalyse" und Handlungsdurchführung/Evaluation" bestätigte bis auf wenige Items zum einen die Richtigkeit der Zuordnung und zum anderen konnte der Nachweis erbracht werden, daß die postulierten Aspekte der einzelnen Phasen vollständig durch die vorhandenen Items repräsentiert wurden. Das DIP setzt sich somit aus vier Bereichen mit den folgenden Teilaspekten zusammen:

1. **Problemanalyse**
   - Einstellungshaltung gegenüber Lebensschwieirgkeiten
   - Akzeptanz problematischer Situationen
   - emotionale Befindlichkeit beim Umgang mit Problemen
   - Problembearbeitung

2. **Zielanalyse**
   - Zielbestimmung unter Berücksichtigung der Konsequenzen

3. **Mittelanalyse**
   - Generierung und Bearbeitung von Lösungsmöglichkeiten
   - Erzeugung nicht-konventioneller Lösungen

4. **Handlungsdurchführung/Evaluation**
   - Handlungsdurchführung
   - Evaluation

Eine abschließende Bewertung der Itemanalyse führte zu einer Eliminierung von 16 nicht trennscharfen Items, die zudem clusteranalytisch nicht zuzuordnen waren, so daß in der endgültigen Version des Diagnostischen Inventars zur Erfassung von Problemlösefähigkeit die einzelnen Phasen durch 56 Items repräsentiert werden.

Die Ergebnisse der Reliabilitätsberechnungen haben gezeigt, daß es sich um ein homogenes Verfahren (Interne Konsistenz $r_{tt} > .90$) handelt, welches ein stabiles Persönlichkeitsmerkmal erfaßt (Retest-Reliabilität r_{tt} = .91, Zeitintervall: 6 Monate).

Aussagen über die Konstruktvalidität des Verfahrens lieferten die Ergebnisse von drei unabhängig voneinander überprüften Stichproben (Maas, 1990; Haßmann & Wilmer, 1990; Bents & Dirksmeier, 1990). Der Vergleich zwischen dem DIP und den Skalen "Selbstkonzept der allgemeinen Problembewältigung" und "Selbstkonzept der allgemeinen Leistungsfähigkeit" des Frankfurter Selbstkonzeptinventars (Deusinger, 1986) läßt aufgrund der sehr signifikanten Zusammenhänge (r_{tc} = .60 bzw. r_{tc} = .50) die Annahme zu, daß der DIP zum einen die Selbsteinschätzung eines Individuums in seine Fähigkeit, Probleme zu lösen, erfaßt und zum anderen zusätzliche Aspekte des konkreten Problemumgangs im DIP Berücksichtigung finden.

Die von Hussy (1985) postulierte prädiktive Valenz von Variablen des Persönlichkeitsbereichs wie "Selbstsicherheit" und "Extraversion" konnte auch in Bezug auf den DIP gefunden werden. Demnach schneiden extrovertierte und selbstsichere Personen im DIP besser ab, als introvertierte und unsichere Probanden.

Ebenfalls eine prädiktive Valenz dürfte aufgrund der Ergebnisse den Persönlichkeitsvariablen "Gehemmtheit" (gehemmte Probanden lösen ihre Probleme schlechter) und "Kontrollüberzeugung" (Probanden, die über eine interne Kontrollüberzeugung verfügen sind die besseren Problemlöser; Probanden, die sich hingegen subjektiv als machtlos empfinden, lösen Probleme schlechter) zugesprochen werden. Zusammenfassend kann davon ausgegangen werden, daß neben der Kontrollüberzeugung und der Extraversion vor allem die soziale Kompetenz eines Probanden für die Güte der Problemlösefähigkeit mitentscheidend ist.

Desweiteren konnten Hinweise darauf gefunden werden, daß der DIP im Sinne bisheriger Forschungsergebnisse in der Lage ist, zwischen psychisch beeinträchtigten und 'normalen' Personen zu differenzieren (p < .01).

Aufgrund der geringen Stichprobengröße (N = 23) bedarf es für die Annahme der Differenzierungsfähigkeit des DIP weiterer statistisch abgesicherter Ergebnisse. Ähnlich stellt sich der Sachverhalt für die postulierte Änderungssensitivität des DIP dar. Zwar konnte eine signifikante (p < .05) Erhöhung der Problemlöseleistung nach einem Training festgestellt werden, jedoch bleibt die Stichprobengröße (N = 10) auch hier hinter einem vertretbaren Maß zurück.

Das Ziel, spezielle Fertigkeiten für die einzelnen Phasen des Problemlöseprozesses nachzuweisen, konnte auf der Basis des vorhandenen Datenmaterials nicht erreicht werden. Hohe Interkorrelationen zwischen den einzelnen Phasen (r > .56) weisen die einzelnen Phasen nicht als diskrete Klassen aus. Ebenso führte eine Aufteilung der Gesamtstichprobe mittels Clusteranalyse zu einer 4-Gruppen-Lösung, die sich nicht hinsichtlich der Leistungen in einzelnen Phasen unterscheiden, sondern sich über eine unterschiedliche Problemlöseleistung über alle Phasen hinweg differenzierten. Aufgrund der Daten werden Fähigkeiten angenommen, die in allen Phasen für eine erfolgreiche Problemlösung notwendig sind. Diese Sichtweise entspricht der von Spivack et al. (1976), die ebenfalls von grundlegenden Fähigkeiten ausgehen. Inwieweit die Aufteilung des Problemlöseprozesses in einzelne Phasen realiter einem individuellen Problemlösevorgehen entspricht, kann somit auch mit Hilfe des DIPs nicht geklärt werden.

Zusammenfassend kann festgestellt werden, daß der DIP zur Erfassung einer allgemeinen Problemlösefähigkeit als ein im Hinblick auf die Gütekriterien geeignetes Verfahren gelten kann.

7.2.3 Bewertung

Das in dieser Arbeit entwickelte Diagnostische Inventar zur Erfassung von Problemlösefähigkeit (DIP) kann aufgrund der Ergebnisse als ein Verfahren eingeschätzt werden, welches ein quantitatives Maß für die individuelle

Problemlösegüte erhebt. Die Items repräsentieren dabei die einzelnen Phasen des Problemlöseprozesses nach D'Zurilla & Goldfried (1971). Gleichzeitig werden von Spivack et al. (1976) postulierte interpersonelle Aspekte miteinbezogen.

Durch die Standardisierung in der Durchführung und Auswertung ist der DIP hinsichtlich dieser Aspekte ein objektives Verfahren. Die Interpretation der DIP-Ergebnisse kann zum jetzigen Zeitpunkt nur auf Basis der vorhandenen Daten erfolgen. Es fehlt die Normierung, die an einer nach teststatistischen Kriterien angemessenen Stichprobe erfolgt.

Desweiteren ist der DIP mit 56 Items ein ökonomisches Verfahren, für dessen Durchführung max. 30 min. und für dessen Auswertung max. 10 min. zu veranschlagen sind. Die Auswertungszeit kann durch den Einsatz einer Schablone auf ca. 5 min. verkürzt werden.

Die Ergebnisse der Itemanalyse und die errechnete Interne Konsistenz des Verfahrens spricht für die Interne Validität des DIP.

Die im Rahmen der Externen Validität aufgeführten Ergebnisse zeichnen sich durch hohe Differentziertheit der Validitätskriterien (verschiedene Persönlichkeitsdimensionen, Gruppenunterschiede, Änderungssensitivität) aus, die sich auf Hinweise aus der empirischen Problemlöseforschung beziehen. Gleichzeitig kann davon ausgegangen werden, daß die Validitätskriterien selbst über vertretbare Gütekriterien verfügen. Die Güte der internen kriterienorientierten Validitätsberechnungen ist sehr zufriedenstellend. Für die Validität des DIP in Bezug auf Außenkriterien sprechen eine Reihe von Hinweisen, die zwar an Stichproben mit geringer Größe gefunden wurden, jedoch für größere Stichproben ebenfalls angenommen werden können, da sie sich mit den Erkenntnissen der bisherigen empirischen Forschung decken.

Zusammenfasssend kann festgestellt werden, daß das DIP in seiner jetzigen Form ein Verfahren darstellt, welches den in dieser Arbeit diskutierten

Verfahren hinsichtlich der Ökonomie, der Internen und Externen Validität überlegen ist. Zwar sind auch für das DIP noch eine Reihe weiterer Untersuchungen vor allem im Bereich der externen Validität (z.b. ein Vergleich zu anderen Erhebungsmethoden zur Erfassung von Problemlösefähigkeit) sinnvoll und wünschenswert, jedoch erfüllt das DIP bereits jetzt die Anforderungen, um in der therapeutischen Praxis eingesetzt zu werden.

Das DIP liefert dem Praktiker Hinweise auf die Güte der allgemeinen Problemlösefähigkeit eines Probanden, welche sowohl intra- als auch interpersonelle Aspekte berücksichtigt. Der erhaltene Wert für die Problemlösefähigkeit kann ausgehend von einem Mittelwert von 240, einer Standardabweichung von 29 für 'Normalpopulationen' und unter Berücksichtigung der errechneten Reliabilität als durchschnittlich bzw. unter- oder überdurchschnittlich beurteilt werden und somit Hilfestellung bei der Therapieplanung geben. Für eine differenzierte Zuordnung fehlt es jedoch wie erwähnt an einer Normierung des DIP.

Inwieweit eine qualitative Auswertung der einzelnen Phasen für den Praktiker von Nutzen sein kann, muß noch geprüft werden. Es ist jedoch grundsätzlich denkbar, daß eine Betrachtung der Phasenergebnisse zumindest einige differenzierte Hinweise für einzelne Populationen für die Planung von Traningsprogrammen hilfreich sein kann.

Im Rahmen von Effektivitätsuntersuchungen ist das DIP bereits jetzt im Sinne von prae-post-Messungen zur Überprüfung durchgeführter Trainingsprogramme zur Förderung der Problemlösefähigkeit einsetzbar.

Inwieweit die eingesetzten Kurzbeschreibungen zu den einzelnen Phasen und das Problembeispiel die gewünschten Ergebnisse bezüglich der Sensibilisierung und der Einführung des Probanden in den Sachverhalt erfüllen, bedarf noch einer grundsätzlichen Klärung. Solange dies nicht geschehen ist, wird vorgeschlagen, das DIP in der jetzigen Form beizubehalten.

Trotz der Vorschläge zur Verbesserung des DIP in Bezug auf die Externe Validität und der Hinweis auf die fehlende Normierung des Verfahrens bleibt festzuhalten, daß sich die allgemeine Nützlichkeit des Verfahrens nicht zuletzt auch dadurch gezeigt hat, daß mit ihm Ergebnisse erzielt wurden, die als eine Bestätigung und Fundierung anderer, vorheriger Untersuchungen zur Überprüfung des Problemlösen aufgefaßt werden können.

7.3 Ausblick

Neben der unmittelbar praxisrelevanten Implikation dieser Arbeit gibt es eine Reihe theoretischer und methodischer Aspekte, die für die weitere therapeutische Arbeit im Bereich des Problemlösens von Interesse sind.

An erster Stelle sollte die Frage stehen, inwieweit Fragebögen wie das hier konstruierte Inventar, in denen Items die Inhalte des Problemlöseprozesses repräsentieren, adäquate Erhebungsinstrumente für Problemlösen sind. Eine Antwort ist selbstverständlich abhängig vom Untersuchungsziel. Will man, wie in dieser Arbeit, ein ökonomisches Verfahren für den Einsatz in der Praxis konstruieren, mit dessen Hilfe Aussagen über interindividuelle Unterschiede auf Gruppenniveau gemacht werden können, so sind Fragebögen dieser Art m.E. durchaus geeignet. Gegenüber Verfahren, die als Test-Items Problemlöseaufgaben im Sinne von Problemlöse-Szenarios wie z.B. im MEPS aufweisen, verfügt das DIP aufgrund der Standardisierung über eine bessere Auswertungs- und Interpretationsobjektivität und ist in der täglichen therapeutischen Praxis einfacher zu handhaben.

Grundsätzlich bleibt jedoch zu überlegen, ob letztlich nicht mehr Informationen gewonnen werden können, wenn man die individuellen Problemlöseabläufe stärker im Sinne von Einzelfallstudien erkundet. Bislang kann keines der in dieser Arbeit genannten Verfahren zur Erfassung von Problemlösefähigkeit einschließlich des DIP konkrete Hinweise auf das individuelle Vorgehen beim Problemlösen liefern. Für die therapeutische Praxis bedeutet dies, daß zwar mit Hilfe des DIP die Diagnose einer allgemeinen Problemlösefähigkeit und die Überprüfung der Effektivität therapeutischer Interventionen auf diesen Aspekt hin einfach und ökonomisch möglich ist, Hinweise auf individuelle Schwierigkeiten in einzelnen Aspekten des Problemlöseprozesses aber wie bisher mit anderen Methoden gesucht werden müssen. Die Planung konkreter therapeutischer Interventionen im Bereich des Problemlösens bleibt somit zunächst auf zeitintensive Einzelfallstudien beschränkt. Es bleibt jedoch zu hoffen, daß die Ergebnisse der Einzelfallanalysen zu weiteren Erkenntnissen im Bereich des Problemlösens führen und diese dann auch langfristig ihre Umsetzung in geeignete Meßinstrumente finden.

Mit dem methodischen Problem eng verbunden ist die Frage, inwieweit die bislang als Grundlage therapeutischer Interventionen geltenden theoretischen Konzepte dem tatsächlichen Vorgang menschlicher Problemlösung entsprechen. In der Klinischen Psychologie werden die einzelnen Phasen bzw. Schritte des Problemlöseprozesses wesentlich stärker betont als im Bereich der Denkpsychologie. Zwar wird auch innerhalb der Denkpsychologie ein phasenorientierter Prozeß angenommen (vgl. Dörner, 1989), in der empirischen Forschung werden die Phasen jedoch vernachlässigt und es wird versucht, grundlegende kognitive Fähigkeiten, die einen erfolgreichen Problemlöser auszeichnen, nachzuweisen. Innerhalb der Klinischen Psychologie wird im Gegensatz dazu von den einzelnen Schritten des Prozesses ausgegangen. Für die Schritte werden dann Teilaspekte formuliert, die ein problemlösendes Individuum in der jeweiligen Phase zu beachten hat. Gleichzeitig wird angenommen, daß eine erfolgreiche Problemlösung von dem 'Abarbeiten' aller Problemlöseschritte abhängig ist.

Es ist jedoch bislang ungeklärt

-   welche spezifischen Fähigkeiten für die erfolgreiche Bearbeitung der einzelnen Phasen notwendig sind,

- welche Anteile die einzelnen Schritte an der gesamten Problemlösung haben und
- wie die Beziehungen der Phasen untereinander beschrieben werden können.

Ein Ziel der vorliegenden Arbeit war es deshalb, erste Antworten auf die genannten Fragen zu finden. Die einzelnen Phasen "Problemanalyse", "Zielanalyse", "Mittelanalyse" und "Handlungsdurchführung/Evaluation" konnten in dem gewählten Rahmen nicht als diskrete Klassen identifiziert werden, sondern es wurden entgegen der Erwartung hohe Zusammenhänge zwischen den Phasen gefunden. Dies deutet daraufhin, daß nicht spezifische Fähigkeiten in den einzelnen Phasen, sondern entsprechend dem Ansatz in der Denkpsychologie grundlegende kognitive Fähigkeiten für eine erfolgreiche Problemlösung notwendig sind.

Für die Anwendung des Problemlösens in der therapeutische Arbeit müßte deshalb gefordert werden, daß generelle kognitive Fähigkeiten, wie z.B. die Fähigkeit zur Analyse komplexer Sachverhalte oder zur Antizipation möglicher Veränderungen verstärkt berücksichtigt werden. In den bekannten Trainingsprogrammen werden diese Aspekte bislang vernachlässigt.

Die vorliegende Arbeit konnte keine Hinweise geben, inwieweit die Aufteilung des Problemlöseprozesses in einzelne Phasen realiter dem tatsächlichen Problemlösevorgehen entspricht und welche Wirksamkeitsanteile den einzelnen Schritten trotz des hohen Zusammenhangs untereinander zugesprochen werden müssen. Hier bedarf es weiterer Untersuchungen.

Im Rahmen der therapeutischen Anwendung der Problemlösemethode existieren eine Reihe weiterer Probleme. Zwar konnte durch die umfangreiche theoretische und empirische Literatur sichergestellt werden, daß das Problemlösen eine häufig angewandte Therapiemethode innerhalb der Psychotherapie darstellt und zur Lösung intrapsychischer und interaktioneller Probleme herangezogen wird. Uneinigkeit herrscht jedoch über die Verwendungsart des Problemlösens. Soll es als unmittelbare, konkret-praktische Therapiestrategie wie in den angesprochenen Trainingsprogrammen angewendet werden oder ist es sinnvoller und hilfreicher den gesamten Therapieprozeß mittels der einzelnen Schritte des Problemlösens zu ordnen und zu reflektieren?

Die Anwendung des Problemlösens als Verlaufs- bzw. Überblicksschema für den gesamten Therapieprozeß ist sicherlich unproblematisch, da dabei die konkreten therapeutischen Interventionen nicht auf die Problemlösemethode ausgerichtet werden und auch das Therapieziel unabhängig vom Problemlösen formuliert werden kann.

Die Durchführung von Trainingsprogrammen zur Förderung der Problemlösefähigkeit bietet im Gegensatz zu dem vorher genannten Ansatz die Vorteile, daß den Klienten die therapeutische Situation transparent gemacht wird und daß ihnen das Generalisieren der in der Therapie erreichten Effekte auf den Alltag erleichtert wird. Damit wird das Problemlöse-Wissen auch außerhalb der Therapie gefestigt und führt langfristig zu einer Verbesserung der Problembewältigungsstrategien beim Klienten. Dennoch sind für die Verwendung der Problemlösemethode im konkret-praktischen Kontext einige Aspekte zu problematisieren.

Grundsätzlich fehlen Hinweise auf Wirksamkeitsannahmen und Indikationsstellungen. So konnte der Einfluß der Problemlösestrategie auf die Emotionen des problemlösenden Individuums bisher nur ansatzweise und unzureichend geklärt werden. Dies hat zur Folge, daß eine Auseinandersetzung mit den Klientenproblemen innerhalb eines Problemlösetrainings vor allem auf der kognitiven Ebene, d.h. auf der Basis von kognitiven Defiziten und Handlungsunsicherheiten, stattfindet. Im Falle einer sehr intensiven emotionalen Belastung seitens des Klienten wird deshalb auch angeregt, zunächst angstmildernde therapeutische Maßnahmen durchzuführen (Kämmerer, 1983). Unter Berücksichtigung der Ergebnisse der Emotionsforschung müßte deshalb versucht werden, Hinweise für die Auswirkungen der

Problemlösestrategie auf die Emotionen des problemlösenden Individuums zu erhalten.

Nicht nur die differentielle Wirksamkeit der Problemlösestrategie, sondern auch die Indikation der therapeutischen Anwendung des Problemlösens ist ungeklärt. Die Angaben, die gefunden werden konnten, beziehen sich, wie bereits angesprochen, auf die emotionale Belastung und die Veränderungsmotivation des Klienten. Im letztgenannten Fall wird die Notwendigkeit einer hohe Motivation für den Erfolg eines Trainings herausgestellt. Auch hier müßten weitere Untersuchungen Aufschluß darüber geben, welche zusätzlichen Aspekte für oder gegen die Anwendung eines Problemlösetraining sprechen.

Desweiteren sollte die Frage nach der Art der Probleme gestellt werden, bei denen eine Anwendung der Problemlösestrategie besonders geeignet ist. In den Termini der denkpsychologischen Problemlösetheorie ausgedrückt, müßte der Problemraum und die Barriere (Dörner, 1976) näher bestimmt werden. Diesem Vorschlag liegt die Vermutung zugrunde, daß nicht alle in der psychotherapeutischen Praxis auftauchenden Schwierigkeiten durch ein Problemlösetraining behoben werden können.

Zusammenfassend läßt sich feststellen, daß, obwohl die Problemlösestrategie in der Psychotherapie häufig angewandt wird, keine differentiellen Wirksamkeitsanalysen und Indikationsstellungen für dieses Therapieverfahren vorliegen. Aus diesem Grund werden von Seiten der Therapeuten vermutete Anwendungsdefizite des Problemlösens in der Praxis häufig durch die Kombination mit anderen Therapiestrategien aufgefangen. Dies gilt z.B. auch für den Einsatz der Trainingsprogramme in Gruppen. Da eine Berücksichtigung der Gruppendynamik und der sich daraus ergebenden Vor- und Nachteile nicht vorgesehen ist, werden auch dort zusätzliche Interventionsstrategien eingesetzt.

Es ist jedoch theoretisch und empirisch ungeklärt, welche Kombinationen von Einzelinterventionen sinnvoll sind und sich in ihrer Wirkung unterstützen. Dies führt dazu, daß die Kombinationen in Abhängigkeit von der Persönlichkeit des Therapeuten zufällig gewählt werden. In Zusammenhang mit der Problemlösestrategie muß somit ebenfalls die Kombinierbarkeit zu anderen Therapieverfahren verstärkt ins Interesse der psychotherapeutischen Forschung gerückt werden.

Zusammengefaßt ergeben sich folgende Forschungsperspektiven für das therapeutische Problemlösen:

- In Einzelfallstudien ist verstärkt individuelles Problemlösen zu untersuchen;
- ein individuelles Vorgehen ist wichtig, um die Gültigkeit der Aufteilung des Problemlöseprozesses in einzelne Phasen nachzuweisen, und um gegebenenfalls die Wirksamkeitsanteile der einzelnen Schritten näher beschreiben zu können.
- Im Rahmen der therapeutischen Anwendung des Problemlösens sind differentielle Wirksamkeitsanalysen durchzuführen und
- es ist verstärkte Aufmerksamkeit auf die Indikationsforschung zu richten
- Die Kombination des Problemlösens mit anderen Therapieverfahren sollte aus dem Stadium des zufälligen oder unkritischen Vorgehens herausgeholt werden, indem Kriterien für sinnvolle Kombinationen entwickelt werden.

Abschließend bleibt jedoch festzuhalten, daß die Problemlösestrategie in der Praxis der Psychotherapie nur eine von vielen möglichen Therapiemethoden darstellt und nicht den Anspruch haben kann und darf, für alle auftretenden Probleme geeignet zu sein.

Literatur

Alexander, J.F. & Parsons, B.V. (1973). Short-term behavioral intervention with delinquent families. *Journal of Abnormal Psychology, 81*, 219 - 225.

Alter, K. (1979). *Interpersonelles Problemlösedenken bei Alkoholikern. Vergleich einer Gruppe von Alkoholikern und einer Gruppe von Nicht-Alkoholikern.* Münster: unveröffentl. Diplom- Hausarbeit.

Appel, P. & Kaestner, E. (1979). Interpersonal and emotional problem-solving among narcotic drug abusers. *Journal of Consulting and Clinical Psychology, 47*, 1125 - 1127.

Baade, F.W., Borck, J., Goebe, S. & Zumvenne, G. (1980). *Theorien und Methoden der Verhaltenstherapie* (Bd. 1). Tübingen: DGVT.

Baker, S.B. & Roberts, D.M. (1989). The factor structure of the Problem-Solving-Inventory: Measuring perceptions of personal problem solving. *Measurement & Evaluation in Counseling & Development, 21*, 157 - 164.

Bartling, G., Echelmeyer, L., Engberding, M. & Krause, R. (1980). *Problemanalyse im therapeutischen Prozeß.* Stuttgart: Kohlhammer.

Bastine, R. (1977). *Fragebogen zur direktiven Einstellung F-D-E.* Göttingen: Hogrefe.

Beck, A.T., Ward, C.H., Mendelson, M., Mock, J. & Erbaugh, J. (1961). An inventory for measuring depression. *Archives of General Psychiatry, 4*, 561 - 571.

Bedell, J.R., Archer, R.P. & Marlowe, H.A. (1980). A description evaluation of a problem-solving skills training program. In D. Upper & S.M. Ross (Hrsg.), *Behavioral group therapy. An annual review.* (S. 3 - 35). Champaign Ill.: Research Press Company.

Behrenberg, A. & Kosok, B. (1988). *Kontrollüberzeugungen im Bereich Problemlösen: Eine handlungstheoretisch orientierte Untersuchung zu Konstruktzusammenhängen, Alters- und Geschlechtsunterschieden.* Münster: unveröffentl. Diplom- Hausarbeit.

Bense, A. (1977). *Erleben in der Gesprächspsychotherapie: Die Experiencing--Theorie Gentlins in der klienten-zentrierten Gesprächspsychotherapie.* Weinheim: Beltz.

Bents, H. & Dirksmeier, Chr. (1990). *Die Auswirkungen eines Problemlösetrainings auf Patienten einer Psychosomatischen Klinik.* Münster: unveröff. Manuskript.

Beveridge, W. & Goh, D.S. (1987). Means-ends thinking in public school maladjusted adolescents. *Journal of Adolescent Research, 2,* 75 - 84.

Blechman, E.A., Olson, D.H. & Hellman, I.D. (1976a). Stimulus control over family problem-solving behavior: The Family Contract Game. *Behavior Therapy, 7,* 686 - 692.

Blechman, E., Olson, D.H., Schornagel, C.Y., Halsdorf, M. & Turner, A.J. (1976b). The Family Contract Game: Technique and case study. *Journal of Consulting and Clinical Psychology, 44,* 449 - 455.

Bonner, R. & Rich, A. (1988). Negative life stress, social problem-solving, self appraisal, and hopelessness: Implications for suicide research. *Cognitive Therapy and Research, 12,* 549 - 556.

Bortz, J. (1977). *Lehrbuch der Statistik.* Berlin: Springer.

Brauckmann, W. & Filipp, S.H. (1981). Personale Kontrolle und die Bewältigung kritischer Lebensereignisse. In S.-H. Filipp (Hrsg.), *Kritische Lebensereignisse* (S. 233 - 251). München: Urban & Schwarzenberg.

Brengelmann, J.C. & Brengelmann, C. (1960). Deutsche Validierung von Fragebogen der Extraversion, neurotischen Tendenz und Rigidität. *Zeitschrift für Experimentelle und Angewandte Psychologie, 7,* 291 - 331.

Butler, L. & Meichenbaum, D. (1981). The assessment of interpersonal cognitive problem-solving skills. In P.C. Kendall & S.D. Hollon (Hrsg.), *Assessment strategies for cognitive-behavioral interventions* (S. 197 - 225). New York: Academic Press.

Camper, P.M., Jacobson, N.S., Holtzworth-Munroe, A. & Schmaling, K.B. (1988). Causal attributions for interactional behaviors in married couples. *Cognitive Therapy and Research, 12*, 195 - 209.

Clauß, G. & Ebner, H. (1974). *Grundlagen der Statistik.* Berlin: Volk und Wissen Volkseigener Verlag.

Coche', E. (1977). Problemlöse-Training als Sonderform der Gruppenpsychotherapie. *Gruppenpsychotherapie & Gruppendynamik, 12*, 49 - 67.

Coche', E. & Douglas, A.A. (1977). Therapeutic effekts of problem-solving training and plan-reading groups. *Journal of Clinical Psychology, 33*, 820 - 826.

Coche', E. & Flick, A. (1975). *Problem-solving training groups for psychiatric patients: A manual.* Philadelphia, Friends Hospital: Inpublished Manuscript.

Cronbach, L.J. & Meehl, P.E. (1955). Construct validity in psychological tests. *Psychological Bulletin, 52*, 281 - 302.

D'Zurilla, T.J. & Goldfried, M.R. (1971). Problem-solving and behavior modification. *Journal of Abnormal Psychology, 78*, 107 - 126.

D'Zurilla, T.J. & Goldfried, M.R. (1973). Cognitive process, problem-solving and effective behavior. In M. Goldfried & M. Merbaum (Hrsg.), *Behavior change through self-control.* New York: Holt, Rinehart & Winston.

D'Zurilla, T.J. & Nezu, A. (1980). A study of the generation-of-alternatives process in social problem-solving. *Cognitive Therapy Research, 4*, 67 - 72.

Deusinger, I.M. (1986). *Die Frankfurter Selbstkonzeptskalen.* Göttingen: Hogrefe.

Dobson, D.J. & Dobson, K.S. (1981). Problem-solving strategies in depressed and nondepressed college students. *Cognitive Therapy Research, 5*, 237 - 249.

Doerfler, L.A., Mullins, L.L. & Griffin, N.J. (1984). Problem-solving deficits in depressed children, adolescents, and adults. *Cognitive Therapy and Research, 8*, 489 - 499.

Dörner, D. (1976). *Problemlösen als Informationsverarbeitung*. Stuttgart: Kohlhammer.

Dörner, D. (1979). Kognitive Merkmale erfolgreicher und erfolgloser Problemlöser beim Umgang mit sehr komplexen Systemen. In H. Ueckert & D. Rhenius (Hrsg.), *Komplexe menschliche Informationsverarbeitung* (S. 185 - 195). Bern: Huber.

Dörner, D. (1983). *The organisation of action in time*. Bamberg: Memorandum Systemdenken No. 20.

Dörner, D. (1984). Denken, Problemlösen und Intelligenz. *Psychologische Rundschau, 35*, 10 - 20.

Dörner, D. (1986). *Wissen und Verhaltensregulation: Versuch einer Integration*. Bamberg: Memorandum Systemdenken No. 32.

Dörner, D. (1989). *Die Logik des Mißlingens. Strategisches Denken in komplexen Situationen*. Reinbek: Rowohlt.

Dörner, D. & Kreuzig, H.W. (1983). Problemlösen und Intelligenz. *Psychologische Rundschau, 34*, 185 - 192.

Dörner, D., Kreuzig, H.W., Reither, F. & Stäudel, T. (1983). *Lohhausen: Vom Umgang mit Unbestimmtheit und Komplexität*. Bern: Huber.

Dörner, D. & Stäudel, T. (1984). *Moro: Instruktion, mathematische Modelle und Programm*. Bamberg: Memorandum Systemdenken No. 23.

Duncker, K. (1935). *Zur Psychologie des produktiven Denkens*. Berlin: Springer, Neudruck 1963.

Eckert, J. (1984). *Stationäre Gruppenpsychotherapie - vergleichende empirische Prozeß- und Erfolgsstudien über stationäre gesprächspsychotherapeutische und psychoanalytische Gruppenpsychotherapie*. Hamburg: Habil.

Eckes, T. & Roßbach, H. (1980). *Clusteranalysen*. Stuttgart: Kohlhammer.

Edelstein, B. A., Couture, E., Cray, M., Dickens, P. & Lusebrink, N. (1980). Group training of problem-solving with psychiatric patients. In D. Upper & S.M. Ross (Hrsg.), *Behavioral group therapy. An annual review* (S. 85 -102). Champaign, Ill.: Research Press Company.

Eggert, D. (1974). *The Eysenck personality inventory (EPI)*. Deutsche Ausgabe. Göttingen: Hogrefe.

Espe, H. (1980). Zusammenhänge zwischen Prozeßerfahrung und Therapieerfolg in der Gesprächspsychotherapie. In W. Schulz & M. Hautzinger (Hrsg.), *Klinische Psychologie und Psychotherapie* (S. 111 - 123). Tübingen/Köln: DGVT und GWG.

Eysenck, S.B.G. & Eysenck, H.J. (1963). The validity of questionaires and rating assessments of extraversion and neurotiscm and their factorial validity. *British Journal of Psychology, 54*, 51 - 62.

Fahrenberg, J., Hampel, R. & Selg, H. (1989). *Das Freiburger Persönlichkeitsinventar FPI*. Göttingen: Hogrefe (5. ergänzte Auflage).

Fahrenberg, J., Selg, H. & Hampel, R. (1973). *Das Freiburger Persönlichkeitsinventar FPI*. Göttingen: Hogrefe (2. Auflage).

Falkenstein, Chr., Kolb, M. & Stubenvoll, A. (1983). Entwicklung eines diagnostischen Inventars zur Erfassung der Problemlösefähigkeit bei depressiven Studenten. *Zeitschrift für Klinische Psychologie, 12*, 12 - 30.

Fehrenbach, A. & Peterson, L. (1989). Parental problem-solving skills, stress, and dietary compliance in phenylketonuria. *Journal of Consulting and Clinical Psychology, 57*, 237 - 241.

Fiedler, P.A. (1981). *Therapieziel Selbstbehandlung*. Weinheim: Beltz.

Fritz, A. (1985). Lern- und Leistungsverhalten von "MCD-Kindern" mit spezifischen Teilleistungsschwächen. *Zeitschrift für Kinder- und Jugendpsychiatrie, 13*, 82 - 94.

Fritz, A. & Funke, J. (1988). Komplexes Problemlösen bei Jugendlichen mit Hirnfunktionsstörungen. *Zeitschrift für Psychologie, 196*, 171 - 187.

Funke, J. (1983). Einige Bemerkungen zu Problemen der Problemlöseforschung oder: Ist Testintelligenz doch ein Prädiktor? *Diagnostica, 29*, 282 - 302.

Funke, J. (1984). Alles bestätigt? Anmerkungen zum Kommentar von W. Putz-Osterloh (1983). *Diagnostica, 30*, 104 - 110.

Funke, J. (1986). *Komplexes Problemlösen - Bestandsaufnahme und Perspektiven (Bd. 18)*. Berlin: Springer, Lehr- und Forschungstexte.

Gatz, M., Tyler, F.B. & Pargament, K. (1978). Goal attainment, locus of control and coping style in adolescent group counseling. *Journal of Counseling Psychology, 25,* 310 - 319.

Geue, B. (1985). *Problemlösen im Alltag. Konzeption und Ergebnis eines Kursprogramms.* Tübingen: Diss.

Goldfried, M.R. (1980). Psychotherapy as coping skills training. In M.J. Mahoney (Hrsg.), *Psychotherapy process. Current issues and future directions* (S. 89 - 119). New York:.

Goldfried, M.R. & Davison, G. (1976). *Clinical behavior therapy.* New York: Holt, Rinehart & Winston.

Goldfried, M.R. & Goldfried, A.P. (1975). Cognitive change methods. In F.H. Kanfer & A.P. Goldfried (Hrsg.), *Helping people change.* New York: Pergamon.

Grawe, K., Dziewas, H. & Wedel, S. (1980). Interaktionelle Problemlösegruppen - Ein verhaltenstherapeutisches Gruppenkonzept. In K. Grawe (Hrsg.), *Verhaltenstherapie in Gruppen* (S. 266 - 306). München: Urban & Schwarzenberg.

Guerney, B. & Stollak, G. (1965). Problems in living, psychotherapy process research and an autoanalytic method. *Journal of Consulting and Clinical Psychology, 29,* 581 -585.

Haßmann, F. & Wilmers, R. (1990). *Interdependenzen zwischen ausgewählten Persönlichkeitsmerkmalen und der Wahrnehmung und Beurteilung verschiedener Medieninhalte.* Münster: unveröff. Diplom-Hausarbeit.

Heppner, P.P. (1978). A review of the problem-solving literature and its relationships to the counseling-process. *Journal of Counseling Psychology, 25,* 366 - 373.

Heppner, P.P. & Petersen, C.H. (1982). The development and implications of a personal problem-solving inventory. *Journal of Counseling Psychology, 29,* 66 - 75.

Heppner, P.P., Reeder, B.L. & Larson, L.M. (1983). Cognitive variables associated with personal personal problem-solving appraisal: Implications for counseling. *Journal of Counseling Psychology, 30,* 537 - 545.

Hesse, F.W. (1979). *Trainingsinduzierte Veränderungen in der heuristischen Struktur und ihr Einfluß auf das Problemlösen.* Aachen: Diss.

Hesse, F.W. (1982). Training-induced changes in problem solving. *Zeitschrift für Psychologie, 190,* 405 - 423.

Hesse, F.W., Spies, K. & Lüer, G. (1983). Einfluß motivationaler Faktoren auf das Problemlöseverhalten im Umgang mit komplexen Problemen. *Zeitschrift für Experimentelle und Angewandte Psychologie, 30,* 400 - 424.

Heuser, J. (1976). *Zur differentiellen Wirkung von Stress auf das Problemlösen.* Wiesbaden: Diss.

Hodapp, V., Laux, L. & Spielberger, C.D. (1982). Theorie und Messung der emotionalen und kognitiven Komponente der Prüfungsangst. *Zeitschrift für Differentielle und Diagnostische Psychologie, 3,* 169 - 184.

Hörmann, H.J. & Thomas, M. (1989). Zum Zusammenhang zwischen Intelligenz und komplexem Problemlösen. *Sprache & Kognition, 8,* 23 - 31.

Hoffmann, M. (1978). *Zur Genese von Verhaltensstörungen aufgrund fehlgeschlagener Problemlösestrategien.* Weinheim: Beltz. Mitteilungen der DGVT. Sonderheft 1.

Hogan, R. (1969). Development of an empathy scale. *Journal of Consulting and Clinical Psychology, 33,* 306 - 316.

Holling, H., Liepmann, D., König, F., Otto, J. & Schmidt, J.U. (1980). Spezifische Zusammenhänge zwischen Problemlösefähigkeit, Intelligenz, Temperament, Interessen und Selbsteinschätzungen. In W. Schulz & M. Hautzinger (Hrsg.), *Klinische Psychologie und Psychotherapie* (Bd. 2, S. 245 - 256). Tübingen/Köln: DGVT und GWG.

Hops, H., Wills, T.A., Patterson, G.R. & Weiss, R.L. (1971). *Marital Interaction Coding System* (Bd. 8). University of Oregon: Technical Report.

Huber, O. (1982). *Entscheiden als Problemlösen.* Bern: Huber.

Hussian, R.A. & Lawrence, P.S. (1981). Social reinforcement of activity and problem-solving training in the treatment of depressed institutionalized elderly patients. *Cognitive Therapy Research,* 5, 57 -70.

Hussy, W. (1984a). *Denkpsychologie - ein Lehrbuch. Geschichte, Begriffs- und Problemlöseforschung, Intelligenz (Bd. 1).* Stuttgart: Kohlhammer.

Hussy, W. (1984b). *Zum Begriff der Problemschwierigkeit beim komplexen Problemlösen.* Trier: Trierer Psychologische Berichte No. 11.

Hussy, W. (1985). Komplexes Problemlösen - eine Sackgasse? *Zeitschrift für Experimentelle und Angewandte Psychologie, 32,* 55 - 74.

Inhester, M.L. (1987). *Stationäre Therapie bei Alkoholikern. Zum Stellenwert verschiedener Untersuchungsinstrumente.* Münster: unveröffentl. Diplom-Hausarbeit.

Intagliata, J.C. (1978). Increasing the interpersonal problem-solving skills of an alcoholic population. *Journal of Consulting and Clinical Psychology, 46,* 489 - 498.

Jacobson, N.S. (1977). Problem-solving and contingency contracting in the treatment of marital discord. *Journal of Consulting and Clinical Psychology, 45,* 92 - 100.

Jacobson, N.S. (1978). Specific and nonspecific factors in the effectiveness of a behavioral approach to the treatment of marital discord. *Journal of Consulting and Clinical Psychology, 46,* 442 - 452.

Jacobson, N.S. (1979). Increasing positive behavior in severely distressed marital relationsships. The effects of problem solving training. *Behavior Therapy, 10,* 311 - 326.

Jaeggi, E. (1979). *Kognitive Verhaltenstherapie. Kritik und Neubestimmung eines aktuellen Konzepts.* Weinheim: Beltz.

Juengst, K.L. (1977). *Konstruktion und erste Validierung eines Curriculums zur Förderung problemlösenden Verhaltens.* Saarbrücken: Diss.

Kämmerer, A. (1983). *Die therapeutische Strategie "Problemlösen".* Münster: Aschendorff.

Kämmerer, A. (1987). Die therapeutische Strategie "Problemlösen" in der therapeutischen Beratung. In H. Neber (Hrsg.), *Angewandte Problemlösepsychologie* (S. 287 - 318). Münster: Aschendorff.

Kanfer, F.H. & Busemeyer, J.R. (1982). The use of problem-solving and decision-making in behavior therapy. *Clinical Psychology Review, 2*, 239 -266.

Kelley, H.H. (1967). Attribution theory in social psychology. In Levine, D. (Hrsg.), *Nebraska Symposium on Motivation* (S. 192 - 238). Lincoln: University of Nebraska Press.

Kemmler, L. & Borgart, J. (1982). Interpersonelles Problemlösen. *Diagnostica, 28*, 307 - 325.

Kempkens-Sadeghi, C. & Kürten, A. (1986). *Entwicklung eines Diagnostischen Inventars zur Erfassung von Problemlösefähigkeit.* Münster: unveröffentl. Diplom- Hausarbeit.

Kifer, R.E., Lewis, M., Green, D.R. & Philips, E.L. (1974). Training predeliquent youths and their parents to negotiate conflict situations. *Journal of Applied Behavior Therapy, 7*, 357 - 364.

Klein, H.K. (1971). *Heuristische Entscheidungsmodelle.* Wiesbaden: Gabler.

Klix, F. (1971). *Information und Verhalten.* Bern: Huber (3. Aufl. 1976).

König, F. (1979). Problemlösen und kognitive Therapie. In N. Hoffmann (Hrsg.), *Grundlagen kognitiver Therapie* (S. 155 -176). Bern: Huber.

König, F., Otto, J., Holling, H. & Liepmann, D. (1980). Das Konzept der Problemlösefähigkeit in der Psychotherapie. In W. Schulz & M. Hautzinger (Hrsg.), *Klinische Psychologie und Psychotherapie* (S. 227 - 243). Tübingen, Köln: DGVT und GWG.

Kolbe, B. & Rokossa, B. (1986). *Die Bedeutung individueller und institutioneller Variablen bei der Therapie von Alkoholabhängigen. Die Variable "Krankheitsgewinn" bei der Entstehung und Aufrechterhaltung von Alkoholabhängigkeit.* Münster: unveröffentl. Diplom -Hausarbeit.

Krampen, G. (1981). *IPC-Fragebogen zu Kontrollüberzeugungen.* Göttingen: Hogrefe.

Krause, R. & Simons, D. (1981). Problemlösen - Eine Analyse des Konzepts und seiner Anwendung in der Psychotherapie. *Zeitschrift für Klinische Psychologie, 10*, 265 - 280.

Krause, W. (1979). Zur Analyse von Problemlösungsprozessen. *Probleme und Ergebnisse der Psychologie, 69*, 63 - 80.

Krause, W. (1982). Problemlösen - Stand und Perspektiven II. *Zeitschrift für Psychologie, 190,* 141 - 169.

Kreuzig, H.W. (1979). Gütekriterien für die kognitiven Prozesse bei Entscheidungssituationen in sehr komplexen Realitätsbereichen und ihr Zusammenhang mit Persönlichkeitsmerkmalen. In H. Ueckert & D. Rhenius (Hrsg.), *Komplexe menschliche Informationsverarbeitung* (S. 197 - 209). Bern: Huber.

Kreuzig, H.W. (1981). Über den Zugang zu komplexem Problemlösen mittels prozeßorientierter kognitiver Persönlichkeitsmerkmale. *Zeitschrift für Experimentelle und Angewandte Psychologie, 28,* 294 - 308.

Krott, E. (1985). Ein Selbstinstruktionstraining zur Verbesserung der Problemlösefähigkeit bei jugendlichen Strafgefangenen. *Zeitschrift für Strafvollzug und Straffälligenhilfe, 34,* 138 - 140.

Kühle, H.J. & Badke, P. (1984). *Die Lösung komplizierter politischer Probleme, das Verhalten in einem Simulationsspiel und Persönlichkeitsmerkmale.* Bamberg: Memorandum Systemdenken No. 25.

Kühle, H.J. & Badke, P. (1986). *Modifizierte Fassung von No. 25.* Bamberg: Memorandum Systemdenken No. 28.

Kuhl, J. (1983). Emotion, Kognition und Motivation I und II. *Sprache und Kognition, 2,* 228 - 253.

Kuhl, J. (1984). Volotional mediators of cognition and behavior consistency: Self-regulatory processes ans action vs. state orientation. In J. Kuhl & J. Beckmann (Hrsg.), *Action control: From cognition to behavior.* New York: Springer.

Kuhl, J. (1985). *Kurzanweisung zum Fragebogen HAKEMP.* München: unveröff. Manuskript.

Kukla, F. (1981). Gestörte Informationsverarbeitung Schizophrener bei der Erkennung semantischer Beziehungen zwischen Begriffen. *Zeitschrift für Psychologie, 189,* 269 - 288.

Larson, L.M. & Heppner, P.P. (1989). Problem-solving appraisal in an alcoholic population. *Journal of Counseling Psychology, 36,* 73 - 78.

Lauth, G. (1984). Erfassung von Kognitionsverläufen in Problemlösungstherapien. *Zeitschrift für Klinische Psychologie, 13,* 18 - 38.

Laux, L., Glanzmann, P., Schaffner, P. & Spielberger, D.D. (1981). *Das state-trait-Angstinventar. Theoretische Grundlagen und Handanweisung.* Weinheim: Beltz.

Levenson, M. & Neuringer, C. (1971). Problem-solving behavior in suicidal adolescents. *Journal of Consulting and Clinical Psychology, 37,* 433 - 436.

Lewandowski, L. & Buchkremer, G. (1986). Problembewältigungsversuche schizophrener Patienten: Validierung eines Problemlöseinventars. *Psycho, 12,* 388 - 390.

Lewandowski, L., Fiedler, P. & Buchkremer, G. (1982). *Zur kognitiv-sozialen Problemlösekompetenz schizophrener Patienten. Erste Validierung eines Problemlöseinventars (PLI) zur therapiebegleitenden Diagnsotik.* Vortrag, unveröffentl. Manuskript.

Lienert, G.A. (1969). *Testaufbau und Testanalyse.* Weinheim: Beltz.

Lüer, G. (1973). *Gesetzmäßige Denkabläufe beim Problemlösen.* Weinheim: Beltz.

Maas, S. (1990). *Empirische Untersuchung zur Relvanz der Problemlösefähigkeit von Individuen in Arbeitsgruppen.* Münster: unveröff. Diplom - Hausarbeit.

Mahoney, M.J. (1976). *Scientist as subject: The psychological imperative.* Cambridge, Mass.: Ballinger.

Mahoney, M.J. (1977). *Kognitive Verhaltenstherapie. Neue Entwicklungen und Integrationsschritte.* München: Pfeiffer.

Manns, M., Schulte, J., Herrmann, C. & Westmeyer, H. (1987). *Beobachtungsverfahren in der Verhaltensdiagnostik.* Salzburg: Otto-Müller-Verlag.

Martin, D.G. (1975). *Gesprächspsychotherapie als Lernprozeß.* Salzburg: Otto-Müller-Verlag.

Mc Carthy, J. (1956). The inversion of functions defined by turing machines. In D.E. Shannon & J. Mc Carthy (Hrsg.), *Automata studies* (Bd. 34, S. 177 - 181). Princeton, N.J.: Annals of Mathematical Studies.

Meichenbaum, D. (1979). *Kognitive Verhaltensmodifikation.* München: Urban & Schwarzenberg.

195

Mendonca, J.D. & Siess, T.F. (1976). Counseling for indecisiveness: Problem solving and anxiety-mangagement training. *Journal of Counseling Psychology, 23,* 339 - 347.

Michelitsch-Traeger, I. (1980). *Entwicklung und Erprobung eines verhaltensthe-rapeutischen Trainingsprogramms zur Resozialisierung von zur Jugendstrafe verurteilten Delinquenten.* Heidelberg: Phil. Diss.

Miller, G.A., Galanter, E. & Pribram, H. (1973). *Strategien des Handelns.* Stuttgart: Klett.

Mitchell, R.E., Barbarin, O.A. & Hurley, D.J. (1981). Problem-solving, resource utilization and community in a black and white community. *American Journal of Community Psychology, 9,* 233 - 246.

Neber, H. (1987). Angewandte Problemlöseforschung. In H. Neber (Hrsg.), *Angewandte Problemlösepsychologie.* Münster: Aschendorff.

Newell, A., Shaw, J.C. & Simon, H.A. (1958). Elements of a theory of human problem-solving. *Psychological Review, 65,* 151ff.

Newell, A. & Simon, H.A. (1972). *Human problem-solving.* New Jersey: Prentice Hall.

Nezu, A.M. (1985). Differences in psychological distress between effective and ineffective problem solvers. *Journal of Counseling Psychology, 32,* 135 - 138.

Nezu, A.M. & D'Zurilla, T.J. (1979). An experimental evaluation of the decision-making process in social problem solving. *Cognitive Therapy Research, 3,* 269 - 277.

Nezu, A.M. & D'Zurilla, T.J. (1981a). Effects of problem definition and formulation on the generation of alternatives in the social problem solving process. *Cognitive Therapy Research, 5,* 265 - 272.

Nezu, A.M. & D'Zurilla, T.J. (1981b). Effects of problem defintion and formulation on decision making in the social problem solving process. *Behavior Therapy, 12,* 100 -106.

Norusis, M.J. / SPSS Inc. (1988). *SPSS/PC+ Advanced Statistics* ™ *V2.0.* Chicago, Ill.

Parsons, B. V. & Alexander, J. F. (1973). Short-term family intervention: A therapy outcome study. *Journal of Consulting and Clinical Therapy,*

41, 195 - 201.

Platt, J.J., Scura, W.C. & Hannon, J.R. (1973). Problem-solving thinking of youthful incarcerated heroin addicts. *Journal of Community Psychology, 1*, 278 - 281.

Platt, J.J., Siegel, J.M. & Spivack, G. (1975). Do psychiatric and normals see the same solutions as effective in solving interpersonal problems? *Journal of Consulting and Clinical Psychology, 43*, 279.

Platt, J.J. & Spivack, G. (1972a). Problem solving thinking of psychiatric patients. *Journal of Consulting Clinical Psychology, 39*, 148 - 151.

Platt, J.J. & Spivack, G. (1972b). Social competence and effektive problem-solving thinking in psychiatric patients. *Journal of Clinical Psychology, 28*, 3 - 5.

Platt, J.J. & Spivack, G. (1974). Means of solving real-life problems: I. Psychiatric patients vs. contorls, and cross-cultural comparisons of normal females. *Journal of Community Psychology, 2*, 45 - 48.

Platt, J.J. & Spivack, G. (1975). *The MEPS-Procedure.* Philadelphia: Department of Mental Health Sciences. Hahnemann Community Mental Health/Mental Retardation Center. Hahnemann Medical College and Hospital. unveröffentl. Manuskript.

Platt, J.J. & Spivack, G. (1977). *Measures of interpersonal cognitive problem-solving.* Philadelphia: Department of Mental Health Sciences. Hahnemann Community Mental Health/Mental Retardation Center. Hahnemann Medical College and Hospital. unveröffentl. Manuskript.

Platt, J.J., Spivack, G., Altman, N., Altman, D. & Peizer, S.B. (1974). Adolescent problem-solving. *Journal of Consulting and Clinical Psychology, 42*, 787 - 793.

Platt, J.J., Spivack, G. & Bloom, W. (1975). *Manual for the Means-Ends Problem Solving Procedure (MEPS). A measure of interpersonal cognitive problem-solving skills.* Hahnemann Community Mental Health/Mental Retardition Center. Department of Mental Health Sciences. Hahnemann Medical College and Hospital.

Plessen, U. (1982). *Verlaufs-und Erfolgskontrolle im psychotherapeutischen Prozeß.* Göttingen: Hogrefe.

Preussler, W. (1985). *Über die Bedingungen der Prognose eines bivariaten ökologischen Systems.* Bamberg: Memorandum Systemdenken No. 31.

Putz-Osterloh, W. (1974). Über die Effektivität von Problemlösetrainings. *Zeitschrift für Psychologie, 182,* 253 -276.

Putz-Osterloh, W. (1981). Über die Beziehung zwischen Testintelligenz und Problemlöseerfolg. *Zeitschrift für Psychologie, 189,* 79 - 100.

Putz-Osterloh, W. (1983a). Kommentare zu dem Aufsatz von J. Funke: Einige Bemerkungen zu Problemen der Problemlöseforschung oder: Ist Testintelligenz doch ein Prädiktor? *Diagnostica, 29,* 304 - 309.

Putz-Osterloh, W. (1983b). Über Determinanten komplexer Problemlöseleistungen und Möglichkeiten ihrer Erfassung. *Sprache & Kognition,* 2, 100 - 116.

Putz-Osterloh, W. & Lüer, G. (1981). Über die Vorhersagbarkeit komplexer Problemlöseleistungen durch Ergebnisse in einem Intelligenztest. *Zeitschrift für Experimentelle und Angewandte Psychologie, 28,* 309 - 334.

Queckelberghe, R. van (1979). *Systematik der Psychotherapie.* München: Urban & Schwarzenberg.

Reither, F. (1979). Über die kognitive Organisation bei der Bewältigung von Krisensituationen. In H. Ueckert & D. Rhenius (Hrsg.), *Komplexe menschliche Informationsverarbeitung* (S. 210 - 222). Bern: Huber.

Röhrle, B. (1988). *Fragebogen zur verhaltenstherapeutischen Diagnostik depressiver Störungen. Ein Kompendium.* Tübingen: DGVT (Materialie Nr. 20).

Scheele, B. (1981). *Selbstkontrolle als kognitive Interventionsstrategie.* Weinheim: Edition Psychologie.

Schneewind, K.A., Schröder, G. & Cattell, R.B. (1983). *Der 16-Persönlichkeits-Faktoren-Test (16PF).* Bern: Huber.

Schotte, D. & Clum, G.A. (1987). Problem-Solving skills in suicidal psychiatric patients. *Journal of Consulting and Clinical Psychology, 55,* 49 - 55.

Schulz, W. & Silbereisen, R.K. (1978). Zum dreifachen Verständnis von Empathie in der Gesprächspsychotherapie. *Zeitschrift für Klinische Psychologie, 7*, 60 - 64.

Seiler, B. (1979). Genetische Kognitionstheorie, Persönlichkeit und Therapie. In N. Hoffmann (Hrsg.), *Grundlagen kognitiver Therapien* (S. 25 - 66). Bern: Huber.

Shure, M.B. & Spivack, G. (1981). *Probleme lösen im Gespräch. Erziehung als Hilfe zur Selbsthilfe.* Stuttgart: Klett-Cotta.

Silbereisen, R.K. & Schulz, W. (1977). Prüfung der Testgüte einer "Empathie-Skala". *Diagnostica, 23*, 179 -187.

Silwedel, R. (1981). Interpersonelles Problemlösen. Bericht über ein Trainingsprogramm für Strafgefangene der Justizvollzugsanstalt Münster. *Zeitschrift für Strafvollzug und Straffälligenhilfe, 30*, 346 - 351.

Slipp, S. & Kressel, K. (1978). Difficulties in family therapy evaluations: A comparison of insight vs. problem-solving approaches; II. Design critique and recommendations. *Family Process, 17*, 409 - 422.

Spivack, G., Platt, J.J. & Shure, M.B. (1976). *The problem-solving approach to adjustment.* San Francisco: Jossey-Bass.

Spörkel, H. Scholz, O.B. & Kemmler, L. (1983). Informationstheoretische Analyse eines problemorientierten Dialogs von Ehepartnern in der zweiten Lebenshälfte. *Zeitschrift für Experimentelle und Angewandte Psychologie, 30*, 655 - 672.

SPSS Inc. (1988). *SPSS/PC+ ™ V2.0 Base Manual.* Chicago, Ill.

Stäudel, T. (1982). *Problemlösen und emotionale Verläufe.* Bamberg: Memorandum Systemdenken No. 5.

Stäudel, T. (1986). *Der Kompetenzfragebogen.* Bamberg: Memorandum Systemdenken No. 41.

Steinhausen, D. & Langer, K. (1977). *Clusteranalyse: Einführung in Methoden und Verfahren der automatischen Klassifikation.* Berlin: Walter de Gruyter.

Thole, M. & Uhlenbusch, R. (1986). *Die Bedeutung individueller und institutioneller Variablen bei der Therapie von Alkoholabhängigen: Kontrollüberzeugungen - Problemlösefähigkeit - Soziale Erwünschtheit.* Münster: unveröff. Diplom-Hausarbeit.

Tisdelle, D.A. & Lawrence, J.S. (1986). Interpersonal Problem-solving competence: Review and critique of the literature. *Clinical Psychology Review, 6,* 337 - 356.

Todt, E. (1967). *Differentieller Interessentest.* Bern: Huber.

Ullrich de Muynck, R. & Ullrich, R. (1977). *Der Unsicherheitsfragebogen.* München: Pfeiffer.

Urbain, E. S. & Kendall, P. C. (1980). Review of social-cognitive problem-solving interventions with children. *Psychological Bulletin, 88,* 109 - 143.

Vincent, J.P., Weiss, R.L. & Birchler, G.R. (1975). A behavioral analysis of problem-solving in distressed and nondistressed married and stranger dyads. *Behavior Therapy, 6,* 475 - 487.

Vlardt, J. von, Oldigs, J. & Rey, E.R. (1983). Experimentalpsychologische Untersuchung zu Problemlösestrategien in der Schizophrenieforschung. In H.D. Brenner (Hrsg.), *Empirische Schizophrenieforschung* (S. 149 - 167). Bern: Huber.

Weiner, B. (1972). *Theories of motivation. From mechanism to cognition.* Chicago: Markham.

Weiss, R. H. (1971). *Grundintelligenztest CFT 3. Test und Handanweisung.* Braunschweig: Westermann.

Wexler, D.A. (1974). A cognitive theory of experiencing, self-actualization and therapeutic process. In D.A. Wexler & L.N. Rice (Hrsg.), *Innovations in client-centered therapy.* New York: John Wiley and Sons.

Zielke, M. (1979). *Indikation zur Gesprächspsychotherapie.* Stuttgart: Kohlhammer.

Summary

This study reports on the design of a diagnostic inventory recording the problem solving ability of individuals. Its development is based on the fundamental theories of both the psychology of thinking and of clinical psychology.

The empirical verification of the diagnostic inventory is orientated on the principles of psychological testing. The results prove the inventory to corroborate theoretical standards.

The main results of the study can be pinpointed as follows:

Objectivity: The existence of this principle is ensured by the standardized form of the design and the evaluation of the inventory.

Reliability: The internal consistency and the retest reliability result in coefficients of .92 and .89, respectively.

Validity: 1. The correspondence with proceedings which register similar items (FSKN, Deusinger) very significantly reach the mark of r > .50.
2. Former results which show interrelationships between problem solving ability and other personality traits, such as extraversion, can be corroborated by means of the newly designed inventory.
3. The inventory is proven to possess a capacity for differentiation as well as a capacity for adaptation to necessary modifications.

The diagnostic inventory aiming at recording the problem solving ability is a homogeneous procedure. It yields stable results concerning the issues of how testees regard their own problem solving ability on the one hand and their practical grappling with problems on the other hand.

Anhang

Diagnostisches Inventar zur Erfassung von Problemlösefähigkeit

1. Vorform
2. Revision
3. Endform

Anhang 3.1: Faktorenanalytische Auswertung des ersten Teils der Vorform des DIP

Anhang 3.2: Interkorrelationen der Items der Phase der Problemanalyse über alle Problemgeschichten der Vorform

Anhang 3.3: Korrelationen der Items der Problemanalyse mit den Items der Zielanalyse über alle Problemgeschichten der Vorform

Anhang 4.1: Liste der zur Beurteilung vorgelegten ungeordneten Items

Anhang 4.2: Material zur Itembeurteilung

Anhang 5.1: Interkorrelationen der Items des DIP

Anhang 6.1: Reliabilität (Cronbach's Alpha) für den Gesamtwert des DIP und die vier Subskalen

Anhang 6.2: Clusteranalyse über alle Versuchspersonen der Analysestichprobe

Anhang 6.3: Faktorenanalyse des DIP mit 12 Persönlichkeitsvariablen

DIAGNOSTISCHES INVENTAR ZUR ERFASSUNG VON PROBLEMLÖSEFÄHIGKEIT

Auf den folgenden Seiten finden Sie Feststellungen und Situationen, die sich mit Problemen im täglichen Leben beschäftigen und der Art und Weise diese Probleme zu bewältigen.

TEIL 1

Im ersten Teil finden Sie Aussagen folgender Art:

z.B. Für mich ist es wichtig, daß ich den festen Willen habe, ein Problem zu bewältigen.

Neben jeder Feststellung sind sechs Antwortmöglichkeiten angegeben. Diese reichen von:

	1	Trifft immer zu
bis	6	Trifft nie zu.

Die Zahlen 2, 3, 4 und 5 geben Ihnen die Möglichkeit, Ihre Antwort feiner abzustufen: Sie bezeichnen eine zunehmende oder abnehmende Ausprägung, mit der die Feststellungen für Sie zutreffend sind.
Kreuzen Sie bei jeder Feststellung nur eine Zahl an. Setzen Sie die Markierung auf die Zahlen und nicht in die Zwischenräume und lassen Sie keine Feststellung aus.

	Trifft nie zu	Trifft immer zu

Es sind immer wieder die gleichen Dinge, die mir Probleme machen. 1-----2-----3-----4-----5-----6

Wenn ich etwas tun möchte und nicht ganz sicher bin, was passieren könnte, dann lasse ich es. 1-----2-----3-----4-----5-----6

Probleme machen das Leben erst interessant. 1-----2-----3-----4-----5-----6

Bei Problemen fühle ich mich oft wie in einer Sackgasse, aus der ich nicht herauskomme. 1-----2-----3-----4-----5-----6

	Trifft nie zu	Trifft immer zu

Bevor ich etwas tue, überlege ich mir,
welche Folgen das haben könnte.   1-----2-----3-----4-----5-----6

In schwierigen Situationen neige ich
dazu, mich so aufzuregen, daß ich nicht
mehr denken kann.   1-----2-----3-----4-----5-----6

Ich male mir oft die schlimmen Folgen
meiner Handlungen aus.   1-----2-----3-----4-----5-----6

Entscheidungen schiebe ich lange vor
mir her.   1-----2-----3-----4-----5-----6

Ich habe es am liebsten, wenn alles in ge-
wohnten Bahnen verläuft.   1-----2-----3-----4-----5-----6

Ich denke bei meinem Handeln nicht an
die Folgen für meine Mitmenschen.   1-----2-----3-----4-----5-----6

Es macht mir Angst, wenn ich nicht ab-
schätzen kann, was passieren könnte.   1-----2-----3-----4-----5-----6

Mir fällt meistens auf, wenn es Probleme
im Zusammenleben gibt.   1-----2-----3-----4-----5-----6

Wenn ich bei meinem Problem etwas geändert habe, überlege ich, ob ich
wirklich das erreicht habe, was ich
wollte.   1-----2-----3-----4-----5-----6

Es fällt mir leicht, zwischen Tatsache und
Meinung zu unterscheiden.   1-----2-----3-----4-----5-----6

Wenn etwas nicht sofort gelingt, gebe ich
schnell auf.   1-----2-----3-----4-----5-----6

Ich finde es nicht so wichtig, welche Folgen
mein Handeln auf lange Zeit gesehen haben
könnten.   1-----2-----3-----4-----5-----6

Ich bin ehrlich mir selbst gegenüber.   1-----2-----3-----4-----5-----6

Ich sehe oft Probleme, wo gar keine sind.   1-----2-----3-----4-----5-----6

Wenn ich Probleme habe, versuche ich sie
sofort zu lösen.

1-----2-----3-----4-----5-----6

Ich kann meistens sagen, wie ich mich fühle.

1-----2-----3-----4-----5-----6

Ich entscheide mich für eine Handlungsmöglichkeit, wenn ich sicher bin, daß ich
damit mein Ziel erreiche.

1-----2-----3-----4-----5-----6

Es fällt mir oft schwer, die Gründe für
meine Probleme herauszufinden.

1-----2-----3-----4-----5-----6

Meine Freunde sagen, daß ich mir oft
selbst etwas vormache.

1-----2-----3-----4-----5-----6

Ich glaube, daß die Zeit die meisten
Probleme löst.

1-----2-----3-----4-----5-----6

Probleme machen mich mutlos.

1-----2-----3-----4-----5-----6

Mir fällt es leicht, meine Ideen in
die Tat umzusetzen.

1-----2-----3-----4-----5-----6

Bevor ich etwas in Angriff nehme,
überlege ich mir, ob mein Handeln auf
lange Sicht gesehen andere Folgen
hätte als sofort.

1-----2-----3-----4-----5-----6

Ich weiche der Auseinandersetzung mit
meinen Problemen oft aus.

1-----2-----3-----4-----5-----6

Bei Problemen handele ich sicher und
schnell.

1-----2-----3-----4-----5-----6

Ich fühle mich dem Leben und seinen
Problemen gut gewachsen.

1-----2-----3-----4-----5-----6

Ich bin oft grundlos niedergeschlagen.

1-----2-----3-----4-----5-----6

Ich traue mir zu, mit meinen Problemen
fertig zu werden.

1-----2-----3-----4-----5-----6

Ich denke bei meinem Handeln daran, was
für Folgen das sofort haben könnte.

1-----2-----3-----4-----5-----6

iv

	Trifft **nie zu**	**Trifft** **immer zu**

Es ist normal, wenn andere Leute unterschiedlicher Meinung sind als ich.

1-----2-----3-----4-----5-----6

Wenn Probleme auftauchen, denke ich erst in Ruhe darüber nach.

1-----2-----3-----4-----5-----6

Wenn ich versucht habe, ein Problem zu lösen, überlege ich, ob ich es beim nächsten Mal genauso machen würde.

1-----2-----3-----4-----5-----6

Ich scheue davor zurück, meine Ideen auszuprobieren.

1-----2-----3-----4-----5-----6

Ich denke bei meinem Handeln an die Folgen für mich.

1-----2-----3-----4-----5-----6

Ich habe keine Angst, neue Sachen in meinem Leben auszuprobieren.

1-----2-----3-----4-----5-----6

v

TEIL 2

Im zweiten Teil werden Ihnen Problemsituationen vorgestellt. Versuchen Sie, sich die betreffende Situation so anschaulich wie möglich vorzustellen. Überlegen Sie, wie Sie sich selbst in dieser Situation verhalten würden.

Lesen Sie die nächsten zwei Seiten aufmerksam durch und vergewissern Sie sich, bevor Sie fortfahren, ob Sie die Aufgabe verstanden haben.

Stellen Sie sich vor, Sie haben folgendes Problem:

> **Sie fahren immer leicht aus der Haut und werden laut, wenn einer Ihrer Familienmitglieder etwas tut, was Ihnen nicht paßt. Dies führt immer wieder zu Unfrieden zwischen Ihnen und Ihrer Familie.**

Dies kann die unterschiedlichsten Gründe haben:

Es ist immer das gleiche mit Ihren Angehörigen, sie lernen es nie.	_4_
Sie sind müde und überlastet durch Ihren Beruf.	_1_
Sie konnten sich noch nie gut beherrschen.	_2_
Sie wissen meistens gar nicht genau, um was es geht.	_3_
Sie müssen nunmal ab und zu mit der Faust auf den Tisch hauen.	_5_

Ihre Aufgabe ist es, die Punkte von 1 bis 5 zu vergeben; 1 für den Grund, der für Sie am ehesten zutrifft; 2 für den Grund, der als nächster in Frage käme usw. bis 5, für den Grund, den Sie für sich am unwahrscheinlichsten finden (s. oben)

Bei der weiteren Bearbeitung beziehen Sie sich nur noch auf den Grund, dem Sie den Punkt 1 gegeben haben (in unserem Beispiel: Sie sind müde und überlastet von Ihrem Beruf).

Da Sie die Situation, so wie Sie jetzt ist, als unangenehm erleben, möchten Sie sie ändern. Auch hier gibt es unterschiedliche Möglichkeiten.

Sie wollen akzeptieren können, daß Ihre Angehörigen ihren eigenen Kopf haben.	_5_
Sie wollen, lernen, nicht sofort los zu schreien.	_3_
Sie wollen überhaupt nichts mehr hören und Ihre Ruhe haben.	_1_
Sie wollen sich mehr Zeit für Ihre Angehörigen nehmen.	_2_
Sie wollen, daß Ihre Familie weiß, was sie zu tun und zu lassen hat.	_4_

Auch hier sollen Sie wieder die Punkte von 1 bis 5 vergeben. 1 für die Veränderung, die Sie am ehesten wünschen; 2 für diejenige, die Sie als nächstes bevorzugen usw. bis 5, für die Veränderung, die Sie am wenigsten wünschen.

Im nächsten Schritt beziehen Sie sich nur auf die Veränderungsmöglichkeit, der Sie den Punkt 1 gegeben haben (hier: Sie wollen überhaupt nichts mehr hören und Ihre Ruhe haben).

Sie kennen jetzt den Grund für Ihr Problem - **Sie sind müde und überlastet durch Ihren Beruf** - und Sie wissen, was sich ändern soll - **Sie wollen nichts mehr hören und Ihre Ruhe haben.**

Nun gibt es eine Reihe von Möglichkeiten, wie Sie Ihr Ziel erreichen können.

	viel Erfolg	kein Erfolg

Sie verlassen bei Beginn einer Debatte sofort den Raum.

1----2----3----4----✗---6

Sie holen erst einmal in Ruhe tief Luft.

1---✗---3----4----5----6

Sie hören sich die Ausführungen Ihrer Familie bis zum Schluß an.

1----2---✗---4----5----6

Sie ruhen sich nach der Arbeit erst etwas aus.

✗---2----3----4----5----6

Sie stellen Regeln auf, an die sich Ihre Familie zu halten hat.

1---✗---3----4----5----6

Bei diesem Schritt sollen Sie jede Möglichkeit danach beurteilen, inwieweit Sie damit Ihr Ziel erreichen können. Halten Sie einen Vorschlag für sehr erfolgreich, so kreuzen Sie die 1 an; für etwas weniger erfolgreiche Vorschläge die 2 usw. bis zur 6 für gar nicht erfolgreiche Vorschläge.

Auf den nächsten Zeiten finden Sie nun 6 Probleme aus unterschiedlichen Bereichen.

Bitte arbeiten Sie diese genauso durch, wie es in dem Beispiel geschehen ist.

Stellen Sie sich vor, Sie haben folgendes Problem:

> **Sie müssen bis zur nächsten Woche eine für Ihren Beruf wichtige Aufgabe erledigt haben. Aber anstatt konzentriert arbeiten zu können, lassen Sie sich immer wieder ablenken.**

Dies kann die unterschiedlichsten Gründe haben:

> **Sie haben kein Interesse an dieser Aufgabe, da Sie sie langweilig finden.** ____
>
> **Sie haben Sorge, daß Sie die Arbeit nicht gut genug bewältigen können.** ____
>
> **Sie werden ständig von anderen gestört.** ____
>
> **Es gibt nun mal Phasen, wo Sie sich nicht konzentrieren können.** ____
>
> **Es gibt noch viele andere Dinge, die Sie erledigen müssen.** ____

Vergeben Sie die Punkte 1 (am ehesten zutreffend), 2, 3, 4 und 5 (am wenigsten zutreffend).

Bei der weiteren Bearbeitung beziehen Sie sich nur noch auf den Grund, dem Sie die 1 gegeben haben.

Sie möchten die Situation ändern; auch dafür gibt es unterschiedliche Möglichkeiten:

Sie wollen dafür sorgen, daß Sie genug Ruhe finden. ____

Sie wollen erst nochmal ein paar Tage sehen, wie sich die
Dinge entwickeln. ____

Sie wollen zunächst Ordnung in Ihre sonstigen
Angelegenheiten bringen. ____

Sie wollen mit Ihrer Angst, zu versagen, umgehen können. ____

Sie wollen versuchen, mehr Interesse für diese Tätigkeit
zu entwickeln. ____

Vergeben Sie wieder die Punkte 1 (Veränderung, die Sie am ehesten
wünschen), 2, 3, 4 und 5 (Veränderung, die Sie am wenigsten wünschen).

Beziehen Sie sich weiterhin nur auf den Grund, dem Sie die 1 gegeben haben
und auf die Veränderung, der Sie 1 gegeben haben.

Es gibt eine Reihe von Möglichkeiten, wie Sie Ihr Ziel erreichen können.

	viel Erfolg	kein Erfolg
Sie legen genaue Zeiten fest, zu denen Sie nicht gestört werden dürfen.	1----2----3----4----5----6	
Sie stellen einen exakten Arbeitsplan auf.	1----2----3----4----5----6	
Sie setzen sich intensiver als vorher mit Ihrer Aufgabe auseinander.	1----2----3----4----5----6	
Sie tun nichts und bitten gegebenenfalls um Aufschub.	1----2----3----4----5----6	
Sie tauschen sich mit anderen, die ähnliche Dinge erledigen mußten, aus.	1----2----3----4----5----6	

Beurteilen Sie jede Möglichkeit, inwieweit Sie damit Ihr Ziel erreichen.

x

Stellen Sie sich vor, Sie haben folgendes Problem:

> **Sie haben eine neue Arbeitsstelle und es gehört zu Ihren Pflichten, Ihren neuen Arbeitskollegen über Ihre Tätigkeit zu berichten. Je näher der Termin für den Vortrag rückt, desto größer wird Ihre Angst.**

Dies kann die unterschiedlichsten Gründe haben:

> **Sie haben Probleme, vor einer Gruppe von Leuten zu reden.** ____
>
> **Sie wissen nicht, was von Ihnen erwartet wird.** ____
>
> **Sie fürchten, daß Sie sich blamieren werden.** ____
>
> **Sie können Ihre Fähigkeiten nicht einschätzen.** ____
>
> **Die Arbeitskollegen könnten Sie ablehnen.** ____
>
> **Sie haben soviel anderes zu tun und keine Zeit sich vorzubereiten.** ____

Vergeben Sie die Punkte 1 (am ehesten zutreffend), 2, 3, 4, 5 und 6 (am wenigsten zutreffend).

Bei der weiteren Bearbeitung beziehen Sie sich nur noch auf den Grund, dem Sie die 1 gegeben haben.

Sie möchten die Situation ändern; auch dafür gibt es unterschiedliche Möglichkeiten.

Sie wollen die Situation vorher klären, damit Sie wissen
was von Ihnen erwartet wird. ____

Sie möchten Ihre Arbeitskollegen näher kennenlernen. ____

Sie wollen selbstsicherer im Umgang mit anderen
Menschen werden. ____

Es sollte Ihnen egal sein, was die Arbeitskollegen von
Ihnen denken. ____

Sie möchten Ihre Fähigkeiten einschätzen können. ____

Sie möchten Ihre sonstige Arbeit nicht vernachlässigen. ____

Vergeben Sie wieder die Punkte **1** (Veränderung, die Sie am ehesten
wünschen), **2, 3, 4, 5** und **6** (Veränderung, die Sie am wenigsten wünschen).

Beziehen Sie sich weiterhin nur auf den Grund, dem Sie die **1** gegeben haben
und auf die Veränderung, der Sie die **1** gegeben haben.

Es gibt eine Reihe von Möglichkeiten, wie Sie Ihr Ziel erreichen können.

	viel Erfolg	kein Erfolg
Sie gehen zu Ihrem Vorgesetzten und fragen nach den Anforderungen.	1----2----3----4----5----6	
Sie unterhalten sich mit Kollegen über ihre Erfahrungen.	1----2----3----4----5----6	
Sie reden sich heraus und verschieben den Vortrag.	1----2----3----4----5----6	

	viel Erfolg	kein Erfolg
Sie sagen sich selbst immer wieder, daß Sie es schon schaffen.	1----2----3----4----5----6	
Sie schreiben vorher genau auf, was Sie sagen wollen.	1----2----3----4----5----6	
Sie setzen sich in den Pausen öfter zu Kollegen, die Sie noch nicht kennen.	1----2----3----4----5----6	

Beurteilen Sie jede Möglichkeit, inwieweit Sie damit Ihr Ziel erreichen.

Stellen Sie sich vor, Sie haben folgendes Problem:

> **Sie sind traurig darüber, daß sich Ihre Freunde in letzter Zeit kaum noch bei Ihnen melden und Sie vermissen die gemeinsamen Unternehmungen.**

Dies kann die unterschiedlichsten Gründe haben:

> **Ihre Freunde haben kein Interesse mehr an Ihnen.** ____
>
> **Möglicherweise haben Sie etwas getan, was Ihre Freunde gestört hat.** ____
>
> **Ihre Freunde haben zur Zeit selber viel zu tun.** ____
>
> **Wahrscheinlich ist es normal, daß sich Freundschaften mit der Zeit auseinanderleben.** ____
>
> **Sie haben sich vorher auch selten gemeldet.** ____

Vergeben Sie die Punkte 1 (am ehesten zutreffend), 2, 3, 4 und 5 (am wenigsten zutreffend).

Bei der weiteren Bearbeitung beziehen Sie sich nur noch auf den Grund, dem Sie die 1 gegeben haben.

Sie möchten die Situation ändern; auch hierfür gibt es unterschiedliche Möglichkeiten.

Sie wollen wieder mehr mit Ihren Freunden zusammen sein. ___

Sie wollen, die Situation so klären, daß Sie wissen,
woran Sie sind. ___

Sie wollen sich nicht weiter darum kümmern. ___

Sie wollen sich nicht weiter mit solchen "Freunden" abgeben. ___

Sie wollen sich andere Sachen suchen, mit denen Sie sich in
Ihrer Freizeit beschäftigen. ___

Vergeben Sie wieder die Punkte 1 (Veränderung, die Sie am ehesten
wünschen), 2, 3, 4 und 5 (Veränderung, die Sie am wenigsten wünschen).
Beziehen Sie sich weiterhin nur auf den Grund, dem Sie die 1 gegeben haben
und auf die Veränderung, der Sie die 1 gegeben haben.

Es gibt eine Reihe von Möglichkeiten, wie Sie Ihr Ziel erreichen können.

	viel Erfolg	kein Erfolg
Sie besuchen Ihre Freunde einfach ab und zu kurzfristig.	1----2----3----4----5----6	
Sie laden sie ein, Sie zu besuchen, wenn sie Zeit und Lust haben.	1----2----3----4----5----6	
Beim nächsten Mal sprechen Sie sie darauf an.	1----2----3----4----5----6	
Sie rufen an bzw. gehen vorbei und fragen sie, warum Sie und Ihre Freunde sich so selten sehen.	1----2----3----4----5----6	
Sie suchen sich neue Freunde, mit denen es genauso schön ist.	1----2----3----4----5----6	
Sie lassen die Sache auf sich beruhen und tuen so, als wenn alles ganz normal wäre.	1----2----3----4----5----6	

Beurteilen Sie jede Möglichkeit, inwieweit Sie damit Ihr Ziel erreichen.

xv

Stellen Sie sich vor, Sie haben folgendes Problem:

> **Sie wachen in der letzten Zeit morgens häufiger angespannt und müde auf, obwohl Sie früh zu Bett gegangen sind. Sie fühlen sich erschlagen und haben das unbestimmte Gefühl, daß an diesen Tagen etwas unangenehmes passieren wird.**

Dies kann die unterschiedlichsten Gründe haben:

Sie arbeiten zuviel und fühlen sich überlastet. ____

In letzter Zeit ist meinen Bekannten auch viel Unangenehmes passiert. ____

Ihnen gehen ständig bestimmte Dinge durch den Kopf, wo Sie nicht wissen, wie Sie sich verhalten sollen. ____

Das ist nun mal ab und zu so, da können Sie nichts machen. ____

Sie sind mit einigen Dingen in Ihrem Leben unzufrieden. ____

Sie fühlen sich krank. ____

Vergeben Sie die Punkte 1 (am ehesten zutreffend), 2, 3, 4, 5 und 6 (am wenigsten zutreffend).

Bei der weiteren Bearbeitung beziehen Sie sich nur noch auf den Grund, dem Sie die 1 gegeben haben.

Sie möchten die Situation ändern; auch dafür gibt es unterschiedliche Möglichkeiten:

Sie wollen versuchen, Ihre Arbeit besser einzuteilen. ____

Sie wollen sich mit Ihren Schwierigkeiten intensiver
auseinandersetzen. ____

Sie wollen diese Tage nur irgentwie überstehen. ____

Sie wollen wieder zufriedener mit sich sein. ____

Sie wollen etwas für Ihre Gesundheit tun. ____

Sie wollen sich keine "Horrorgeschichten" mehr anhören. ____

Vergeben Sie wieder die Punkte 1 (Veränderung, die Sie am ehesten
wünschen), 2, 3, 4, 5 und 6 (Veränderung, die Sie am wenigsten wünschen).

Beziehen Sie sich weiterhin nur auf den Grund, dem Sie die 1 gegeben haben
und auf die Veränderung, der Sie die 1 gegeben haben.

Es gibt eine Reihe von Möglichkeiten, wie Sie Ihr Ziel erreichen können.

	viel Erfolg		kein Erfolg
Sie fahren eine Woche in Urlaub.	1----2----3----4----5----6		
Sie gehen zum Arzt.	1----2----3----4----5----6		
Sie legen mehr Pausen während der Arbeit ein.	1----2----3----4----5----6		
Sie warten ab bis es wieder vorbei ist.	1----2----3----4----5----6		
Sie tuen vorerst nur noch Dinge, die Ihnen Spaß machen.	1----2----3----4----5----6		
Sie machen sich eine Liste, was alles erledigt werden muß und machen eins nach dem anderen.	1----2----3----4----5----6		
Sie erzählen Freunden, was Sie belastet.	1----2----3----4----5----6		

Beurteilen Sie jede Möglichkeit, inwieweit Sie damit Ihr Ziel erreichen.

xvii

Stellen Sie sich vor, Sie haben folgendes Problem:

> **Sie haben sich zusammen mit ihrem Partner vorgenommen, alle im Haushalt anfallenden Arbeiten gemeinsam zu erledigen. Es ärgert Sie, daß es trotzdem immer wieder Streit über nicht erledigte Arbeiten gibt, die eigentlich Aufgabe Ihres Partners wären.**

Dies kann die unterschiedlichsten Gründe haben:

> **Sie sind zu ungeduldig und können nicht warten bis Ihr Partner seinen Teil erledigt.** _____
>
> **Der Streit um die Hausarbeit ist nur Ausdruck anderer Schwierigkeiten, die Sie miteinander haben.** _____
>
> **Es kann in einer Partnerschaft immer passieren, daß man unnötigen Streit hat.** _____
>
> **Die Aufgaben sind nicht richtig aufgeteilt, so daß Ihr Partner viele Dinge tun muß, die er nicht mag.** _____
>
> **Ihr Partner ist unzufrieden mit Ihnen oder mit anderen Dingen, wenn er sich um nichts kümmert.** _____
>
> **Ihr Partner ist einfach faul.** _____

Vergeben Sie die Punkte 1 (am ehesten zutreffend), 2, 3, 4, 5 und 6 (am wenigsten zutreffend).

Bei der weiteren Bearbeitung beziehen Sie sich nur noch auf den Grund, dem Sie die 1 gegeben haben.

Sie möchten die Situation ändern; auch dafür gibt es verschiedene Möglichkeiten.

Sie und Ihr Partner müssen herausfinden, ob und welche anderen Probleme sie miteinander haben. ____

Sie wollen sich nicht von der schlechten Laune Ihres Partners abhängig machen. ____

Sie wollen erst einmal abwarten, wie sich die Sache entwickelt. ____

Sie wollen mehr Geduld haben und nicht sofort aus der Haut fahren. ____

Sie wollen sich damit abfinden, daß Ihr Partner nichts tut. ____

Sie wollen wissen, ob und was Ihren Partner an Ihnen stört. ____

Vergeben Sie wieder die Punkte 1 (Veränderung, die Sie am ehesten wünschen), 2, 3, 4, 5 und 6 (Veränderung, die Sie am wenigsten wünschen).

Beziehen Sie sich weiterhin nur auf den Grund, dem Sie die 1 gegeben haben und auf die Veränderung, der Sie die 1 gegeben haben.

Es gibt eine Reihe von Möglichkeiten, wie Sie Ihr Ziel erreichen können.

	viel Erfolg	kein Erfolg
Sie erledigen nur noch Ihren Anteil an der Arbeit, lassen den Rest liegen und weisen Ihren Partner weiterhin auf seinen Teil hin.	1----2----3----4----5----6	
Sie setzen sich mit Ihrem Partner zusammen und überlegen eine neue Aufteilung.	1----2----3----4----5----6	
Wenn Sie merken, daß Ihr Partner schlechte Laune hat, erledigen Sie die anfallenden Arbeiten.	1----2----3----4----5----6	

	viel Erfolg	kein Erfolg
Sie reden mit Ihrem Partner nicht mehr über das Thema Hausarbeit.	1----2----3----4----5----6	
Sie fragen Ihren Partner, woran es liegt, daß sie sich ständig über die Hausarbeit streiten.	1----2----3----4----5----6	
Sie erledigen selber alle Arbeiten, damit Sie Ihre Ruhe haben.	1----2----3----4----5----6	
Sie warten mindestens einen Tag, bis Sie Ihren Partner auf unerledigte Arbeiten ansprechen.	1----2----3----4----5----6	

Beurteilen Sie jede Möglichkeit, inwieweit Sie damit Ihr Ziel erreichen.

Stellen Sie sich vor, Sie haben folgendes Problem:

> **Sie werden von Arbeitskollegen auf eine Party eingeladen.** Sie würden
> gerne hingehen, aber Sie haben jetzt schon Angst, wenn Sie an die
> vielen Leute denken. Sie sehen sich jetzt schon unsicher herumstehen
> und sich völlig überflüssig fühlen.

Dies kann die unterschiedlichsten Gründe haben:

> **Ihnen fehlt der Mut, jemanden anzusprechen.** _____
>
> **Eigentlich wollen die Sie gar nicht dabei haben.** _____
>
> **Sie sind eben kein Party-Mensch, Sie sind nicht
> so fröhlich wie die anderen.** _____
>
> **Sie sind so uninteressant, daß niemand mit Ihnen
> reden wird.** _____
>
> **Sie denken, daß Sie nicht richtig dazugehören.** _____

Vergeben Sie die Punkte 1 (am ehesten zutreffend), 2, 3, 4 und 5 (am
wenigsten zutreffend).

Bei der weiteren Bearbeitung beziehen Sie sich nur noch auf den Grund, dem
Sie die 1 gegeben haben.

Sie möchten die Situation ändern; auch dafür gibt es unterschiedliche
Möglichkeiten.

Sie möchten gerne unbefangen auf andere zugehen können. ___

Sie wollen gerne attraktiver sein. ___

Es sollte Ihnen egal sein, daß Sie nicht alle Leute mögen. ___

Sie wollen Ihre freie Zeit lieber anders verbringen. ___

Sie wollen lernen zu akzeptieren, daß Sie nicht so sind wie
die anderen. ___

Vergeben Sie wieder die Punkte 1 (Veränderung, die Sie am ehesten
wünschen), 2, 3, 4 und 5 (Veränderung, die Sie am wenigsten wünschen).

Beziehen Sie sich weiterhin nur noch auf den Grund, dem Sie die 1 gegeben
haben und auf die Veränderung, der Sie die 1 gegeben haben.

Es gibt eine Reihe von Möglichkeiten, wie Sie Ihr Ziel erreichen können:

	viel Erfolg	kein Erfolg

Sie gehen einfach nicht hin.   1----2----3----4----5----6

Sie nehmen eine Ihnen vertraute
Person mit.   1----2----3----4----5----6

Sie gehen vorher zum Friseur und
kaufen sich neue Sachen.   1----2----3----4----5----6

Sie denken vorher über möglichen
Gesprächsstoff nach.   1----2----3----4----5----6

Sie fragen sofort jemanden, ob sie
gemeinsam ein Glas trinken sollen.   1----2----3----4----5----6

Sie gehen zur Party mit dem Vorsatz,
dort das zu tuen, was Sie gerne möchten.   1----2----3----4----5----6

Sie fragen einen Arbeitskollegen, ob sie
zusammen gehen können.   1----2----3----4----5----6

Beurteilen Sie jede Möglichkeit, inwieweit Sie damit Ihr Ziel erreichen.

Bitte beantworten Sie abschließend noch folgende Fragen:

ALTER: _____

GESCHLECHT: weiblich 0   männlich 0

BERUF: _____

D	**iagnostisches**
I	**nventar**
P	**roblemlösefähigkeit**

Mit dem vorliegenden Fragebogen soll Ihre Fähigkeit zum **Problemlösen** betrachtet werden. Aus eigener Erfahrung wissen Sie, daß in allen Lebensbereichen Schwierigkeiten auftauchen können, mit denen Sie sich auseinandersetzen müssen.

Auf den nächsten Seiten soll nun herausgefunden werden, wie Sie mit Ihren Schwierigkeiten bzw. Problemen umgehen, um sie aus der Welt zu schaffen.

Der Fragebogen ist in fünf Bereiche eingeteilt, die sich mit folgenden Fragen beschäftigen:

---

1. *Womit habe ich Schwierigkeiten bzw. Probleme?*

2. *Wie erkenne ich mein Problem und wie beschreibe ich es?*

3. *Was möchte ich verändern und welche Folgen hätte das?*

4. *Wie kann ich die gewünschte Veränderung erreichen?*

5. *Wie setze ich meine Überlegungen um und wie beurteile ich das Ergebnis?*

Zu Beginn eines jeden Aufgabenbereiches werden Sie eine kurze Einführung finden. Um es Ihnen leichter zu machen, werden Sie daran anschließend

xxiv

Überlegungen einer Person, nennen wir sie Herr Müller, finden. Dieses Beispiel gibt **nur wenige Möglichkeiten** wieder, welche Gedanken bei einer Problemlösung helfen können.

Ihre Aufgabe wird es sein, die sich daran anschließenden Aussagen dahingehend zu beurteilen, wie diese für Ihr **eigenes** Problemlösevorgehen zutreffen oder nicht zutreffen.

Neben jeder Feststellung sind sechs Antwortmöglichkeiten angegeben. Diese reichen von:

    1   Trifft nie zu

bis **6**   Trifft immer zu.

Die Zahlen 2, 3, 4 und 5 geben Ihnen die Möglichkeit, Ihre Antwort feiner abzustufen: Sie bezeichnen eine zunehmende oder abnehmende Ausprägung, mit der die Feststellungen für Ihr Problemlösevorgehen zutreffend sind.

	Trifft nie zu	**Trifft immer zu**
z.B. Für mich ist es wichtig, daß ich den festen Willen habe, ein Problem zu bewältigen.	1-----2-----3-----4-----5-----6	

Womit habe ich Probleme bzw. Schwierigkeiten?

Zunächst sollten Sie einmal überlegen, wo in Ihrem Leben Probleme überhaupt auftauchen.

Sie werden eine Reihe von Möglichkeiten finden, die Sie bitte nach der vorher beschriebenen Art und Weise einschätzen:

	Trifft nie zu					Trifft immer zu

Schwierigkeiten habe ich:

in meinem Beruf/Studium   1-----2-----3-----4-----5-----6

mit meinem Ehe-/Lebenspartner   1-----2-----3-----4-----5-----6

mit meinen Eltern   1-----2-----3-----4-----5-----6

mit Freunden/Bekannten   1-----2-----3-----4-----5-----6

mit meinen Kindern   1-----2-----3-----4-----5-----6

mit meinen Vorgesetzten   1-----2-----3-----4-----5-----6

mit mir selber   1-----2-----3-----4-----5-----6

mit anderen Verwandten   1-----2-----3-----4-----5-----6

mit meiner Gesundheit   1-----2-----3-----4-----5-----6

mit meinen Arbeits-/Studienkollegen   1-----2-----3-----4-----5-----6

Wie erkenne ich mein Problem und wie beschreibe ich es?

Hier geht es darum, festzustellen, worüber Sie sich Gedanken machen, wenn ein Problem bzw. eine Schwierigkeit auftaucht. Überlegen Sie sich,

- ob Sie dieses Problem bereits kennen bzw. früher schon mal Ähnliches erlebt haben?
- wie Sie dieses Problem genau beschreiben können?
- was mögliche Gründe für Ihr Problem sein könnten? ...

Dies sind nur wenige Fragen, die Sie sich stellen können, um sich mit Ihrem Problem vertraut zu machen.

Herrn Müller:

Herr Müller stellt fest, als er zum wiederholten Male alleine abends zu Hause sitzt, daß er seine Freunde schon lange nicht mehr gesehen hat. Er überlegt:

"Warum melden sich meine Freunde eigentlich nicht bei mir? Wir haben uns doch sonst regelmäßig getroffen. Es ist richtig schade, wir hatten immer soviel Spaß miteinander."

Herr Müller versucht nun sein Problem genauer zu betrachten. Er überlegt:

"Naja, aber bei Meiers war es auch so. Irgendwann läuft sich jede Freundschaft tot. Dabei hatte ich gar kein gutes Gefühl.
Wenn ich es mir recht überlege, ich habe mich in der letzten Zeit auch nicht häufig gemeldet. Trotzdem jedesmal, wenn ich angerufen habe, hatten sie keine Zeit. Sie scheinen nichts mehr von mir wissen zu wollen.
Vielleicht haben sie ja wirklich viel zu tun - ich kenne das ja selber - und es hängt gar nicht mit mir zusammen."

Betrachten Sie nun noch einmal die Bereiche mit denen Sie Probleme haben und schätzen Sie dann ein, wie Sie mit diesen umgehen.

	trifft nie zu	**trifft immer zu**
Wenn ich ein Problem habe, verhalte ich mich abwartend.	1-----2-----3-----4-----5-----6	
Wenn ich ein Problem habe, überlege ich, was alles damit zusammenhängt.	1-----2-----3-----4-----5-----6	
Wenn ich ein Problem habe, überlege ich, ob ich früher schon mal ähnliche Erfahrungen damit gemacht habe.	1-----2-----3-----4-----5-----6	

	trifft nie zu	trifft immer zu

Wenn ich ein Problem habe, überlege ich,
was die (möglichen) Ursachen sein könnten. 1-----2-----3-----4-----5-----6

Wenn ich ein Problem habe, überlege ich
woran es liegt, daß es weiter besteht. 1-----2-----3-----4-----5-----6

Ich bin ehrlich mir selbst gegenüber. 1-----2-----3-----4-----5-----6

Wenn Probleme auftauchen, denke ich erst
in Ruhe darüber nach. 1-----2-----3-----4-----5-----6

Wenn ich ein Problem habe, verlasse ich
mich auf die Hilfe anderer. 1-----2-----3-----4-----5-----6

Probleme machen das Leben erst interessant. 1-----2-----3-----4-----5-----6

Wenn ich ein Problem habe, löst es sich
von selbst. 1-----2-----3-----4-----5-----6

Wenn ich ein Problem habe, gehe ich es
Schritt für Schritt an. 1-----2-----3-----4-----5-----6

Ich traue mir zu, mit meinen Problemen
fertig zu werden. 1-----2-----3-----4-----5-----6

Wenn ich ein Problem habe, bespreche ich
es mit anderen. 1-----2-----3-----4-----5-----6

In schwierigen Situationen neige ich
dazu, mich so aufzuregen, daß ich
nicht mehr denken kann. 1-----2-----3-----4-----5-----6

Ich sehe Probleme, wo gar keine sind. 1-----2-----3-----4-----5-----6

Es fällt mir schwer, die Gründe für
meine Probleme herauszufinden. 1-----2-----3-----4-----5-----6

Wenn ich ein Problem habe, habe ich
genug Kraft, um damit fertigzuwerden. 1-----2-----3-----4-----5-----6

Es sind immer wieder die gleichen
Dinge, die mir Probleme machen. 1-----2-----3-----4-----5-----6

Wenn ich ein Problem habe, versuche
ich es sofort zu lösen. 1-----2-----3-----4-----5-----6

	trifft nie zu	trifft immer zu

Bei Problemen fühle ich mich oft wie in
einer Sackgasse, aus der ich nicht
herauskomme.   1-----2-----3-----4-----5-----6

Mir liegen Probleme, die schnelles
Handeln erfordern.   1-----2-----3-----4-----5-----6

Ich fühle mich dem Leben und seinen
Problemen gut gewachsen.   1-----2-----3-----4-----5-----6

Ich bin oft grundlos niedergeschlagen.   1-----2-----3-----4-----5-----6

Wenn ich ein Problem habe, verlasse ich
mich auf mein eigenes Urteil.   1-----2-----3-----4-----5-----6

Wenn ich ein Problem habe, bin ich ruhig
und ausgeglichen.   1-----2-----3-----4-----5-----6

Ich weiche der Auseinandersetzung mit
meinen Problemen aus.   1-----2-----3-----4-----5-----6

Bei Problemen handele ich sicher und
schnell.   1-----2-----3-----4-----5-----6

Probleme machen mich mutlos.   1-----2-----3-----4-----5-----6

Wenn ich ein Problem genauer betrachte,
finde ich Hinweise für die Lösung.   1-----2-----3-----4-----5-----6

Wenn ich ein Problem habe, überlege
ich, wie es entstanden ist.   1-----2-----3-----4-----5-----6

Was möchte ich verändern und welche Folgen hätte das?

Sie wissen jetzt, wie Ihr Problem aussieht und das Sie daran etwas ändern möchten. Bevor Sie etwas tun, überlegen Sie sich

- was eine mögliche Veränderung wäre?
- wie die Veränderung genau aussehen sollte?
- welche Folgen sie erwarten, wenn Sie Ihre Überlegungen in die Tat umsetzen?

Auch dies sind wieder nur eine Reihe von möglichen Fragen, die Sie sich stellen können.

Herr Müller:

Nachdem er sein Problem jetzt etwas genauer kennt, überlegt er sich:

"Ich will versuchen, die Sache wieder in Ordnung zu bringen.
Was soll das, so wichtig ist die ganze Angelegenheit auch nicht.
Ich will sie wieder häufiger sehen und das es wieder wird wie vorher. Sagen wir, ich will sie mindestens einmal die Woche treffen.
Dann muß ich mir aber auch mehr Zeit nehmen und die neuen Bekannten kann ich dann auch nicht so häufig sehen."

Nun schätzen Sie die folgenden Aussagen für sich ein:

	trifft nie zu	trifft immer zu

Ich überlege mir, wie ich das Problem am besten lösen kann.

1-----2-----3-----4-----5-----6

Ich überlege, wie ich mein Problem ändern kann.

1-----2-----3-----4-----5-----6

Ich versuche von vornherein, mögliche Schwierigkeiten, die sich ergeben könnten, mit zu berücksichtigen.

1-----2-----3-----4-----5-----6

Ich versuche erst mal, mir über meine Ziele klarzuwerden.

1-----2-----3-----4-----5-----6

Ich überlege, was das für Folgen haben kann, wenn ich mein Ziel realisiere.

1-----2-----3-----4-----5-----6

Ich lasse mich durch Schwierigkeiten entmutigen.

1-----2-----3-----4-----5-----6

Ich lasse mich leicht ablenken.

1-----2-----3-----4-----5-----6

Ich löse am liebsten Probleme, die leicht sind.

1-----2-----3-----4-----5-----6

xxx

	trifft nie zu	trifft immer zu

Habe ich erst einen Teil des Problems
gelöst, wird vieles für mich klarer.   1-----2-----3-----4-----5-----6

Für mich ist es wichtig, Ziele
ausdauernd genug zu verfolgen.   1-----2-----3-----4-----5-----6

Wie kann ich die Veränderung erreichen?

Sie haben sich für einen Weg entschieden und Sie sollten sich jetzt fragen,

- ob Sie verschiedene Möglichkeiten, was Sie tun könnten, ins Auge fassen?
- ob Sie bedenken, was passieren könnte, wenn Sie danach handeln? ...

Auch dies sind nur eine Reihe von Fragen, die Sie der Lösung näher bringen könnte.

Herr Müller:

Auch Herr Müller weiß nicht so recht, wie er es schaffen soll, seine Freunde wieder zu sehen. Er überlegt:

"Soll ich sie öfter anrufen und ihnen Termine vorschlagen?
Soll ich sie einfach besuchen gehen? Dann finden sie mich vielleicht aufdringlich.
Vielleicht sollte ich sie jetzt einfach anrufen und fragen, was los ist. Und wenn ich mir alles nur einbilde, dann sind sie sicher verwundert und glauben, ich wäre nicht mehr normal.
Ich warte, bis sie mich anrufen. Aber was ist, wenn sie gar nicht wissen, daß ich sie sehen will.
Ich denke das Beste ist, die Sache abzuklären und sie direkt zu fragen. Entweder ich habe recht und sie wollen keinen Kontakt mehr mit mir oder ich habe unrecht und es gibt ganz andere Gründe."

Schätzen Sie jetzt bitte wieder die Aussagen für Ihr Problemlösevorgehen ein:

	trifft nie zu		trifft immer zu

Ich versuche, viele Lösungsmöglichkeiten
zu berücksichtigen, bevor ich mich
entgültig entscheide.   1-----2-----3-----4-----5-----6

Ich habe es am liebsten, wenn alles in
gewohnten Bahnen verläuft.   1-----2-----3-----4-----5-----6

Ich habe verschiedene Ideen, wie ich das
Problem lösen könnte.   1-----2-----3-----4-----5-----6

Ich denke die verschiedensten Lösungs-
möglichkeiten bis ins letzte durch.   1-----2-----3-----4-----5-----6

Ich überlege, ob ich mit den gefundenen
Lösungsmöglichkeiten wirklich mein Ziel
erreiche.   1-----2-----3-----4-----5-----6

Ich überlege, wie ich die Lösung konkret
umsetzen kann.   1-----2-----3-----4-----5-----6

Ich bedenke, was für Folgen die
Veränderung auf die betroffenen Mit-
menschen haben könnte.   1-----2-----3-----4-----5-----6

Ich denke bei meinem Handeln an die
Folgen für mich.   1-----2-----3-----4-----5-----6

Ich entscheide, welche Lösung mir am
besten gefällt.   1-----2-----3-----4-----5-----6

Es macht mir Angst, wenn ich nicht
abschätzen kann, was passieren könnte.   1-----2-----3-----4-----5-----6

Ich denke bei meinem Handeln daran, was
für Folgen das sofort haben könnte.   1-----2-----3-----4-----5-----6

Ich denke bei meinem Handeln nicht an die
Folgen für meine Mitmenschen.   1-----2-----3-----4-----5-----6

Bevor ich etwas tue, überlege ich mir,
welche Folgen das haben könnte.   1-----2-----3-----4-----5-----6

Bevor ich etwas in Angriff nehme, überlege
ich mir, ob mein Handeln auf lange Sicht
gesehen andere Folgen hätte als sofort.   1-----2-----3-----4-----5-----6

Ich frage mich, was es für Folgen für mich
haben kann, wenn ich die gefundene Lösung
durchführe.   1-----2-----3-----4-----5-----6

Altbewährte Lösungen halte ich für die
besten.   1-----2-----3-----4-----5-----6

Es fallen mir auch komische Ideen ein, wie
ich meine Schwierigkeiten beseitigen kann.   1-----2-----3-----4-----5-----6

Je mehr Möglichkeiten ich habe, um so
schwerer fällt mir die Entscheidung.   1-----2-----3-----4-----5-----6

Ich löse viele Probleme so, wie andere es
noch nicht probiert haben.   1-----2-----3-----4-----5-----6

Ich habe keine Angst, neue Sachen in meinem
Leben auszuprobieren.   1-----2-----3-----4-----5-----6

Wie setze ich meine Überlegungen um und wie beurteile ich das Ergebnis?

Sie haben sich bis jetzt eine Reihe von Gedanken gemacht, wie Sie Ihr Problem aus der Welt schaffen können. Nun geht es darum, herauszufinden,

- ob Sie Ihre Überlegungen umsetzen?
- wie Sie das tun?
- ob Sie dann nochmal darüber nachdenken? ...

Auch dies sind wieder nur einige Fragen, die Ihnen in diesem Bereich weiterhelfen können.

Herr Müller:

Herr Müller hat den festen Entschluß gefaßt, seine Freunde zu fragen. Er nimmt das Telefon und ruft Sie an:

Herr Müller ist erfreut und verwundert zugleich, wie einfach es war, Klarheit zu bekommen; er denkt sich:

"Es war also doch richtig, mir zu überlegen, was ich tun soll. Jetzt weiß ich genau wie die Dinge liegen. Gut, daß ich sofort angerufen habe und nicht noch tagelang gewartet habe. Das werde ich mir fürs nächste Mal merken. Situationen dieser Art gibt es ja immer."

Schätzen Sie nun bitte wieder ein:

	trifft nie zu		trifft immer zu
Mir fällt es leicht, meine Ideen in die Tat umzusetzen.		1----2----3----4----5----6	
Wenn ich etwas tun möchte und nicht ganz sicher bin, was passieren könnte, dann lasse ich es.		1----2----3----4----5----6	
Ich überprüfe, was ich inzwischen eigentlich erreicht habe.		1----2----3----4----5----6	
Ich überprüfe, ob das, was ich erwartet habe, auch wirklich eingetreten ist.		1----2----3----4----5----6	
Ich scheue davor zurück, meine Ideen auszuprobieren.		1----2----3----4----5----6	
Ich überprüfe, ob mein Vorgehen noch der Situation entspricht.		1----2----3----4----5----6	

| | **trifft nie zu** | **trifft immer zu** |

Ich überprüfe, wie ich vorgegangen bin, um meine Strategien zu verbessern.

1-----2-----3-----4-----5-----6

Wenn ich das gesteckte Ziel nicht erreicht habe, suche ich nach anderen Lösungen.

1-----2-----3-----4-----5-----6

Ich überprüfe, welche Effekte ich durch mein Handeln hervorgerufen habe.

1-----2-----3-----4-----5-----6

Wenn ich versucht habe, ein Problem zu lösen, überlege ich, ob ich es beim nächsten Mal genauso machen würde.

1-----2-----3-----4-----5-----6

Erfolgreiche eigene Lösungen wende ich wieder an.

1-----2-----3-----4-----5-----6

Erprobte Lösungen soll man nicht in Frage stellen.

1-----2-----3-----4-----5-----6

= =

männlich   0

weiblich   0

Beruf _____

Alter _____

© Christel Dirksmeier
Psychologisches Institut I
Rosenstr. 9
4400 Münster

D iagnostisches

I nventar

P roblemlösefähigkeit

Mit dem vorliegenden Fragebogen soll Ihre Fähigkeit zum **Problemlösen** betrachtet werden. Aus eigener Erfahrung wissen Sie, daß in allen Lebensbereichen Schwierigkeiten auftauchen können, mit denen Sie sich auseinandersetzen müssen.

Auf den nächsten Seiten soll nun herausgefunden werden, wie Sie mit Ihren Schwierigkeiten bzw. Problemen umgehen, um sie aus der Welt zu schaffen.

Der Fragebogen ist in fünf Bereiche eingeteilt, die sich mit folgenden Fragen beschäftigen:

1. *Womit habe ich Schwierigkeiten bzw. Probleme?*

2. *Wie erkenne ich mein Problem und wie beschreibe ich es?*

3. *Was möchte ich verändern und welche Folgen hätte das?*

4. *Wie kann ich die gewünschte Veränderung erreichen?*

5. *Wie setze ich meine Überlegungen um und wie beurteile ich das Ergebnis?*

Zu Beginn eines jeden Aufgabenbereiches werden Sie eine kurze Einführung finden. Um es Ihnen leichter zu machen, werden Sie daran anschließend

Überlegungen einer Person, nennen wir sie Herr Müller, finden. Dieses Beispiel gibt **nur wenige Möglichkeiten** wieder, welche Gedanken bei einer Problemlösung helfen können.

Ihre Aufgabe wird es sein, die sich daran anschließenden Aussagen dahingehend zu beurteilen, wie diese für Ihr **eigenes** Problemlösevorgehen zutreffen oder nicht zutreffen.

Neben jeder Feststellung sind sechs Antwortmöglichkeiten angegeben. Diese reichen von:

1 Trifft nie zu

bis **6** Trifft immer zu.

Die Zahlen 2, 3, 4 und 5 geben Ihnen die Möglichkeit, Ihre Antwort feiner abzustufen: Sie bezeichnen eine zunehmende oder abnehmende Ausprägung, mit der die Feststellungen für Ihr Problemlösevorgehen zutreffend sind.

	Trifft nie zu	**Trifft immer zu**
z.B. Für mich ist es wichtig, daß ich den festen Willen habe, ein Problem zu bewältigen.		1-----2-----3-----4-----5-----6

Womit habe ich Probleme bzw. Schwierigkeiten?

Zunächst sollten Sie einmal überlegen, wo in Ihrem Leben Probleme überhaupt auftauchen.

Sie werden eine Reihe von Möglichkeiten finden, die Sie bitte nach der vorher beschriebenen Art und Weise einschätzen:

	Trifft nie zu				**Trifft immer zu**

Schwierigkeiten habe ich:

in meinem Beruf/Studium	1-----2-----3-----4-----5-----6
mit meinem Ehe-/Lebenspartner	1-----2-----3-----4-----5-----6
mit meinen Eltern	1-----2-----3-----4-----5-----6
mit Freunden/Bekannten	1-----2-----3-----4-----5-----6
mit meinen Kindern	1-----2-----3-----4-----5-----6
mit meinen Vorgesetzten	1-----2-----3-----4-----5-----6
mit mir selber	1-----2-----3-----4-----5-----6
mit anderen Verwandten	1-----2-----3-----4-----5-----6
mit meiner Gesundheit	1-----2-----3-----4-----5-----6
mit meinen Arbeits-/Studienkollegen	1-----2-----3-----4-----5-----6

Wie erkenne ich mein Problem und wie beschreibe ich es?

Hier geht es darum, festzustellen, worüber Sie sich Gedanken machen, wenn ein Problem bzw. eine Schwierigkeit auftaucht. Überlegen Sie sich,

- ob Sie dieses Problem bereits kennen bzw. früher schon mal Ähnliches erlebt haben?
- wie Sie dieses Problem genau beschreiben können?
- was mögliche Gründe für Ihr Problem sein könnten? ...

Dies sind nur wenige Fragen, die Sie sich stellen können, um sich mit Ihrem Problem vertraut zu machen.

Herrn Müller:

Herr Müller stellt fest, als er zum wiederholten Male alleine abends zu Hause sitzt, daß er seine Freunde schon lange nicht mehr gesehen hat. Er überlegt:

"Warum melden sich meine Freunde eigentlich nicht bei mir? Wir haben uns doch sonst regelmäßig getroffen. Es ist richtig schade, wir hatten immer soviel Spaß miteinander."

Herr Müller versucht nun sein Problem genauer zu betrachten. Er überlegt:

"Naja, aber bei Meiers war es auch so. Irgendwann läuft sich jede Freundschaft tot. Dabei hatte ich gar kein gutes Gefühl.
Wenn ich es mir recht überlege, ich habe mich in der letzten Zeit auch nicht häufig gemeldet. Trotzdem jedesmal, wenn ich angerufen habe, hatten sie keine Zeit. Sie scheinen nichts mehr von mir wissen zu wollen.
Vielleicht haben sie ja wirklich viel zu tun - ich kenne das ja selber - und es hängt gar nicht mit mir zusammen."

Betrachten Sie nun noch einmal die Bereiche mit denen Sie Probleme haben und schätzen Sie dann ein, wie Sie mit diesen umgehen.

	trifft nie zu	**trifft immer zu**
Wenn ich ein Problem habe, überlege ich, was alles damit zusammenhängt.	1-----2-----3-----4-----5-----6	
Wenn ich ein Problem habe, überlege ich, ob ich früher schon mal ähnliche Erfahrungen damit gemacht habe.	1-----2-----3-----4-----5-----6	
Wenn ich ein Problem habe, überlege ich, was die (möglichen) Ursachen sein könnten.	1-----2-----3-----4-----5-----6	

	trifft nie zu	trifft immer zu

Wenn ich ein Problem habe, überlege ich
woran es liegt, daß es weiter besteht.   1-----2-----3-----4-----5-----6

Ich bin ehrlich mir selbst gegenüber.   1-----2-----3-----4-----5-----6

Ich lasse mich leicht ablenken.   1-----2-----3-----4-----5-----6

Wenn Probleme auftauchen, denke ich erst
in Ruhe darüber nach.   1-----2-----3-----4-----5-----6

Wenn ich ein Problem habe, gehe ich es
Schritt für Schritt an.   1-----2-----3-----4-----5-----6

Ich traue mir zu, mit meinen Problemen
fertig zu werden.   1-----2-----3-----4-----5-----6

In schwierigen Situationen neige ich dazu,
mich so aufzuregen, daß ich nicht mehr
denken kann.   1-----2-----3-----4-----5-----6

Ich lasse mich durch Schwierigkeiten
entmutigen.   1-----2-----3-----4-----5-----6

Ich sehe Probleme, wo gar keine sind.   1-----2-----3-----4-----5-----6

Es fällt mir schwer, die Gründe für meine
Probleme herauszufinden.   1-----2-----3-----4-----5-----6

Wenn ich ein Problem habe, habe ich genug
Kraft, um damit fertigzuwerden.   1-----2-----3-----4-----5-----6

Wenn ich ein Problem habe, versuche ich es
sofort zu lösen.   1-----2-----3-----4-----5-----6

Bei Problemen fühle ich mich oft wie in
einer Sackgasse, aus der ich nicht
herauskomme.   1-----2-----3-----4-----5-----6

Mir liegen Probleme, die schnelles Handeln
erfordern.   1-----2-----3-----4-----5-----6

Ich fühle mich dem Leben und seinen
Problemen gut gewachsen.   1-----2-----3-----4-----5-----6

Ich bin oft grundlos niedergeschlagen.   1-----2-----3-----4-----5-----6

	trifft nie zu	trifft immer zu

Wenn ich ein Problem habe, verlasse ich
mich auf mein eigenes Urteil.   1-----2-----3-----4-----5-----6

Bei Problemen reagiere ich sicher und
schnell.   1-----2-----3-----4-----5-----6

Probleme machen mich mutlos.   1-----2-----3-----4-----5-----6

Wenn ich ein Problem habe, überlege ich,
wie es entstanden ist.   1-----2-----3-----4-----5-----6

Was möchte ich verändern und welche Folgen hätte das?

Sie wissen jetzt, wie Ihr Problem aussieht und das Sie daran etwas ändern möchten. Bevor Sie etwas tun, überlegen Sie sich
- was eine mögliche Veränderung wäre?
- wie die Veränderung genau aussehen sollte?
- welche Folgen sie erwarten, wenn Sie Ihre Überlegungen in die Tat umsetzen?

Auch dies sind wieder nur eine Reihe von möglichen Fragen, die Sie sich stellen können.

Herr Müller:

Nachdem er sein Problem jetzt etwas genauer kennt, überlegt er sich:

"Ich will versuchen, die Sache wieder in Ordnung zu bringen.
Was soll das, so wichtig ist die ganze Angelegenheit auch nicht.
Ich will sie wieder häufiger sehen und das es wieder wird wie vorher. Sagen wir, ich will sie mindestens einmal die Woche treffen.
Dann muß ich mir aber auch mehr Zeit nehmen und die neuen Bekannten kann ich dann auch nicht so häufig sehen."

Nun schätzen Sie die folgenden Aussagen für sich ein:

	trifft nie zu				trifft immer zu

Wenn ich ein Problem genauer betrachte,
finde ich Hinweise für die Lösung.   1-----2-----3-----4-----5-----6

Ich überlege mir, wie ich das Problem am
besten lösen kann.   1-----2-----3-----4-----5-----6

Ich versuche von vornherein, mögliche
Schwierigkeiten, die sich ergeben könnten,
mit zu berücksichtigen.   1-----2-----3-----4-----5-----6

Ich versuche erst mal, mir über meine Ziele
klarzuwerden.   1-----2-----3-----4-----5-----6

Ich überlege, was das für Folgen haben kann,
wenn ich mein Ziel realisiere.   1-----2-----3-----4-----5-----6

Habe ich erst einen Teil des Problems gelöst,
wird vieles für mich klarer.   1-----2-----3-----4-----5-----6

Für mich ist es wichtig, Ziele ausdauernd
genug zu verfolgen.   1-----2-----3-----4-----5-----6

Wie kann ich die Veränderung erreichen?

Sie haben sich für einen Weg entschieden und Sie sollten sich jetzt fragen,
- ob Sie verschiedene Möglichkeiten, was Sie tun könnten, ins Auge fassen?
- ob Sie bedenken, was passieren könnte, wenn Sie danach handeln?
...

Auch dies sind nur eine Reihe von Fragen, die Sie der Lösung näher bringen könnte.

Herr Müller:

Auch Herr Müller weiß nicht so recht, wie er es schaffen soll, seine Freunde wieder zu sehen. Er überlegt:

"Soll ich sie öfter anrufen und ihnen Termine vorschlagen?
Soll ich sie einfach besuchen gehen? Dann finden sie mich vielleicht aufdringlich.
Vielleicht sollte ich sie jetzt einfach anrufen und fragen, was los ist. Und wenn ich mir alles nur einbilde, dann sind sie sicher verwundert und glauben, ich wäre nicht mehr normal.
Ich warte, bis sie mich anrufen. Aber was ist, wenn sie gar nicht wissen, daß ich sie sehen will.
Ich denke das Beste ist, die Sache abzuklären und sie direkt zu fragen. Entweder ich habe recht und sie wollen keinen Kontakt mehr mit mir oder ich habe unrecht und es gibt ganz andere Gründe."

Schätzen Sie jetzt bitte wieder die Aussagen für Ihr Problemlösevorgehen ein:

	trifft nie zu	trifft immer zu
Ich versuche, viele Lösungsmöglichkeiten zu berücksichtigen, bevor ich mich entgültig entscheide.	1-----2-----3-----4-----5-----6	
Ich habe verschiedene Ideen, wie ich das Problem lösen könnte.	1-----2-----3-----4-----5-----6	
Ich denke die verschiedensten Lösungsmöglichkeiten bis ins letzte durch.	1-----2-----3-----4-----5-----6	
Ich überlege, ob ich mit den gefundenen Lösungsmöglichkeiten wirklich mein Ziel erreiche.	1-----2-----3-----4-----5-----6	
Ich überlege, wie ich die Lösung konkret umsetzen kann.	1-----2-----3-----4-----5-----6	

Ich bedenke, was für Folgen die Veränderung
auf die betroffenen Mitmenschen haben
könnte.   1-----2-----3-----4-----5-----6

Ich denke bei meinem Handeln an die Folgen
für mich.   1-----2-----3-----4-----5-----6

Ich entscheide, welche Lösung mir am besten
gefällt.   1-----2-----3-----4-----5-----6

Ich denke bei meinem Handeln daran, was für
Folgen das sofort haben könnte.   1-----2-----3-----4-----5-----6

Bevor ich etwas tue, überlege ich mir,
welche Folgen das haben könnte.   1-----2-----3-----4-----5-----6

Bevor ich etwas in Angriff nehme, überlege
ich mir, ob mein Handeln auf lange Sicht
gesehen andere Folgen hätte als sofort.   1-----2-----3-----4-----5-----6

Ich frage mich, was es für Folgen für mich
haben kann, wenn ich die gefundene Lösung
durchführe.   1-----2-----3-----4-----5-----6

Es fallen mir auch komische Ideen ein, wie
ich meine Schwierigkeiten beseitigen kann. 1-----2-----3-----4-----5-----6

Ich löse viele Probleme so, wie andere es
noch nicht probiert haben.   1-----2-----3-----4-----5-----6

Wie setze ich meine Überlegungen um und wie beurteile ich das Ergebnis?

Sie haben sich bis jetzt eine Reihe von Gedanken gemacht, wie Sie Ihr Problem aus der Welt schaffen können. Nun geht es darum, herauszufinden,
- ob Sie Ihre Überlegungen umsetzen?
- wie Sie das tun?
- ob Sie dann nochmal darüber nachdenken? ...

Auch dies sind wieder nur einige Fragen, die Ihnen in diesem Bereich weiterhelfen können.

Herr Müller:

Herr Müller hat den festen Entschluß gefaßt, seine Freunde zu fragen. Er nimmt das Telefon und ruft Sie an:

Herr Müller ist erfreut und verwundert zugleich, wie einfach es war, Klarheit zu bekommen; er denkt sich:

"Es war also doch richtig, mir zu überlegen, was ich tun soll. Jetzt weiß ich genau wie die Dinge liegen. Gut, daß ich sofort angerufen habe und nicht noch tagelang gewartet habe. Das werde ich mir fürs nächste Mal merken. Situationen dieser Art gibt es ja immer."

Schätzen Sie nun bitte wieder ein:

	trifft nie zu	trifft immer zu
Bei der Umsetzung meiner überlegten Lösung verhalte ich mich abwartend.	1-----2-----3-----4-----5-----6	
Mir fällt es leicht, meine Ideen in die Tat umzusetzen.	1-----2-----3-----4-----5-----6	
Wenn ich etwas tun möchte und nicht ganz sicher bin, was passieren könnte, dann lasse ich es.	1-----2-----3-----4-----5-----6	
Ich überprüfe, was ich inzwischen eigentlich erreicht habe.	1-----2-----3-----4-----5-----6	
Ich überprüfe, ob das, was ich erwartet habe, auch wirklich eingetreten ist.	1-----2-----3-----4-----5-----6	
Ich scheue davor zurück, meine Ideen auszuprobieren.	1-----2-----3-----4-----5-----6	

xlv

| | **trifft** | **trifft** |
| | **nie zu** | **immer zu** |

Ich überprüfe, ob mein Vorgehen noch der
Situation entspricht.   1-----2-----3-----4-----5-----6

Ich überprüfe, wie ich vorgegangen bin, um
meine Strategien zu verbessern.   1-----2-----3-----4-----5-----6

Wenn ich das gesteckte Ziel nicht erreicht
habe, suche ich nach anderen Lösungen.   1-----2-----3-----4-----5-----6

Ich habe keine Angst, neue Sachen in meinem
Leben auszuprobieren.   1-----2-----3-----4-----5-----6

Ich überprüfe, welche Effekte ich durch mein
Handeln hervorgerufen habe.   1-----2-----3-----4-----5-----6

Wenn ich versucht habe, ein Problem zu lösen,
überlege ich, ob ich es beim nächsten Mal
genauso machen würde.   1-----2-----3-----4-----5-----6

= =

männlich   0

weiblich   0

Beruf   _____

Alter   _____

Anhang 3.1: Faktorenanalytische Auswertung des ersten Teils der Vorform
des DIP

Initial Statistics:

Variable	Communality	*	Factor	Eigenvalue	Pct of Var	Cum Pct
ITEM1	1.00000	*	1	8.46495	21.7	21.7
ITEM2	1.00000	*	2	4.59197	11.8	33.5
ITEM3	1.00000	*	3	2.65637	6.8	40.3
ITEM4	1.00000	*	4	2.04388	5.2	45.5
ITEM5	1.00000	*	5	1.83214	4.7	50.2
ITEM6	1.00000	*	6	1.73035	4.4	54.7
ITEM7	1.00000	*	7	1.60327	4.1	58.8
ITEM8	1.00000	*	8	1.52066	3.9	62.7
ITEM9	1.00000	*	9	1.29282	3.3	66.0
ITEM10	1.00000	*	10	1.15693	3.0	69.0
ITEM11	1.00000	*	11	1.04389	2.7	71.6
ITEM12	1.00000	*	12	.96893	2.5	74.1
ITEM13	1.00000	*	13	.80800	2.1	76.2
ITEM14	1.00000	*	14	.79658	2.0	78.2
ITEM15	1.00000	*	15	.76960	2.0	80.2
ITEM16	1.00000	*	16	.73350	1.9	82.1
ITEM17	1.00000	*	17	.67940	1.7	83.8
ITEM18	1.00000	*	18	.63446	1.6	85.5
ITEM19	1.00000	*	19	.55221	1.4	86.9
ITEM20	1.00000	*	20	.51501	1.3	88.2
ITEM21	1.00000	*	21	.51141	1.3	89.5
ITEM22	1.00000	*	22	.46179	1.2	90.7
ITEM23	1.00000	*	23	.40933	1.0	91.7
ITEM24	1.00000	*	24	.40193	1.0	92.8
ITEM25	1.00000	*	25	.37579	1.0	93.7
ITEM26	1.00000	*	26	.31049	.8	94.5
ITEM27	1.00000	*	27	.30321	.8	95.3
ITEM28	1.00000	*	28	.26957	.7	96.0
ITEM29	1.00000	*	29	.25125	.6	96.6
ITEM30	1.00000	*	30	.22528	.6	97.2
ITEM31	1.00000	*	31	.20004	.5	97.7
ITEM32	1.00000	*	32	.18638	.5	98.2
ITEM33	1.00000	*	33	.17079	.4	98.6
ITEM34	1.00000	*	34	.13580	.3	99.0
ITEM35	1.00000	*	35	.11053	.3	99.3
ITEM36	1.00000	*	36	.09865	.3	99.5
ITEM37	1.00000	*	37	.06864	.2	99.7
ITEM38	1.00000	*	38	.06739	.2	99.9
ITEM39	1.00000	*	39	.04680	.1	100.0

PC Extracted 11 factors.

Factor Matrix:

	FAKTOR 1	FAKTOR 2	FAKTOR 3	FAKTOR 4	FAKTOR 5	FAKTOR 6
ITEM30	.82878	.06874	-.02090	-.16751	-.12032	-.09183
ITEM25	.76266	-.05665	.03985	-.01514	.02030	-.02533
ITEM4	.74626	.11274	.20251	-.18518	.01502	-.10649
ITEM37	.72976	.02000	-.21270	.05175	-.10019	.05624
ITEM7	.72945	-.15580	.01851	.22433	-.11015	.17632
ITEM15	.70999	.01669	.17150	-.16777	-.16185	.09892
ITEM2	.68097	-.24522	.24708	.03928	.06789	.23702
ITEM6	.64868	.17013	.26277	-.18074	.13363	-.16727

	FAKTOR 1	FAKTOR 2	FAKTOR 3	FAKTOR 4	FAKTOR 5	FAKTOR 6
ITEM18	.63677	.05002	.35843	.18736	-.16621	-.07407
ITEM11	.62209	-.17883	-.11980	-.01100	-.08701	.20698
ITEM31	.59741	.06453	.24715	.41045	.02005	.06570
ITEM28	.58496	.36696	-.25226	.15444	.11344	-.05951
ITEM29	.55930	.31675	-.31240	-.12077	.20932	-.19375
ITEM32	.54496	.30754	-.42101	.05524	-.26930	-.13097
ITEM1	.53075	.08173	.38579	.04034	.27925	.22914
ITEM26	.52655	.04350	-.36971	.02421	.01801	-.34604
ITEM39	.51884	.10850	-.17704	.25622	-.45164	.15276
ITEM9	.48928	-.30519	.17053	.08128	-.03456	.31363
ITEM22	.46594	.39070	.08355	.34591	.02634	-.21818
ITEM5	-.29011	.67302	.13845	-.14317	-.06682	-.01317
ITEM33	-.35781	.66960	.25814	.03515	-.25111	.11073
ITEM10	-.02750	.63180	.21209	-.06635	-.07905	.40334
ITEM27	-.14290	.58980	.44749	-.00410	.11907	-.13061
ITEM14	.10672	.58653	-.09795	.01313	.06533	.14659
ITEM36	-.21457	.57149	-.12674	.03569	-.01349	-.20490
ITEM35	.06066	.52846	.32966	-.47475	.03060	-.10349
ITEM17	.12210	.51912	-.10142	.19838	.25663	.06104
ITEM38	-.11331	.48019	.09220	.01259	-.59358	-.04323
ITEM13	-.28811	.44766	.03636	.06081	.14172	.32099
ITEM12	-.15694	.41759	-.08259	.31008	.06866	.33493
ITEM19	.18285	.25562	-.59163	-.02228	.06005	.19804
ITEM20	-.04871	.32383	-.55114	.26242	.36798	-.01257
ITEM3	.37103	-.02408	.11528	-.62737	.07358	.12206
ITEM8	.35379	.12109	-.18121	-.37698	.51296	.16636
ITEM16	.06327	.14870	.37360	.33462	.03305	-.53875
ITEM24	-.06171	.08117	.20427	.31187	.35336	.32626
ITEM21	.05040	.29360	-.30008	-.24858	-.21372	-.04728
ITEM23	.23984	.10787	.12842	-.06972	.37310	-.34937
ITEM34	.06244	.19460	-.18131	-.39158	-.20612	.19799

	FACTOR 7	FACTOR 8	FACTOR 9	FACTOR 10	FAKTOR 11
ITEM30	.14451	.19802	.01213	-.00544	.02612
ITEM25	-.00129	.09878	.11392	.09849	-.27012
ITEM4	-.04073	-.04954	-.02881	.20966	.10499
ITEM37	.28674	-.16982	-.13210	-.14017	-.00608
ITEM7	.01263	-.21810	.18147	-.02595	-.14094
ITEM15	.09901	-.08084	-.04432	-.00060	.10334
ITEM2	.13323	.12707	.27934	.02901	.01201
ITEM6	-.02372	.08287	.16250	.06258	-.31708
ITEM18	-.27277	-.09500	.07844	-.08901	-.03995
ITEM11	-.31949	-.04251	-.07833	-.01401	.08701
ITEM31	.01189	-.04815	-.17479	-.01212	.06424
ITEM28	-.06200	.00771	-.14797	.07922	.26381
ITEM29	-.13427	.00582	-.27269	-.14843	.01555
ITEM32	-.01084	-.16308	.05756	.03276	.00294
ITEM1	-.15824	.03636	-.10141	-.33807	.05830
ITEM26	.33231	-.13235	-.17130	.05203	-.16818
ITEM39	.23301	.13864	-.14634	-.23317	.09922
ITEM9	.23092	.22196	-.18506	.26758	.00772
ITEM22	-.22368	.05850	.04690	.29031	-.14638
ITEM5	-.06491	.28268	.00612	-.20276	.14210
ITEM33	-.01533	.02032	-.24427	.23736	.00591
ITEM10	-.03317	-.17723	.15630	-.26605	-.03796
ITEM27	.23674	.16286	.01674	.06795	.09979

xlviii

	FACTOR 7	FACTOR 8	FACTOR 9	FACTOR 10	FAKTOR 11
ITEM14	-.34023	-.11228	.34673	.13726	.04591
ITEM36	.15952	-.36801	-.31937	.24098	-.04869
ITEM35	.15597	-.21070	.03481	-.03064	-.08898
ITEM17	-.23658	-.11186	-.14893	-.19045	.22882
ITEM38	-.07022	.38151	-.03670	.06816	-.09258
ITEM13	.10786	.10296	-.34402	-.13168	-.44304
ITEM12	.13514	-.34932	.32723	.11310	-.27228
ITEM19	-.20897	.43841	.03204	-.08679	.02314
ITEM20	.07357	.18099	.25297	.20344	.01890
ITEM3	-.15081	.10834	-.14148	.32481	.02981
ITEM8	-.07003	.11577	-.00492	.07356	-.03254
ITEM16	-.02371	.15849	.26535	.00367	.24110
ITEM24	.53703	.19515	-.04064	.22164	.26850
ITEM21	.38074	.35623	.33652	-.16217	-.07696
ITEM23	.31994	-.08724	.05806	-.38811	-.03767
ITEM34	.21809	-.40436	.22725	.07491	.40746

Final Statistics:

Variable	Communality	*	Factor	Eigenvalue	Pct of Var	Cum Pct
ITEM1	.72366	*	1	8.46495	21.7	21.7
ITEM2	.76014	*	2	4.59197	11.8	33.5
ITEM3	.72633	*	3	2.65637	6.8	40.3
ITEM4	.71640	*	4	2.04388	5.2	45.5
ITEM5	.72690	*	5	1.83214	4.7	50.2
ITEM6	.73558	*	6	1.73035	4.4	54.7
ITEM7	.75145	*	7	1.60327	4.1	58.8
ITEM8	.63039	*	8	1.52066	3.9	62.7
ITEM9	.67629	*	9	1.29282	3.3	66.0
ITEM10	.74741	*	10	1.15693	3.0	69.0
ITEM11	.60165	*	11	1.04389	2.7	71.6
ITEM12	.75317	*				
ITEM13	.76575	*				
ITEM14	.66047	*				
ITEM15	.62689	*				
ITEM16	.72324	*				
ITEM17	.58290	*				
ITEM18	.70377	*				
ITEM19	.73709	*				
ITEM20	.75933	*				
ITEM21	.70583	*				
ITEM22	.70604	*				
ITEM23	.61717	*				
ITEM24	.83004	*				
ITEM25	.69313	*				
ITEM26	.72478	*				
ITEM27	.69722	*				
ITEM28	.68240	*				
ITEM29	.72138	*				
ITEM30	.80396	*				
ITEM31	.63262	*				
ITEM32	.69266	*				
ITEM33	.83627	*				
ITEM34	.74401	*				
ITEM35	.70744	*				
ITEM36	.75546	*				

Variable	Communality	*	Factor	Eigenvalue	Pct of Var	Cum Pct
ITEM37	.74227	*				
ITEM38	.77133	*				
ITEM39	.76442	*				

Varimax converged in   24 iterations.

Rotated Factor Matrix:

	FACTOR 1	FACTOR 2	FACTOR 3	FACTOR 4	FACTOR 5	FAKTOR 6
ITEM7	.76799	-.29954	-.00480	-.09040	.23864	-.03917
ITEM30	.76045	-.01981	.13698	.19784	-.21088	.30244
ITEM15	.72619	.03892	.01405	.13559	-.13555	-.01216
ITEM25	.72447	-.17283	.00899	.25374	.06703	.14674
ITEM2	.71023	-.24451	-.11991	.15650	.05484	.08736
ITEM18	.70813	.06643	.04910	-.05695	.04469	-.21447
ITEM4	.68641	.05693	.11325	.36591	-.10653	-.08917
ITEM37	.68260	-.16649	.19258	-.11417	-.04461	.12114
ITEM31	.65277	.02724	.19012	-.17354	.00797	-.25984
ITEM6	.61215	.10340	-.03913	.41405	.10746	.10137
ITEM39	.59460	.06371	.19297	-.44899	-.15821	.29232
ITEM11	.56621	-.27578	.26865	.10046	-.09313	-.10380
ITEM9	.55604	-.16428	-.15308	.12130	-.19169	-.02310
ITEM1	.53677	.10923	.25363	.09549	-.04307	-.25488
ITEM32	.45986	-.02961	.35205	-.08604	.13864	.25095
ITEM22	.44946	.17476	.27690	.08404	.26034	-.05713
ITEM33	-.19365	.81091	.02369	-.05034	.12777	-.11793
ITEM5	-.25440	.71335	.24760	-.00908	-.00818	.21856
ITEM27	-.06860	.67966	-.00734	.08218	.06879	.02071
ITEM38	.04754	.63887	-.04254	-.16925	-.07094	.34491
ITEM10	.10008	.59379	.13805	-.07245	.42730	.00386
ITEM35	.08474	.58275	-.10930	.33162	.10933	-.00871
ITEM17	.03126	.25143	.65987	-.07459	.16175	-.18295
ITEM28	.43841	.03478	.62714	.05537	-.00457	.02775
ITEM29	.34887	.01524	.60587	.20353	-.13513	.06995
ITEM19	.02207	-.06401	.60494	.10420	.02864	.50367
ITEM20	-.22940	-.15718	.48182	.07163	.40276	.37116
ITEM3	.28560	.07128	-.01601	.71882	-.24809	-.02955
ITEM8	.14587	-.10982	.35238	.61625	.05079	.10737
ITEM12	-.05900	.15998	.00453	-.15444	.81146	.00628
ITEM14	.06342	.27279	.39317	.18877	.53065	.05404
ITEM21	.01989	.17327	-.00951	-.00416	.03403	.79910
ITEM36	-.22585	.43016	.16436	-.03620	.18435	-.17540
ITEM26	.38896	-.21754	.15077	.00690	-.06975	.19994
ITEM23	.13710	.00498	.06287	.01991	-.04726	.06076
ITEM16	.07487	.15738	.00940	-.16905	-.04706	-.03140
ITEM13	-.19369	.48567	.08294	-.03015	.22272	.00824
ITEM24	-.00826	.09478	.00625	-.04462	.09255	-.02274
ITEM34	.03516	.07584	.02306	.08363	.12402	.10469

1

	FACTOR 7	FACTOR 8	FACTOR 9	FACTOR 10	FAKTOR 11
ITEM7	-.01083	.01444	-.03296	-.05001	.03632
ITEM30	.11077	.09804	.07130	-.01533	.06511
ITEM15	.01160	.05969	-.03760	.00020	.23624
ITEM25	.07303	.05925	.05243	-.06354	-.17968
ITEM2	-.27955	.06865	.08560	.23639	.01875
ITEM18	-.13495	.02376	.24888	-.23572	-.08937
ITEM4	.12605	.05327	.19659	-.02018	.13489
ITEM37	.27076	.18651	-.21147	.03726	.16619
ITEM31	.02816	.04056	.09805	.19807	-.14367
ITEM6	.04314	.25920	.17068	-.13688	-.19607
ITEM39	.08753	-.10916	-.16517	.06423	.08072
ITEM11	-.12486	-.20177	-.11885	-.16786	.06841
ITEM9	-.02109	-.20984	-.14384	.43649	-.09483
ITEM1	-.40502	.30598	-.07362	.07438	-.12135
ITEM32	.38747	-.07522	.03547	-.26089	.20408
ITEM22	.24649	-.12276	.38571	-.05315	-.30214
ITEM33	.15906	-.27416	-.01424	.08479	.00270
ITEM5	-.17348	.05980	.08941	-.04236	.02489
ITEM27	.02331	.22270	.29009	.28868	-.03125
ITEM38	.04696	-.38810	.09749	-.17442	-.11709
ITEM10	-.26735	.12114	-.20670	-.06834	.21058
ITEM35	.11284	.36704	-.00479	-.13523	.24689
ITEM17	-.02114	.12894	.01636	.00370	.02701
ITEM28	.24653	-.00859	.12215	.09058	.08862
ITEM29	.26479	.23295	-.07720	-.18748	-.04787
ITEM19	-.08256	-.22167	-.17210	-.04765	-.11556
ITEM20	.21120	-.04014	.14542	.25802	-.10395
ITEM3	-.01969	-.13735	-.12357	-.04964	.15267
ITEM8	-.05206	.18413	-.18113	.09789	.00058
ITEM12	.09703	-.00603	-.11971	.12291	.05318
ITEM14	-.07966	-.14268	.17475	-.16380	.15242
ITEM21	.04562	.11860	-.02046	-.01301	.13727
ITEM36	.63984	.04222	-.04644	.00004	.11402
ITEM26	.62798	.24738	-.03965	-.03392	-.01632
ITEM23	.07294	.75200	.12265	.03717	-.02869
ITEM16	-.03675	.17640	.78049	.05150	-.12930
ITEM13	.05602	.08731	-.50947	.13461	-.38270
ITEM24	-.04290	.06123	.02704	.89641	.00152
ITEM34	.07862	-.01600	-.08693	-.00831	.83011

li

Anhang 3.2: Interkorrelationen der Items der Phase der Problemanalyse über alle Problemgeschichten der Vorform

Korrelationen (* p < .01 ** p < .001):

	P1.1	P1.2	P1.3	P1.4	P1.5	P2.1	P2.2	P2.3
P1.1	1.0000							
P1.2	-.2044	1.0000						
P1.3	-.3444*	-.3799**	1.0000					
P1.4	-.3427*	-.2072	-.2081	1.0000				
P1.5	-.2755*	-.3587**	.0091	-.1492	1.0000			
P2.1	.0199	.2208	-.0664	-.1642	-.0534	1.0000		
P2.2	.1178	-.0186	-.1697	-.0458	.1199	.1660	1.0000	
P2.3	.0716	-.1849	-.0223	.3118*	-.1779	-.4130*	-.1035	1.0000*
P2.4	-.1405	-.1210	.1660	.0577	.0854	-.3459*	-.5718**	-.0934
P2.5	-.0389	.0670	.0802	-.0943	-.0249	-.4341**	-.4313**	-.1362
P3.1	-.0824	.0140	-.0825	.1306	.0427	-.0074	.0058	.0365
P3.2	.0721	.1499	-.0276	-.1483	-.0939	-.0250	.2078	-.1530
P3.3	.0190	.1431	-.0915	-.1055	.0139	.1387	-.0394	-.1288
P3.4	-.1192	-.2699	.3207*	.1334	-.0160	-.2462	-.0401	.2077
P3.5	.0806	.1298	-.2324	-.0027	0.0	.1534	-.0993	.1022
P3.6	.0641	-.1337	.0924	-.0782	.0688	-.0131	.0086	-.1457
P4.1	-.1373	.0686	-.0462	.1748	-.0489	.0742	-.1062	-.0381
P4.2	.1857	-.1745	-.0661	.1202	-.0763	-.3683*	.0608	.3218**
P4.3	-.1452	.3056*	.0251	-.1199	-.1025	.1690	.0596	-.0225
P4.4	-.0481	.2074	-.1107	.0307	-.1119	.2712	.0043	-.0542
P4.5	.0866	.0252	-.0209	-.1910	.0912	.0245	.0499	.0978
P4.6	.0729	-.3768**	.1772	-.0119	.2018	-.1752	-.0221	-.2145
P5.1	.0626	.1593	-.1148	-.1041	-.0400	.0441	-.1243	.1271
P5.2	-.1118	.1456	-.0961	-.0916	.1755	.0627	.0917	-.0955
P5.3	-.1344	-.1150	.2436	.0647	-.0307	-.2409	-.0731	-.0935
P5.4	.0200	-.0828	.2023	-.1468	.0077	-.0999	.0499	-.0248
P5.5	-.2756*	-.0159	.0943	.1277	.1344	.0771	-.0421	-.1192
P5.6	.3533*	-.0777	-.2682	.1348	-.2049	.1356	.0706	.1714
P6.1	-.1670	.0524	-.0772	.1905	.0317	-.0487	-.0431	.0575
P6.2	.1205	.0613	.1233	-.3630**	.0209	.0962	.1621	-.2340
P6.3	-.0369	-.1125	.1100	.1557	-.1088	-.0821	-.1488	.0705
P6.4	-.0994	.1180	-.1403	-.0197	.1667	.1201	.0557	-.0437
P6.5	.2076	-.1156	-.0191	-.0022	-.1007	-.0674	-.0080	.1367

	P2.4	P2.5	P3.1	P3.2	P3.3	P3.4	P3.5	P3.6
P2.4	1.0000							
P2.5	-.0939	1.0000						
P3.1	-.0154	-.0163	1.0000					
P3.2	-.1463	.0729	-.1907	1.0000				
P3.3	.0225	-.0222	-.4037**	.1447	1.0000			
P3.4	.1170	.0183	-.1474	-.1043	-.3983**	1.0000		
P3.5	-.1110	-.0247	-.2100	-.3633*	.0460	-.3114*	1.0000*	
P3.6	.0879	.0302	-.2396	-.2394	-.2159	-.1412	-.1614	1.0000
P4.1	.0831	-.0246	.0591	-.1245	.0021	-.0455	.0702	.0404
P4.2	-.0031	.0524	.1145	-.0879	-.1003	.1090	.0669	-.1242
P4.3	-.0254	-.1741	-.1764	.0390	.3256*	-.2061	.0317	.0133
P4.4	-.0980	-.1070	.1125	-.1958	-.0165	.1342	.2188	-.0961
P4.5	-.0843	-.0683	-.2072	.2277	.1342	-.0610	.0206	-.0394
P4.6	.1197	.2246	.0471	.1078	-.2457	.2428	-.3101*	.1474

lii

	P2.4	P2.5	P3.1	P3.2	P3.3	P3.4	P3.5	P3.6
P5.1	.0713	-.0982	.2418	-.1705	.0698	-.2902*	.1281	-.0141
P5.2	-.0032	-.0675	.0025	-.2245	-.0794	.0126	.2646	-.0315
P5.3	.2071	.1609	-.1818	.1181	.0147	.1543	-.1801	.1146
P5.4	-.0564	.1151	-.0767	.2438	-.0082	.0639	-.1164	-.0209
P5.5	-.0764	.1422	.1189	.0071	-.0608	.2534	-.1392	-.2170
P5.6	-.1217	-.2012	-.0706	.0253	.0545	-.1539	.0195	.1260
P6.1	.0552	-.0169	-.0717	.0467	.1166	-.0055	.0550	-.1149
P6.2	-.2086	.1376	.0122	.2436	-.0821	-.0588	-.0979	.0348
P6.3	.0315	.1327	.1945	-.0011	-.1179	.2353	-.1912	-.1417
P6.4	.1233	-.2441	.0793	.1356	.0757	.0164	-.1013	-.2021
P6.5	-.0039	-.0295	-.2126	-.4306*	.0011	-.2015	.3368*	.4440**

	P4.1	P4.2	P4.3	P4.4	P4.5	P4.6	P5.1	P5.2
P4.1	1.0000							
P4.2	-.3317*	1.0000						
P4.3	.1809	-.3818**	1.0000					
P4.4	-.2508	-.1867	-.0669	1.0000				
P4.5	-.4973**	.0137	-.1126	-.0788	1.0000			
P4.6	-.2839*	.0482	-.5494**	-.2451	-.1732	1.0000		
P5.1	.1227	-.0842	.2150	.1566	-.0549	-.3462*	1.0000	
P5.2	-.0223	.0861	-.0357	-.0409	-.0056	.0266	-.1808	1.0000
P5.3	.0134	.1410	-.1610	-.0935	-.0761	.1600	-.2613	-.2532
P5.4	-.0440	.1060	-.2079	-.1217	.0818	.1923	-.1387	-.4469**
P5.5	.0730	-.1561	.0771	-.0022	.0064	-.0260	-.3503*	.1338
P5.6	-.1088	-.0952	.1084	.0919	.0391	-.0206	-.0414	-.2479
P6.1	.2712	-.0813	.1611	-.0874	-.1312	-.1367	.0457	-.2194
P6.2	-.3538*	-.0711	-.0758	.0932	.1194	.3002*	-.2221	.1586
P6.3	.1522	.2369	-.2504	-.0148	-.2943*	.0944	-.0420	-.0569
P6.4	-.0933	-.1193	.1509	.0528	.3053*	-.2321	.2453	.0449
P6.5	-.0321	.0274	.0128	-.0268	.0566	-.0248	-.0167	.1139

	P5.3	P5.4	P5.5	P5.6	P6.1	P6.2	P6.3	P6.4
P5.3	1.0000							
P5.4	.2160	1.0000						
P5.5	-.2392	-.2506	1.0000					
P5.6	-.4018**	-.3229*	-.1897	1.0000				
P6.1	.1425	.0668	.0898	-.0877	1.0000			
P6.2	.0536	.1147	-.1397	.0048	-.3636**	1.0000		
P6.3	.0776	.0379	.0433	-.0460	-.3331*	-.2299	1.0000	
P6.4	-.2040	-.1331	.0601	0.0	-.1944	-.2452	-.1719	1.0000
P6.5	-.1100	-.1086	-.0669	.1472	-.2592	-.1105	-.2841*	-.2928*

Anhang 3.3: Korrelationen der Items der Problemanalyse mit den Items der Zielanalyse über alle Problemgeschichten der Vorform

Korrelationen:	Z1.6	Z1.7	Z1.8	Z1.9	Z1.10
P1.1	-.1899	-.0966	-.1680	-.1738	.5908**
P1.2	-.2178	-.3970**	-.1963	.7431**	-.0308
P1.3	.3314*	.2490	.0134	-.3430*	-.1742
P1.4	.0748	.2970*	-.0624	-.0159	-.2927*
P1.5	.0668	.0246	.5379**	-.3262*	-.2139

Korrelationen:	Z2.6	Z2.7	Z2.8	Z2.9	Z2.10
P2.1	-.2998*	.1800	.1339	.2119	-.1684
P2.2	-.1977	.3465*	-.0569	.0240	-.0963
P2.3	-.0418	-.0260	.0833	-.3701**	.2772*
P2.4	.1860	-.3418*	.0462	-.1058	.1818
P2.5	.3021*	-.1210	-.1709	.1496	-.1437

Korrelationen:	Z3.7	Z3.8	Z3.9	Z3.10	Z3.11	Z3.12
P3.1	.6414**	-.3452*	-.0596	-.2598	.0441	-.1713
P3.2	-.0115	.0725	-.1093	-.1570	-.1643	.4367**
P3.3	-.2379	.4597**	-.2279	.2769*	-.2184	-.0089
P3.4	-.1098	-.1224	.4413**	-.1864	.1031	-.0894
P3.5	-.0739	.2412	-.1340	.3168*	-.2524	-.1666
P3.6	-.3012*	-.2085	.0035	.0431	.4407**	.1275

Korrelationen:	Z4.7	Z4.8	Z4.9	Z4.10	Z4.11	Z4.12
P4.1	-.1484	0.0	.6285**	.1202	-.2884*	-.3260*
P4.2	.4572**	.1920	-.4301**	-.1429	-.0336	.0080
P4.3	-.1526	.0778	.3861**	.1270	.0486	-.4269**
P4.4	-.2385	-.1285	.0663	-.0431	.5354**	-.1591
P4.5	.1553	.0721	-.2487	-.0119	-.0230	.0744
P4.6	.0094	-.1572	-.4318**	-.0781	-.1108	.6642**

Korrelationen:	Z5.7	Z5.8	Z5.9	Z5.10	Z5.11	Z5.12
P5.1	-.3300*	-.0630	.4057**	.5085**	.0203	-.5103**
P5.2	.6839**	-.0820	-.3345*	-.3523*	-.1115	.1664
P5.3	-.1303	-.0822	.0888	.1301	-.0758	.0190
P5.4	-.2257	-.0568	.0652	.0413	-.0141	.1401
P5.5	.1986	-.1037	-.1894	-.2548	-.0276	.3733**
P5.6	-.1944	.3212*	-.0145	-.0456	.1791	-.1577

Korrelationen:	Z6.6	Z6.7	Z6.8	Z6.9	Z6.10
P6.1	.5876**	-.0122	-.2272	-.2835*	-.0657
P6.2	-.1634	.0428	.1179	.0994	-.1001
P6.3	-.3650**	-.1316	.0902	.2461	.1441
P6.4	.1283	.2643	-.0702	-.3430*	.0290
P6.5	-.2534	-.1404	.1166	.2944*	-.0033

$*$ p < .01 $**$ p < .001

liv

ANHANG 4.1: Liste der zur Beurteilung vorgelegten ungeordneten Items

1. Wenn ich ein Problem habe, reagiere ich impulsiv.

2. Wenn ich ein Problem habe, unternehme ich gar nichts.

3. Wenn ich ein Problem habe, verhalte ich mich abwartend.

4. Wenn ich ein Problem habe, stehe ich unter Zeitdruck.

5. Wenn ich ein Problem habe, überlege ich in Ruhe, was alles damit zusammenhängt.

6. Wenn ich ein Problem habe, untersuche ich gezielt die Zusammenhänge.

7. Wenn ich ein Problem habe, versuche ich es genau zuerfassen.

8. Wenn ich ein Problem habe, versuche ich das herauszufinden, was wirklich wichtig ist.

9. Wenn ich ein Problem habe, überlege ich, ob ich früher schon mal ähnliche Erfahrungen damit gemacht habe.

10. Wenn ich ein Problem habe, überlege ich, was die (möglichen) Ursachen sein könnten.

11. Wenn ich ein Problem habe, überlege ich, welche Umstände es aufrechterhalten.

12. Wenn ich ein Problem habe, woran es liegt, daß es weiter besteht.

13. Wenn ich ein Problem habe, überlege ich, welche der Annahmen über die Ver-ursachung am ehesten zutreffen.

14. Wenn ich ein Problem habe, überlege ich, welche der möglichen Ursachen am ehesten zutreffen.

15. Wenn ich ein Problem habe, denke ich lange darüber nach.

16. Ich bin ehrlich mir selbst gegenüber.

17. Wenn Probleme auftauchen, denke ich erst in Ruhe darüber nach.

18. Probleme machen das Leben erst interessant.

19. Wenn ich ein Problem habe, löst es sich von selbst.

20. Entscheidungen schiebe ich lange vor mir her.

21. Wenn ich ein Problem habe, gehe ich es gezielt an.

22. Wenn ich ein Problem habe, gehe ich planvoll vor.

23. Wenn ich ein Problem habe, gehe ich es Schritt für Schritt an.

24. Wenn ich ein Problem habe, gehe ich ihm aus dem Weg.

25. Ich traue mir zu, mit meinen Problemen fertig zu werden.

26. Wenn ich ein Problem habe, kann ich mich auf meine Fähigkeiten verlassen.

27. Wenn ich ein Problem habe, verlasse ich mich auf die Hilfe anderer.

28. Wenn ich ein Problem habe, stehe ich ihm ratlos gegenüber.

29. Wenn ich ein Problem habe, bespreche ich es mit anderen.

30. Wenn ich ein Problem habe, habe ich das Gefühl, daß ich mich im Kreis drehe.

31. Wenn ich ein Problem habe, habe ich genug Kraft, um damit fertigzuwerden.

32. Wenn ich ein Problem habe, verlasse ich mich auf mein eigenes Urteil.

33. In schwierigen Situationen neige ich dazu, mich so aufzuregen, daß ich nicht mehr denken kann.

34. Ich sehe oft Probleme, wo gar keine sind.

35. Es fällt mir oft schwer, die Gründe für meine Probleme herauszufinden.

36. Es sind immer wieder die gleichen Dinge, die mir Probleme machen.

37. Wenn ich ein Problem habe, versuche ich es sofort zu lösen.

38. Bei Problemen fühle ich mich oft wie in einer Sackgasse, aus der ich nicht herauskomme.

39. Mir liegen Probleme, die schnelles Handeln verlangen.

40. Ich fühle mich dem Leben und seinen Problemen gut gewachsen.

41. Ich bin oft grundlos niedergeschlagen.

42. Wenn ich ein Problem habe, sehe ich keine Möglichkeit, da herauszukommen.

43. Wenn ich ein Problem habe, bin ich ruhig und ausgeglichen.

44. Wenn ich ein Problem habe, liegt es wie ein unüberwindbarer Berg vor mir.

45. Ich weiche der Auseinandersetzung mit meinen Problemen oft aus.

46. Bei Problemen handele ich sicher und schnell.

47. Probleme machen mich mutlos.

48. Wenn ich ein Problem genauer betrachte, finde ich Hinweise für die Lösung.

49. Wenn ich ein Problem habe, überlege ich, wie es entstanden ist.

50. Ich frage mich, was ich eigentlich will.

51. Ich überlege, was das für Folgen haben kann, wenn ich mein Ziel realisiere.

52. Ich überlege mir, wie ich das Problem am besten lösen könnte.

53. Ich überlege, wie ich mein Problem ändern kann.

54. Ich versuche von vornherein, mögliche Schwierigkeiten, die sich ergeben könnten, mit zu berücksichtigen.

55. Ich beziehe mögliche Folgen in meine Entscheidung mit ein.

56. Ich versuche erst mal, mir über meine Ziele klarzuwerden.

57. Wenn etwas nicht sofort gelingt, gebe ich schnell auf.

58. Ich lasse mich durch Schwierigkeiten entmutigen.

59. Ich lasse mich leicht ablenken.

60. Ich erledige lieber erst andere Dinge.

61. Ich löse am liebsten die Probleme, die leicht sind.

62. Ich denke konzentriert nach, bevor ich etwas tue.

63. Habe ich erst einen Teil des Problems gelöst, wird vieles für mich klarer.

64. Für mich ist es wichtig, Ziele ausdauernd genug zu verfolgen.

65. Ich versuche, viele Lösungsmöglichkeiten zu berücksichtigen, bevor ich mich entgültig entscheide.

66. Statt einer Lösung habe ich zwei neue Probleme.

67. Ich habe es am liebsten, wenn alles in gewohnten Bahnen verläuft.

68. Ich habe verschiedene Ideen, wie ich das Problem lösen könnte.

69. Ich denke die verschiedensten Lösungsmöglichkeiten bis ins letzte durch.

70. Ich überlege, ob ich mit den gefundenen Lösungsmöglichkeiten wirklich mein Ziel erreiche.

71. Ich überlege, wie ich die Lösung konkret umsetzen kann.

72. Ich bedenke, was für Folgen die Veränderung auf die betroffenen Mitmenschen haben könnte.

73. Ich denke bei meinem Handeln an die Folgen für mich.

74. Ich entscheide, welche Lösung mir am besten gefällt.

75. Es macht mir Angst, wenn ich nicht abschätzen kann, was passieren könnte.

76. Ich denke bei meinem Handeln daran, was für Folgen dassofort haben könnte.

77. Ich denke bei meinem Handeln nicht an die Folgen für meine Mitmenschen.

78. Bevor ich etwas tue, überlege ich mir, welche Folgen das haben könnte.

79. Bevor ich etwas in Angriff nehme, überlege ich mir, ob mein Handeln auf lange Sicht gesehen andere Folgen hätte als sofort.

80. Ich male mir oft die schlimmen Folgen meiner Handlungen aus.

81. Ich frage mich, was es für Folgen für mich haben kann, wenn ich die gefundene Lösung durchführe.

82. Wenn ich eine Lösung für mein Problem gefunden habe, führe ich sie sofort durch.

83. Ich suche immer eine Möglichkeit, wie ich mein Problem lösen kann.

84. Ich überlege die Konsequenzen einer Entscheidung vorher.

85. Altbewährte Lösungen halte ich für die besten.

86. Es fallen mir auch komische Dinge ein, wie ich meine Schwierigkeiten beseitigen kann.

87. Je mehr Möglichkeiten ich habe, um so schwerer fällt mir die Entscheidung.

88. Ich löse viele Probleme so, wie andere es noch nicht probiert haben.

89. Wenn ich das gesteckte Ziel nicht erreiche, suche ich nach anderen Lösungen.

90. Wenn ich keine Lösung finde, unternehme ich gar nichts.

91. Ich habe keine Angst, neue Sachen in meinem Leben auszuprobieren.

92. Mir fällt es leicht, meine Ideen in die Tat umzusetzen.

93. Ich scheue davor zurück, meine Ideen auszuprobieren.

94. Wenn ich etwas tun möchte und nicht ganz sicher bin, was passieren könnte, dann lasse ich es.

95. Ich überprüfe, was ich inzwischen eigentlich erreicht habe.

96. Ich überprüfe, ob das, was ich erwartet habe, auch wirklich eingetreten ist.

97. Wenn ich bei meinem Problem etwas geändert habe, überlege ich, ob ich wirklich das erreicht habe, was ich wollte.

98. Ich überprüfe, ob mein Vorgehen noch der Situation entspricht.

99. Ich überprüfe, wie ich vorgegangen bin, um meine Strategien zu verbessern.

100. Ich überprüfe, welche Effekte ich durch mein Handeln hervorgerufen habe.

101. Wenn ich versucht habe, ein Problem zu lösen, überlege ich, ob ich es beim nächsten Mal genauso machen würde.

102. Erfolgreiche eigene Lösungen wende ich wieder an.

103. Erprobte Lösungen soll man nicht in Frage stellen.

ANHANG 4.2: Material zur Itembeurteilung

Itembeurteilungsbogen

<u>Problemanalyse</u>

Item-Nr.: _____

_____

_____

_____

<u>Zielanalyse</u>

Item-Nr.: _____

_____

_____

_____

<u>Mittelanalyse</u>

Item-Nr.: _____

_____

_____

_____

<u>Handlungsdurchführung und Evaluation</u>

Item-Nr.: _____

_____

_____

_____

Inhaltlich gleiche Items

Item-Nr.:_____

Auswahl:____

Item-Nr.:_____

Auswahl:____

Item-Nr.:_____

Auswahl:____

Item-Nr.:_____

Auswahl:____

Item-Nr.:_____

Auswahl:____

Item-Nr.:_____

Auswahl:____

Item-Nr.:_____

Auswahl:____

Item-Nr.:_____

Auswahl:____

Item-Nr.:_____

Auswahl:____

Item-Nr.:_____

Auswahl:____

Korrelationen (* p < .01 ** p < .001):

	ZIAN1	ZIAN2	ZIAN3	ZIAN4	ZIAN5	ZIAN6	ZIAN7	ZIAN8
PRAN1	.1122	-.0040	.0506	.1272	.0268	.2695*	.2517*	.1357
PRAN2	.4689**	.3552**	.4089**	.3156**	.4198**	-.0574	-.0045	-.1055
PRAN3	.4284**	.3303**	.4919**	.3172**	.4525**	-.0202	.0583	-.2640*
PRAN4	.4722**	.2428*	.4768**	.3961**	.3533**	.1011	.0556	-.1002
PRAN5	.2946**	.3975**	.4048**	.4174**	.4528**	-.0734	-.0665	-.0773
PRAN6	.1791	.0366	.2656*	.3787**	.2981**	.1929	.1379	.0126
PRAN7	.1961	.0166	.2391*	.3102**	.2747*	.2382*	.2276*	-.0909
PRAN8	-.0857	-.2760*	-.1730	-.0538	-.0129	.1853	.1023	.2057
PRAN9	.3306**	.2590*	.2390*	.2108	.1203	.1628	-.0130	-.0154
PRAN10	-.0533	-.1874	-.1273	-.1163	-.1647	.1389	.1182	.0282
PRAN11	.3280**	.1105	.2668*	.4965**	.3598**	.3807**	.3055**	-.0156
PRAN12	.2985**	-.0237	.1454	.2483*	.1588	.5258**	.3162**	-.0287
PRAN13	.2945**	.1423	.0713	.1500	.1174	.1676	-.0429	-.2021
PRAN14	.2080	-.1168	.1308	.2093	.1127	.2825*	.2514*	.1755
PRAN15	-.0134	-.2417*	-.0124	-.0034	-.1041	.4756**	.3618**	.1744
PRAN16	.1367	-.1227	.0494	.0551	.0575	.2938**	.3639**	-.0312
PRAN17	.3909**	-.0148	.4180**	.2703*	.2280*	.4611**	.3409**	.0522
PRAN18	.1117	-.0895	.0333	.0891	-.0005	.1846	.2422*	.2018
PRAN19	.3241**	.2579*	.2349*	.2673*	.2446*	.1875	.1398	-.0858
PRAN20	-.0204	-.1482	.0728	.0765	-.0391	.4835**	.3859**	.0657
PRAN21	.1937	.0921	.1187	.1033	.0374	.2420*	.1453	-.0695
PRAN22	.3012**	-.0559	.2557*	.2774*	.1668	.4822**	.2974**	-.0690
PRAN23	.0993	-.1524	.0890	.0662	-.0392	.5219**	.4317**	.0061
PRAN24	.2958**	.1321	.2099	.3033**	.1745	.2975**	.0723	-.1707
PRAN25	-.0926	-.0913	.1369	.1012	.0253	.2940**	.1921	-.0415
PRAN26	.2275*	-.0057	.0802	.1208	.1346	.3871**	.2966**	.1808
PRAN27	.1084	-.0379	.0618	.1004	-.0735	.4368**	.2031	-.1012
PRAN28	.1069	-.1463	.0318	.1672	-.0238	.6527**	.4062**	.1400
PRAN29	.3783**	.2043	.2682*	.3048**	.2534*	.2838*	.2627*	-.0350
PRAN30	.6377**	.3550**	.4136**	.4150**	.4161**	.0874	.1800	.0114

	ZIAN9	ZIAN10	MIAN1	MIAN2	MIAN3	MIAN4	MIAN5	MIAN6
PRAN1	-.0199	.1589	-.0997	.0645	.0681	.1316	.1204	.0581
PRAN2	.3869**	.2352*	.3407**	.0265	.4325**	.3611**	.4535**	.4933**
PRAN3	.4845**	.2398*	.2399*	-.0222	.3544**	.3735**	.4597**	.4669**
PRAN4	.3191**	.2498*	.3612**	-.0130	.3367**	.2604*	.4790**	.4572**
PRAN5	.4252**	.2897*	.4419**	.0940	.3084**	.3352**	.3519**	.3284**
PRAN6	.2998**	.3739**	.2811*	-.0775	.2548*	.1760	.3280**	.3109**
PRAN7	.2405*	.3125**	.2926*	.0065	.2181	.3477**	.2975**	.2418*
PRAN8	-.1011	-.0296	-.2312*	.0318	-.2450*	-.0649	-.0261	-.0801
PRAN9	.1494	.1806	.1687	.2251*	.2396*	.1754	.2336*	.2028
PRAN10	-.1066	.0183	-.1370	.0593	-.0482	-.1418	-.1809	-.0555
PRAN11	.3425**	.4394**	.1487	.0538	.3325**	.2638*	.3529**	.3259**
PRAN12	.2686*	.3303**	.0221	.3372**	.3423**	.0724	.2301*	.4595**
PRAN13	.2005	.1457	.0729	.0057	.2238*	.1279	.1279	.2194
PRAN14	-.0757	.0356	-.1083	.0428	-.0491	.0094	.1496	.2115
PRAN15	-.1454	-.0747	-.1321	.1760	-.0491	-.2032	-.0381	.0817
PRAN16	.0526	.0626	-.0259	-.0733	.0890	.1842	.0733	.1632
PRAN17	.2529*	.3467**	.1227	.1293	.2995**	.1117	.3280**	.4350**
PRAN18	-.2071	-.0953	.0704	.0655	-.1229	-.0360	-.0330	-.0045
PRAN19	.2395*	.1703	.1676	.0368	.2908*	.1507	.1624	.1526
PRAN20	.0090	.1263	-.1073	.1402	.0546	-.2252*	-.0935	.1036
PRAN21	.2113	.2413*	.0142	.0664	.1453	.1194	.0870	.0081
PRAN22	.2891*	.3622**	.1558	.1865	.2604*	.1368	.2735*	.4358**
PRAN23	.0634	.1764	-.1600	.1189	.1417	-.1255	-.0142	.1814
PRAN24	.4013**	.2907*	.1342	.1104	.3822**	.1679	.2042	.3612**
PRAN25	.1435	.2487*	.0740	-.0342	.1495	-.0058	.0495	.1740

	ZIAN9	ZIAN10	MIAN1	MIAN2	MIAN3	MIAN4	MIAN5	MIAN6
PRAN26	-.0131	.0827	-.0604	.1228	.0842	.1060	.1209	.2038
PRAN27	.1467	.2899*	-.0104	.0772	.1364	.0187	.0489	.0941
PRAN28	-.0238	.1431	-.2092	.2757*	.1950	-.1053	.0338	.1941
PRAN29	.4464**	.2639*	.0981	.0540	.2871*	.2067	.2698*	.3577**
PRAN30	.2494*	.2139	.2145	.1036	.2472*	.2873*	.3691**	.4120**

	MIAN7	MIAN8	MIAN9	MIAN10	MIAN11	MIAN12	MIAN13	MIAN14
PRAN1	.1025	.0468	.0223	.0691	-.0214	.0863	-.0601	.1145
PRAN2	.2823*	.4271**	.3516**	-.2895*	.4016**	.0708	.3232**	.4570**
PRAN3	.3182**	.4052**	.2072	-.3264**	.4418**	.0835	.3453**	.4005**
PRAN4	.3241**	.4088**	.3722**	-.2504*	.3629**	.1284	.3370**	.3808**
PRAN5	.2031	.2454*	.3063**	-.2349*	.2583*	.1230	.2208	.3967**
PRAN6	.2507*	.3068**	.3169**	-.0181	.0362	.1465	.1045	.3057**
PRAN7	.1312	.1716	.1630	-.0418	.0302	-.0061	.1457	.1758
PRAN8	-.0115	-.0808	-.0992	.0507	-.2152	.0362	-.0846	-.1042
PRAN9	-.0842	.1536	.0909	.1965	.1172	-.1624	.0910	.1172
PRAN10	.0362	-.0087	.0691	.0531	-.1725	.0559	-.1265	-.2290*
PRAN11	.3173**	.4189**	.2560*	.1365	.1226	.0072	.0933	.1674
PRAN12	.1565	.3191**	.2268*	.3050**	.0357	-.0761	-.0430	.0822
PRAN13	.1268	.1411	.0871	-.0666	.0912	-.1239	-.0638	.1588
PRAN14	.2090	.1902	.0481	.2132	-.0313	.1883	.1474	-.0578
PRAN15	.0844	.0472	-.0500	.4875**	-.0575	.0561	.0065	-.1453
PRAN16	.0595	.1476	-.1296	.2205	.0820	.1059	.0076	.0319
PRAN17	.2439*	.4250**	.3112**	.2239*	.1169	.0363	.1642	.1845
PRAN18	-.0513	-.0419	-.0057	.2590*	-.0439	.0019	-.0214	-.1572
PRAN19	.1030	.1117	.2240*	.0439	-.0471	-.0325	-.0235	.0978
PRAN20	.0424	.1641	.0369	.4236**	-.0717	-.0454	-.0663	-.2342*
PRAN21	.0529	.0481	.2242*	.0892	-.0886	-.1999	-.0956	.1181
PRAN22	.2407*	.3887**	.3471**	.2717*	.1226	.0250	.0906	.1247
PRAN23	.0423	.0665	.0930	.3657**	-.0812	-.0234	-.1504	-.2215
PRAN24	.2119	.2679*	.2113	.1847	.1347	.0970	.1081	.1665
PRAN25	.1548	.1160	.1535	.1542	.1784	.0065	.1425	.0771
PRAN26	.2503*	.1216	.1166	.1202	.0345	.0314	-.0997	.1094
PRAN27	.1353	.1619	.2617*	.2011	-.1052	-.0718	-.1173	-.0335
PRAN28	.1094	.1142	.1244	.3951**	-.1610	.0627	-.1035	-.1960
PRAN29	.2080	.3283**	.2336*	.0914	.0448	.1271	.1179	.1556
PRAN30	.1905	.3520**	.1641	-.0698	.3326**	.0684	.3375**	.2660*

	MIAN15	MIAN16	MIAN17	MIAN18	MIAN19	MIAN20	EVA1	EVA2
PRAN1	.0838	-.1106	.0669	-.1034	.0502	.0468	.1235	.4086**
PRAN2	.5505**	-.1547	.3805**	-.2058	.3735**	.0394	.3386**	-.0659
PRAN3	.5205**	-.2612*	.2789*	-.1058	.2533*	.0668	.2828*	-.1121
PRAN4	.4519**	-.1863	.2052	-.1960	.2494*	.0822	.3095**	-.1338
PRAN5	.4489**	-.0701	.2319*	-.0343	.3778**	.0874	.2238*	-.0302
PRAN6	.3461**	-.0095	.0131	-.1350	.1364	.2551*	.3398**	.0098
PRAN7	.2138	.0509	.0926	.1063	.2101	.1770	.2932**	-.0801
PRAN8	-.1341	.0839	-.0067	.0284	.0370	.1563	-.0633	.0410
PRAN9	.1864	.0442	.2945**	.0978	.2521*	.1894	.1094	.0923
PRAN10	-.1901	.0894	-.1474	-.0089	-.0326	-.1733	-.0195	.0069
PRAN11	.2335*	-.1439	.1977	.1147	.1699	.2368*	.4295**	.2594*
PRAN12	.1253	.2027	.2273*	.1010	.2138	.3719**	.4108**	.2592*
PRAN13	-.0075	.0011	.1259	.0128	.0552	.1122	.2672*	.1759
PRAN14	.1207	.0815	0.0	.2647*	-.0269	-.0720	.1060	.0790
PRAN15	-.0948	.2223	.0198	.3879**	-.0239	.2815*	.1355	.3045**
PRAN16	.0200	.0746	-.0064	.1686	-.0958	.0475	.1121	.1514
PRAN17	.2745*	.0163	.1504	.1385	.1203	.3834**	.4256**	.2894*
PRAN18	-.0788	.2145	-.1711	.1644	-.2059	-.0434	-.0163	.2455*
PRAN19	.1921	-.0339	.1954	.0230	.1780	.2844*	.3728**	.3270**
PRAN20	-.0670	.2340*	.0111	.2780*	-.0843	.1528	.3232**	.2106
PRAN21	.0688	-.0779	.2580*	.0147	.3279**	.2900*	.3412**	.2911*
PRAN22	.2996**	.1193	.2214	.1467	.2187	.4477**	.4934**	.2789*

	MIAN15	MIAN16	MIAN17	MIAN18	MIAN19	MIAN20	EVA1	EVA2
PRAN23	-.1162	.1679	.0899	.1258	.0304	.2991**	.2465*	.3279**
PRAN24	.1935	-.0460	.3170**	.1048	.2465*	.3118**	.3944**	.2265*
PRAN25	.0706	.0258	.0316	.1454	.1345	.0857	.2536*	-.0199
PRAN26	-.0543	.0871	-.0117	.1100	.1334	.1183	.2334*	.3479**
PRAN27	.0330	-.0445	.1596	.1767	.2125	.2819*	.4240**	.2681*
PRAN28	-.0892	.2868*	.1641	.3190**	.1060	.4098**	.3634**	.3997**
PRAN29	.1881	-.0103	.1516	.0267	.1321	.1544	.4044**	.1265
PRAN30	.3503**	-.1620	.2997**	-.0137	.1788	.0699	.3388**	.0974

	EVA3	EVA4	EVA5	EVA6	EVA7	EVA8	EVA9	EVA10
PRAN1	.1478	.1044	.3014**	-.1106	.0009	.1945	.1320	.0153
PRAN2	.3304**	.3968**	.0128	.2722*	.2608*	.2560*	.4331**	.2035
PRAN3	.3552**	.4363**	-.0449	.2751*	.2882*	.2192	.4551**	.3311**
PRAN4	.3508**	.4003**	.0004	.3485**	.3474**	.2621*	.4913**	.2652*
PRAN5	.4200**	.3401**	.0013	.2714*	.3385**	.1445	.4385**	.2526*
PRAN6	.2743*	.2775*	.2073	.2766*	.2271*	.1293	.2021	.1659
PRAN7	.3403**	.1805	.1078	.3344**	.2249*	.1681	.2625*	.2231*
PRAN8	-.0475	-.1886	.1036	-.1211	-.0249	.0603	-.1291	.0542
PRAN9	.1819	.1943	.0474	.0485	.0835	.1792	.2352*	.1100
PRAN10	-.0411	-.0428	.0188	.0817	-.0863	.1382	-.0997	-.0221
PRAN11	.4656**	.4237**	.3156**	.3223**	.4063**	.4370**	.3508**	.0924
PRAN12	.2599*	.2494*	.4263**	.2558*	.1546	.3683**	.1733	.0498
PRAN13	.0734	.0713	.1693	.1040	.0745	.1420	.1303	.0733
PRAN14	.1307	.0302	.2152	.2672*	.2084	.1207	.1950	.0083
PRAN15	.0699	-.0366	.3476**	.1800	.0352	.0937	-.0254	-.0822
PRAN16	.1661	.1069	.3662**	.1166	.0138	.0722	.0812	.1166
PRAN17	.3258**	.2697*	.3816**	.3200**	.2337*	.3932**	.2761*	.1481
PRAN18	.0567	.0221	.1678	.1363	.0344	.0324	-.1030	-.1144
PRAN19	.1605	.0595	.3315**	-.0142	.1273	.3161**	.1480	.1353
PRAN20	.1235	.1071	.3735**	.1318	.0432	.1414	.0245	.0314
PRAN21	.0934	.0805	.2957**	-.1189	.0450	.2492*	.1269	.0650
PRAN22	.3494**	.2525*	.5074**	.3547**	.1836	.3774**	.2017	.2039
PRAN23	.1654	.0644	.4104**	.0852	.0214	.1777	.0130	.0066
PRAN24	.2492*	.2342*	.3154**	.1533	.1726	.2307*	.2084	.0820
PRAN25	.1779	.1885	.0595	.1751	.1791	.0933	.1336	-.0201
PRAN26	.1210	.0043	.3455**	.0007	.0696	.2001	.2204	-.0658
PRAN27	.1245	.0609	.4424**	.0449	.0722	.2420*	.1193	.1028
PRAN28	.1095	.0403	.5463**	.1699	.0994	.3400**	.0416	-.0591
PRAN29	.2641*	.2069	.2037	.2754*	.2153	.1469	.2123	.1657
PRAN30	.2459*	.3226**	.0889	.1660	.1728	.2534*	.3716**	.2313*

	EVA11	EVA12
PRAN1	.1224	.1944
PRAN2	.1203	.1725
PRAN3	.2155	.0947
PRAN4	.1500	.2793*
PRAN5	.0106	.0918
PRAN6	.1134	.1119
PRAN7	.0019	.0994
PRAN8	-.0624	.0544
PRAN9	-.0771	.0724
PRAN10	.0548	.0868
PRAN11	.1609	.1464
PRAN12	.0888	.0852
PRAN13	.1557	.0023
PRAN14	.0308	.1339
PRAN15	-.0127	.0388
PRAN16	-.0120	-.0229
PRAN17	.1599	.1954
PRAN18	-.0758	-.0034
PRAN19	.0395	.1870

	EVA11	EVA12
PRAN20	.0825	.1765
PRAN21	.0267	-.0196
PRAN22	.2212	.0808
PRAN23	.0533	.1646
PRAN24	.0218	.0729
PRAN25	.0283	-.0125
PRAN26	.0212	.3282**
PRAN27	-.0287	.0891
PRAN28	.1309	.1255
PRAN29	.0103	.1448
PRAN30	.0527	.2678*

	MIAN1	MIAN2	MIAN3	MIAN4	MIAN5	MIAN6	MIAN7	MIAN8
ZIAN1	.3274**	.0101	.2874*	.3795**	.4679**	.4411**	.1710	.3841**
ZIAN2	.2081	-.0408	.2778*	.2466*	.1148	.1344	.0318	.1474
ZIAN3	.4175**	-.1545	.3049**	.3964**	.5549**	.3866**	.3916**	.4333**
ZIAN4	.2942**	-.0400	.1836	.4233**	.5793**	.4472**	.2514*	.4677**
ZIAN5	.4326**	-.0893	.2465*	.4879**	.6108**	.4382**	.3878**	.3825**
ZIAN6	-.0917	.2103	.1146	-.0135	.0523	.1228	.1267	.0767
ZIAN7	.1319	.1910	.1134	.1200	.1469	.0950	.1168	.1509
ZIAN8	.0409	.3399**	.0100	-.0098	-.0028	-.0146	-.0426	-.1625
ZIAN9	.1895	-.1320	.3127**	.2196	.2215	.2588*	.1629	.2980**
ZIAN10	.1505	-.1641	.2405*	.1475	.2489*	.2792*	.0994	.2965**

	MIAN9	MIAN10	MIAN11	MIAN12	MIAN13	MIAN14	MIAN15	MIAN16
ZIAN1	.3368**	-.0491	.2551*	.1090	.2635*	.2574*	.3618**	-.1590
ZIAN2	.0537	-.0375	.0521	.1157	.0423	.1442	.2210	-.1109
ZIAN3	.2585*	-.0716	.3664**	.2107	.4852**	.3779**	.4520**	-.3036**
ZIAN4	.3383**	.0165	.1443	.1544	.3070**	.2590*	.4579**	-.1474
ZIAN5	.1942	-.1545	.2844*	.1679	.3978**	.4605**	.4898**	-.3189**
ZIAN6	.1787	.4559**	-.1471	.0384	-.0701	-.0682	-.0635	.2521*
ZIAN7	.0662	.3309**	.0959	-.0114	.1725	-.0296	.0323	.0551
ZIAN8	-.0467	.2414*	-.0447	.1444	.0242	.1048	-.1021	.1709
ZIAN9	.2349*	-.1314	.1546	.0157	.0809	.1989	.2496*	-.2169
ZIAN10	.2564*	-.0616	.1630	-.0065	.0550	.1070	.2462*	-.2217

	MIAN17	MIAN18	MIAN19	MIAN20	EVA1	EVA2	EVA3	EVA4
ZIAN1	.2134	-.1350	.1107	.1257	.1836	.1013	.3065**	.2911*
ZIAN2	.1432	-.0204	.1942	-.0060	.0708	.0518	.1497	.1899
ZIAN3	.0835	-.0829	.1400	.1165	.1240	-.0435	.3900**	.4277**
ZIAN4	.1326	-.0025	.0981	.1938	.2079	.0400	.4859**	.4078**
ZIAN5	.1405	-.0850	.1695	.1483	.2310*	-.0941	.4882**	.3957**
ZIAN6	.2152	.1887	.2137	.3763**	.4931**	.3500**	.0504	.0055
ZIAN7	-.0809	.0796	.0995	.1902	.2317*	.2795*	.2006	.1491
ZIAN8	-.0481	.1133	-.0409	.0866	-.0771	.1332	-.0750	-.1091
ZIAN9	.1596	-.0362	.2192	.1410	.3520**	-.0122	.2993**	.2835*
ZIAN10	.0896	-.0711	.0691	.0828	.3487**	-.0453	.3757**	.3234**

	EVA5	EVA6	EVA7	EVA8	EVA9	EVA10	EVA11	EVA12
ZIAN1	.1476	.3325**	.3036**	.4184**	.3868**	.1964	.2771*	.2274*
ZIAN2	.0060	.0042	.1284	.1269	.2283*	.1278	-.0117	.0018
ZIAN3	.0281	.3389**	.4104**	.2595*	.4416**	.2412*	.1965	.0991
ZIAN4	.2361*	.3388**	.4015**	.3765**	.5287**	.2326*	.1878	-.0214
ZIAN5	.1030	.4159**	.5283**	.2497*	.5072**	.2696*	.2127	-.0363
ZIAN6	.5722**	.1185	.0956	.2670*	.0236	.0143	-.0027	.2123

	EVA5	EVA6	EVA7	EVA8	EVA9	EVA10	EVA11	EVA12
ZIAN7	.2874*	.1968	.1157	.0716	.0783	-.0460	.0587	.3036**
ZIAN8	.1492	.0585	.0214	.0139	-.1637	-.1075	-.0004	.2150
ZIAN9	.0866	.1219	.2130	.1928	.2195	.3101**	.1549	-.0728
ZIAN10	.1456	.1970	.3464**	.3845**	.2962**	.1846	.2700*	.0237

	EVA1	EVA2	EVA3	EVA4	EVA5	EVA6	EVA7	EVA8
MIAN1	.1002	-.2165	.3338**	.2692*	-.1318	.4074**	.3413**	.0244
MIAN2	.0478	.3511**	.0659	.0756	.2310*	-.0127	.0727	.2028
MIAN3	.3246**	.0717	.2260*	.3125**	.1390	.3239**	.3712**	.2747*
MIAN4	.2395*	-.1806	.3571**	.3914**	.0867	.3222**	.3332**	.1294
MIAN5	.2363*	-.0327	.5424**	.5391**	.1633	.4385**	.5359**	.3857**
MIAN6	.3781**	.0572	.4180**	.4775**	.2840*	.5102**	.4639**	.4241**
MIAN7	.1605	.1282	.2459*	.1998	.1932	.4583**	.5196**	.2470*
MIAN8	.2871*	.0439	.3849**	.5555**	.2317*	.4238**	.3440**	.4414**
MIAN9	.3753**	-.0312	.1214	.1916	.0892	.2215	.2005	.3500**
MIAN10	.1649	.3768**	.0007	-.0613	.3726**	-.0162	.0081	.0855
MIAN11	.0264	-.1831	.3309**	.5305**	-.1929	.2116	.1971	.0798
MIAN12	-.1137	.1516	.0363	-.0005	.1983	.1877	.2342*	.1313
MIAN13	-.0355	-.2084	.2437*	.3977**	-.1595	.3575**	.3580**	.1093
MIAN14	.1333	-.1326	.3286**	.4621**	.0004	.2852*	.3565**	.1108
MIAN15	.2246*	-.0782	.4206**	.5112**	.0675	.3851**	.4411**	.2678*
MIAN16	-.0487	.2262*	-.2237*	-.2991**	.2341*	-.0271	-.1728	-.0080
MIAN17	.3590**	.1323	.0181	.1153	.2761*	.0935	.1665	.2394*
MIAN18	.1329	.1334	-.0002	-.0925	.3086**	-.0286	.0783	.0087
MIAN19	.3536**	.0984	.1195	.1969	.1767	.0721	.2462*	.2131
MIAN20	.4317**	.2950**	.0301	.0760	.3891**	-.0160	.1191	.3821**

	EVA9	EVA10	EVA11	EVA12
MIAN1	.3631**	.1888	.1290	.2125
MIAN2	.0394	.0242	-.1816	.2074
MIAN3	.1974	.0695	.1194	.2612*
MIAN4	.5153**	.1942	.0755	-.0667
MIAN5	.6212**	.2774*	.1975	.0231
MIAN6	.4331**	.1178	.2446*	.0730
MIAN7	.3252**	.0208	.1456	.1445
MIAN8	.5246**	.1637	.2432*	.0134
MIAN9	.1981	.0422	.1015	.1717
MIAN10	-.1602	-.0594	-.0309	-.0117
MIAN11	.4230**	.1501	.1881	.0168
MIAN12	.0144	-.0527	.0716	.1605
MIAN13	.3823**	.1217	.0753	.0599
MIAN14	.4014**	.2826*	.1719	-.0527
MIAN15	.5746**	.2586*	.1244	.1092
MIAN16	-.1618	-.1463	-.2725*	.1572
MIAN17	.1320	.1506	.0257	.0056
MIAN18	.0594	.1044	-.1583	-.0926
MIAN19	.2537*	.1072	-.0726	.1602
MIAN20	.1060	.0539	.0070	-.0400

R E L I A B I L I T Ä T - Gesamtwert D I P

				# OF
STATISTICS FOR	MEAN	VARIANCE	STD DEV	VARIABLES
SCALE	302.5688	1082.3031	32.8984	72

ITEM-TOTAL STATISTICS

	SCALE MEAN IF ITEM DELETED	SCALE VARIANCE IF ITEM DELETED	CORRECTED ITEM- TOTAL CORRELATION	ALPHA IF ITEM DELETED
PRAN1	298.5780	1063.5054	.2406	.9270
PRAN2	297.6972	1046.9353	.5205	.9255
PRAN3	297.8532	1046.9783	.4802	.9256
PRAN4	297.2844	1053.4461	.5236	.9257
PRAN5	297.8257	1045.7749	.4630	.9257
PRAN6	298.1193	1051.8838	.4346	.9259
PRAN7	298.3028	1050.2686	.4313	.9259
PRAN8	297.9541	1086.1368	-.0730	.9286
PRAN9	299.4587	1049.4728	.3507	.9265
PRAN10	297.6881	1083.9018	-.0393	.9285
PRAN11	298.5413	1035.5469	.6644	.9246
PRAN12	298.0000	1032.5370	.6117	.9247
PRAN13	298.2661	1061.9193	.2583	.9269
PRAN14	298.3670	1055.6419	.2947	.9268
PRAN15	298.5505	1059.3423	.2356	.9273
PRAN16	298.1651	1062.5466	.2685	.9268
PRAN17	298.2018	1034.5330	.6671	.9245
PRAN18	299.4312	1075.5438	.0616	.9284
PRAN19	298.6422	1049.1949	.4133	.9260
PRAN20	298.2844	1055.8350	.3135	.9266
PRAN21	299.3761	1053.7924	.2927	.9269
PRAN22	298.3028	1029.5093	.6863	.9243
PRAN23	298.1284	1051.4278	.3501	.9264
PRAN24	298.2752	1045.3495	.5388	.9253
PRAN25	300.0275	1059.9159	.3030	.9267
PRAN26	298.0826	1052.6135	.3739	.9262
PRAN27	299.4771	1053.6777	.4151	.9260
PRAN28	298.2385	1041.0722	.4610	.9257
PRAN29	298.0550	1048.8488	.5080	.9256
PRAN30	297.7156	1041.8536	.5460	.9252
ZIAN1	297.6147	1046.2946	.5672	.9253
ZIAN2	298.2110	1065.6865	.1710	.9277
ZIAN3	298.0917	1045.8248	.5160	.9254
ZIAN4	297.8073	1043.7496	.5654	.9252
ZIAN5	297.9633	1044.6653	.5054	.9255
ZIAN6	298.4679	1043.7142	.4785	.9256
ZIAN7	298.6881	1046.0870	.3954	.9261
ZIAN8	299.3853	1077.2205	.0331	.9289
ZIAN9	298.0275	1056.7863	.3678	.9263
ZIAN10	298.1743	1052.7193	.4125	.9260
MIAN1	298.2477	1059.8547	.3112	.9266
MIAN2	299.2936	1063.6538	.1966	.9275
MIAN3	298.3853	1053.6835	.4915	.9258
MIAN4	298.8257	1048.7934	.3971	.9261
MIAN5	298.0459	1039.9331	.5985	.9250

	SCALE MEAN IF ITEM DELETED	SCALE VARIANCE IF ITEM DELETED	CORRECTED ITEM- TOTAL CORRELATION	ALPHA IF ITEM DELETED
MIAN6	297.8624	1041.9716	.6390	.9249
MIAN7	298.2936	1048.0426	.4408	.9258
MIAN8	297.6330	1049.4752	.5660	.9254
MIAN9	297.9174	1056.4283	.3890	.9262
MIAN10	299.5138	1067.0299	.1561	.9278
MIAN11	298.3945	1062.2040	.2646	.9269
MIAN12	297.8532	1070.9783	.1526	.9275
MIAN13	298.1376	1057.8790	.2997	.9267
MIAN14	298.6422	1053.6764	.3649	.9263
MIAN15	298.0826	1045.0765	.4895	.9255
MIAN16	298.4220	1083.5980	-.0346	.9286
MIAN17	298.5688	1051.8957	.3235	.9267
MIAN18	299.5046	1074.5671	.0804	.9281
MIAN19	299.5046	1053.1782	.3673	.9263
MIAN20	298.5413	1049.9173	.3828	.9262
EVA1	298.7431	1043.2112	.5537	.9252
EVA2	298.8165	1063.3734	.2663	.9268
EVA3	298.4220	1041.0240	.5491	.9252
EVA4	298.1835	1046.2438	.5084	.9255
EVA5	298.3119	1045.6981	.4817	.9256
EVA6	298.1743	1049.8304	.4763	.9257
EVA7	298.4495	1044.0831	.5190	.9254
EVA8	297.8807	1044.7171	.5367	.9253
EVA9	298.1284	1044.9463	.5443	.9253
EVA10	298.4037	1060.2985	.2696	.9269
EVA11	297.8165	1071.4290	.1967	.9271
EVA12	298.0642	1065.5051	.1933	.9274

RELIABILITY COEFFICIENTS

N OF CASES =   109.0   N OF ITEMS = 72

ALPHA =   .9272

R E L I A B I L I T Ä T - Problemanalyse D I P

	MEAN	VARIANCE	STD DEV	# OF VARIABLES
STATISTICS FOR SCALE	126.1743	244.4601	15.6352	30

ITEM-TOTAL STATISTICS

	SCALE MEAN IF ITEM DELETED	SCALE VARIANCE IF ITEM DELETED	CORRECTED ITEM- TOTAL CORRELATION	ALPHA IF ITEM DELETED
PRAN1	122.1835	234.4105	.2570	.8659
PRAN2	121.3028	231.4353	.3865	.8627
PRAN3	121.4587	231.9728	.3373	.8639
PRAN4	120.8899	233.5618	.4031	.8627
PRAN5	121.4312	231.7105	.3182	.8644

lxvii

	SCALE MEAN IF ITEM DELETED	SCALE VARIANCE IF ITEM DELETED	CORRECTED ITEM-TOTAL CORRELATION	ALPHA IF ITEM DELETED
PRAN6	121.7248	231.4791	.3757	.8630
PRAN7	121.9083	229.6026	.4083	.8621
PRAN8	121.5596	245.4339	-.0630	.8725
PRAN9	123.0642	229.1162	.3268	.8647
PRAN10	121.2936	242.2463	.0374	.8704
PRAN11	122.1468	222.3116	.6604	.8561
PRAN12	121.6055	218.2596	.6808	.8545
PRAN13	121.8716	233.2982	.2849	.8652
PRAN14	121.9725	230.1937	.3177	.8648
PRAN15	122.1560	230.0032	.3015	.8655
PRAN16	121.7706	232.6043	.3305	.8640
PRAN17	121.8073	221.2496	.6821	.8554
PRAN18	123.0367	239.8135	.0768	.8713
PRAN19	122.2477	228.0770	.4189	.8618
PRAN20	121.8899	227.5989	.4154	.8619
PRAN21	122.9817	229.2774	.3126	.8652
PRAN22	121.9083	217.9545	.7292	.8536
PRAN23	121.7339	224.7712	.4673	.8604
PRAN24	121.8807	225.9579	.5632	.8586
PRAN25	123.6330	231.5493	.3589	.8633
PRAN26	121.6881	227.8092	.4337	.8614
PRAN27	123.0826	226.5579	.5472	.8590
PRAN28	121.8440	220.3921	.5663	.8574
PRAN29	121.6606	228.6707	.4963	.8603
PRAN30	121.3211	227.2571	.4760	.8605

RELIABILITY COEFFICIENTS

N OF CASES =   109.0   N OF ITEMS = 30

ALPHA =   .8665

R E L I A B I L I T Ä T - Zielanalyse D I P

STATISTICS FOR SCALE	MEAN 43.2569	VARIANCE 33.2112	STD DEV 5.7629	# OF VARIABLES 10

ITEM-TOTAL STATISTICS

	SCALE MEAN IF ITEM DELETED	SCALE VARIANCE IF ITEM DELETED	CORRECTED ITEM-TOTAL CORRELATION	ALPHA IF ITEM DELETED
ZIAN1	38.3028	26.3982	.6002	.5872
ZIAN2	38.8991	28.3694	.2169	.6585
ZIAN3	38.7798	26.5992	.5024	.6001
ZIAN4	38.4954	26.2338	.5633	.5898
ZIAN5	38.6514	25.5070	.5744	.5828
ZIAN6	39.1560	29.9106	.1413	.6703
ZIAN7	39.3761	27.9035	.2461	.6523
ZIAN8	40.0734	31.3279	-.0076	.7109
ZIAN9	38.7156	28.8350	.3030	.6378
ZIAN10	38.8624	28.1383	.3496	.6291

RELIABILITY COEFFICIENTS

N OF CASES =   109.0   N OF ITEMS = 10

ALPHA =   .6583

R E L I A B I L I T Ä T - Mittelanalyse D I P

STATISTICS FOR	MEAN	VARIANCE	STD DEV	# OF VARIABLES
SCALE	81.7064	99.3204	9.9660	20

ITEM-TOTAL STATISTICS

	SCALE MEAN IF ITEM DELETED	SCALE VARIANCE IF ITEM DELETED	CORRECTED ITEM- TOTAL CORRELATION	ALPHA IF ITEM DELETED
MIAN1	77.3853	90.8872	.3648	.7697
MIAN2	78.4312	92.6735	.1934	.7824
MIAN3	77.5229	90.1777	.5054	.7634
MIAN4	77.9633	87.1098	.4598	.7626
MIAN5	77.1835	84.9290	.6731	.7500
MIAN6	77.0000	87.0185	.6389	.7546
MIAN7	77.4312	87.3401	.4939	.7608
MIAN8	76.7706	89.2710	.5620	.7604
MIAN9	77.0550	91.9229	.3404	.7713
MIAN10	78.6514	99.1736	-.0610	.8005
MIAN11	77.5321	90.4179	.3696	.7693
MIAN12	76.9908	94.0092	.2133	.7786
MIAN13	77.2752	87.7939	.4576	.7631
MIAN14	77.7798	87.3029	.4964	.7606
MIAN15	77.2202	85.8214	.5804	.7550
MIAN16	77.5596	99.2672	-.0534	.7952
MIAN17	77.7064	88.8389	.3364	.7719
MIAN18	78.6422	99.8986	-.0840	.7989
MIAN19	78.6422	88.6949	.4224	.7656
MIAN20	77.6789	90.9422	.2882	.7749

RELIABILITY COEFFICIENTS

N OF CASES =   109.0   N OF ITEMS = 20

ALPHA =   .7800

R E L I A B I L I T Ä T - Handlungsdurchführung/Evaluation D I P

STATISTICS FOR	MEAN	VARIANCE	STD DEV	# OF VARIABLES
SCALE	51.4312	44.1364	6.6435	12

```
ITEM-TOTAL STATISTICS

              SCALE        SCALE      CORRECTED
              MEAN        VARIANCE      ITEM-          ALPHA
             IF ITEM      IF ITEM      TOTAL         IF ITEM
             DELETED      DELETED    CORRELATION     DELETED

EVA1        47.6055      38.2966       .3587          .7365
EVA2        47.6789      41.7571       .0993          .7648
EVA3        47.2844      34.2980       .6476          .6988
EVA4        47.0459      35.7849       .5685          .7110
EVA5        47.1743      38.8119       .2860          .7458
EVA6        47.0367      37.2209       .4730          .7233
EVA7        47.3119      34.8648       .6182          .7035
EVA8        46.7431      36.1371       .5453          .7141
EVA9        46.9908      36.1388       .5592          .7128
EVA10       47.2661      37.9378       .3330          .7404
EVA11       46.6789      40.4978       .2970          .7428
EVA12       46.9266      43.4020      -.0463          .7880
```

RELIABILITY COEFFICIENTS

N OF CASES =   109.0   N OF ITEMS = 12

ALPHA =   .7502

Dendrogram using Average Linkage (Between Groups)

Rescaled Distance Cluster Combine

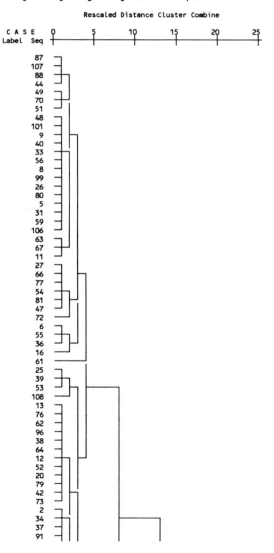

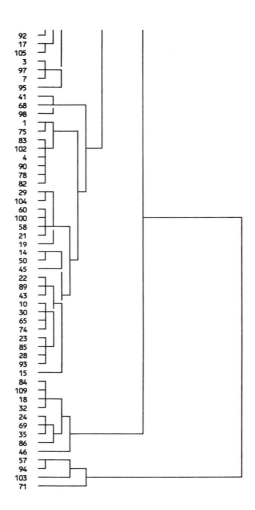

Anhang 6.3: Faktorenanalyse des DIP mit 12 Persönlichkeitsvariablen

Initial Statistics:

Variable	Communality	*	Factor	Eigenvalue	Pct of Var	Cum Pct
DIREKTAL	1.00000	*	1	4.90853	37.8	37.8
EXTRAVAL	1.00000	*	2	1.71507	13.2	51.0
INTERNAL	1.00000	*	3	1.44732	11.1	62.1
EXTERCAL	1.00000	*	4	1.00696	7.7	69.8
EXTERPAL	1.00000	*	5	.80618	6.2	76.0
PROTOTAL	1.00000	*	6	.70558	5.4	81.5
HAKEMALL	1.00000	*	7	.51176	3.9	85.4
ESALL	1.00000	*	8	.45459	3.5	88.9
MASKIALL	1.00000	*	9	.37049	2.8	91.7
FSSWALL	1.00000	*	10	.32810	2.5	94.3
FSAPALL	1.00000	*	11	.29634	2.3	96.5
FSVEALL	1.00000	*	12	.24762	1.9	98.5
FSALALL	1.00000	*	13	.20147	1.5	100.0

Factor Matrix:

	FACTOR 1	FACTOR 2	FACTOR 3	FACTOR 4
FSAPALL	.82381	.20076	-.20729	-.10107
FSSWALL	.82116	.08495	-.15785	.00924
FSVEALL	.78136	.16036	-.22782	-.12312
FSALALL	.77613	.08775	-.24024	.03778
PROTOTAL	.72947	-.02016	-.11172	.10066
MASKIALL	.65252	-.04233	.35323	-.26102
EXTERPAL	-.63421	.62361	.01939	.06041
EXTRAVAL	.61263	.30179	.49225	.07339
ESALL	.55983	-.05682	.49422	.19032
EXTERCAL	-.43853	.74649	.00564	.08537
INTERNAL	.25416	.71275	-.31141	-.01530
DIREKTAL	.11707	.23650	.67273	.29555
HAKEMALL	.15238	-.16593	-.30989	.87274

Final Statistics:

Variable	Communality	*	Factor	Eigenvalue	Pct of Var	Cum Pct
DIREKTAL	.60956	*	1	4.90853	37.8	37.8
EXTRAVAL	.71409	*	2	1.71507	13.2	51.0
INTERNAL	.66983	*	3	1.44732	11.1	62.1
EXTERCAL	.75688	*	4	1.00696	7.7	69.8
EXTERPAL	.79514	*				
PROTOTAL	.55514	*				
HAKEMALL	.90846	*				
ESALL	.59712	*				
MASKIALL	.62047	*				
FSSWALL	.70652	*				

Variable	Communality	*	Factor	Eigenvalue	Pct of Var	Cum Pct
FSAPALL	.77214	*				
FSVEALL	.70331	*				
FSALALL	.66922	*				

Varimax converged in 6 iterations.

Rotated Factor Matrix:

	FACTOR 1	FACTOR 2	FACTOR 3	FACTOR 4
FSAPALL	.86750	-.05312	.12193	-.04347
FSVEALL	.82999	-.07742	.07460	-.05357
FSSWALL	.80537	-.15552	.17291	.06181
FSALALL	.79495	-.12559	.09467	.11194
PROTOTAL	.67063	-.22171	.18621	.14684
MASKIALL	.45664	-.31415	.45075	-.33178
EXTERCAL	-.20851	.84363	.02519	-.03269
EXTERPAL	-.41494	.78523	-.06397	-.04776
INTERNAL	.52589	.62561	-.04112	-.01385
DIREKTAL	-.12530	.13113	.75779	.04913
EXTRAVAL	.42065	.03757	.72433	-.10524
ESALL	.27018	-.26991	.66970	.05257
HAKEMALL	.12018	-.07382	.00856	.94260

Factor Transformation Matrix:

	FACTOR 1	FACTOR 2	FACTOR 3	FACTOR 4
FACTOR 1	.88204	-.31152	.35284	.02160
FACTOR 2	.25365	.93625	.20090	-.13687
FACTOR 3	-.38317	-.12539	.86539	-.29759
FACTOR 4	-.10413	.10329	.29368	.94459

Dieter Wälte

Der Expertenansatz
Sein Beitrag für die Klärung der Indikationsfrage in der Familientherapie

In dieser aktuellen Studie wird ein Ansatz vorgestellt, mit dem die Nützlichkeit der praktischen Erfahrungen von Experten für die Klärung des Einsatzes der Familientherapie untersucht wird. Dabei kann mit drei aufeinander abgestimmten Analysestufen gezeigt werden, daß das Expertenwissen eine wichtige Informationsquelle für die Fundierung von Indikationsempfehlungen bietet. Denn es lassen sich aus den Einschätzungen der Experten differentielle Familienmerkmale herausfiltern, die Hinweise auf die Frage liefern, unter welchen Bedingungen eine Familientherapie oder eine andere Interventionsform indiziert ist.
Die Untersuchung liefert somit Forschern wie Praktikern wichtige Impulse für die weitere Arbeit.

Waxmann Verlag GmbH Münster/New York, 1990, br., 331 Seiten, 59.00 DM
ISBN 3-89325-063-8

Heiner Gertzen

Entscheidungen bei sequenzierter Informationsdarbietung am Bildschirm

Diese Studie untersucht theoretisch und empirisch, wie unterschiedliche Arten der Sequenzierung, d.h. der Auswahl und Anordnung von Informationen, den Entscheidungsvorgang einer Person beeinflussen. Ein Sequenzierungsproblem tritt auf, sobald computergestützte Informationssysteme zur Entscheidungsfindung benutzt werden. Denn einerseits sind im Massenspeicher des Rechners große Informationsmengen verfügbar, andererseits zwingt jedoch die begrenzte Kapazität des Bildschirms wie auch des Systembenutzers zu einer sequenzierten Darbietung relativ kleiner Informationseinheiten.
Die Untersuchung bereichert die aktuelle Entscheidungsforschung um praxisorientierte Ergebnisse zu den Problembereichen Aufwand-Qualitäts-Analyse, alternativenbasierte Verarbeitung und dimensionale Strategien.

Waxmann Verlag GmbH Münster/New York, 1990, br., 203 Seiten, 49.90 DM
ISBN 3-89325-068-9

Internationale Hochschulschriften
Die Reihe für sehr gute und ausgezeichnete Dissertationen

Burkhard E. Lehmann
Rationalität im Alltag? Zur Konstitution sinnhaften Handelns in der Perspektive interpretativer Soziologie
223 Seiten, br., 49.90 DM
ISBN 3-89325-003-4

Wilfried Bos
Lehrmaterialien für die Muttersprache ethnischer Minoritäten. Eine vergleichende Inhaltsanalyse von Chinesischbüchern für Auslandschinesen
435 Seiten, 57 Tabellen, gb., 78.00 DM
ISBN 3-89325-005-0

Sabine Kerkemeyer
Part-time farming in Alberta (Kanada).Struktur, Bedeutung und Zusammenhänge von Part-time farming und natur-/kulturgeographischer Raumausstattung in Zentrum und Peripherie
251 Seiten, 32 Tab., 22 Abb., br., 68.00 DM
ISBN 3-89325-006-9

Wolfgang Hemmen
Durchsetzungsfähigkeit als Kriterium für den Gewerkschaftsbegriff im Tarifvertragsrecht
169 Seiten, br., 59.00 DM
ISBN 3-89325-007-7

Rainer Bolle
Religionspädagogik und Ethik in Preußen. Eine problemgeschichtliche Analyse der Religionspädagogik in Volksschule und Lehrerausbildung in Preußen von der Preußischen Reform bis zu den Stiehlschen Regulativen
440 Seiten, br., 69.90 DM
ISBN 3-89325-008-5

Alfried Große
Wilhelm Kapp und die Zeitungswissenschaft. Geschichte des Instituts für Publizistik und Zeitungswissenschaft an der Universität Freiburg i.Br. (1922-1943)
307 Seiten, br., 49.90 DM
ISBN 3-89325-009-3

Udo Meyer
Arno Schmidt Nobodaddy's Kinder. Studien zur Erzähltechnik
242 S., br., 49.90 DM
ISBN 3-89325-010-7

Martina Schmidt
Karrierefrauen und Partnerschaft. Sozialpsychologische Aspekte der Beziehung zwischen karriereambitionierten Frauen und ihren Lebenspartnern
359 Seiten, br., 49.90 DM
ISBN 3-89325-013-1

Detlef Zöllner
Wilhelm von Humboldt. Einbildung und Wirklichkeit
188 Seiten, br., 49.90 DM
ISBN 3-89325-017-4

Ulrich Sonderfeld
Philosophie als Gesamtorientierung denkender Existenz und als Aporienreflexion - im Anschluß an Karl Jaspers
292 Seiten, br., 69.90 DM
ISBN 3-89325-019-0

Gerhard Meyer
Versuch einer didaktischen Reduktion gentechnologischer Verfahren am Beispiel der Lokalisierung endogenen Phosphoserins
139 Seiten, br., 69.90 DM
ISBN 3-89325-023-9

Hiltgund Jehle
Ida Pfeiffer. Weltreisende im 19. Jahrhundert
311 Seiten, br., 38.00 DM
ISBN 3-89325-020-4

Rolf Werning
Das sozial auffällige Kind. Lebensweltprobleme von Kindern und Jugendlichen als interdisziplinäre Herausforderung
206 Seiten, br., 49.90 DM
ISBN 3-89325-031-X

Peter Neumann
Umweltschutz und Stadtentwicklung. Ökologisch-orientierte Planungsmaßnahmen für Siedlungsbereiche mit Wohnnutzung in Stadtrandlage
257 Seiten, 23 Tab., 106 Abb., br., 49.90 DM
ISBN 3-89325-033-6

Johann Mader
Schulkindergarten und Zurückstellung. Zur Bedeutung schulisch-ökologischer Bedingungen bei der Einschulung
307 Seiten, 40 Tab., 7 Abb., br., 59.00 DM
ISBN 3-89325-036-0

Jürgen Graffe
Sich festlegen und verpflichten. Die Untertypen kommissiver Sprechakte und ihre sprachlichen Realisierungsformen
321 Seiten, gb., 79.00 DM
ISBN 3-89325-035-2

Thomas Jung
Vom Ende der Geschichte. Rekonstruktionen zum Posthistoire in kritischer Absicht
241 Seiten, br., 49.90 DM
ISBN 3-89325-034-4

Frank Biermann
Paul Laven. Rundfunkberichterstattung zwischen Aktualität und Kunst
340 Seiten, br., 49.90 DM
ISBN 3-89325-037-9

Bernd Fischer
Einstellungen zum Sport. Eine empirische Untersuchung über Einstellungen von Schülern zu Lernfeldern des Sportunterrichts in der Sekundarstufe II
244 Seiten, 55 Abb., br., 49.90 DM
ISBN 3-89325-039-5

Peter Nitschke
Verbrechensbekämpfung und Verwaltung. Die Entstehung der Polizei in der Grafschaft Lippe (1700-1814)
222 Seiten, 6 Abb., br., 49.90 DM
ISBN 3-89325-040-9

Rainer Wensing
Konfliktverhalten von Polizeibeamten. Individuelle Streßreagibilität und Aggressionsbereitschaft
255 Seiten, br., 49.90 DM
ISBN 3-89325-014-X

Claudius R. Fischbach
Krieg und Frieden in der französischen Aufklärung
240 Seiten, br., 49.90 DM
ISBN 3-89325-045-X

Ursula Sauer
Das schönste Jahr ihres Lebens. Erwerbslose junge Frauen ohne Hauptschulabschluß in Bildungsmaßnahmen der Weiterbildung
314 Seiten, br., 49.90 DM
ISBN 3-89325-051-4

Jochen Stribrny
Nießbrauch bei Einkünften aus Vermietung und Verpachtung. Zurechnung von Einkünften, Werbungskosten und Absetzungen für Abnutzung
216 Seiten, br., 59.00 DM
ISBN 3-89325-055-7

Norbert Kebekus
Die Joseferzählung. Literarkritische und redaktionsgeschichtliche Untersuchungen zu Genesis 37-50
350 Seiten, br., 59.00 DM
ISBN 3-89325-050-6

Dieter Wälte
Der Expertenansatz. Sein Beitrag für die Klärung der Indikationsfrage in der Familientherapie
331 Seiten, br., 59.00 DM
ISBN 3-89325-063-8

Albert Fränzer
Time-Sharing von Ferienhäusern. Zum Problem der Zulässigkeit in der Bundesrepublik Deutschland unter Berücksichtigung der Praxis in den USA und Großbritannien
226 Seiten, br., 59.00 DM
ISBN 3-89325-056-5

Ulrich Schäfer
Kunst in Zeiten der Hochkonjunktur. Spätgotische Holzfiguren vom Niederrhein um 1500
Buch mit Katalogteil, br., 98.00 DM
ISBN 3-89325-062-X

Heiner Gertzen
Entscheidungen bei sequenzierter Informationsdarbietung am Bildschirm
203 Seiten, br., 49.90 DM
ISBN 3-89325-068-9

Uwe Rohlje
Autoerotik und Gesundheit. Untersuchungen zur gesellschaftlichen Entstehung und Funktion der Masturbationsbekämpfung im 18. Jahrhundert
196 Seiten, br., 49.90 DM
ISBN 3-89325-069-7

Internationale Hochschulschriften
Die Reihe für sehr gute und ausgezeichnete Dissertationen